2019 年度河北省社会科学重要学术著作出版资助项目

中国外贸发展
对产业升级影响测度分析

Measurement and Analysis of the Impact of
China's Foreign Trade Development
on Industrial Upgrading

郑红玲　著

社会科学文献出版社
SOCIAL SCIENCES ACADEMIC PRESS (CHINA)

摘　要

改革开放以来，中国越来越多地参与国际分工，工业化进程不断加快，中国经济发展令世界瞩目，对外贸易成为促进国民经济和社会发展的重要支撑。中国在不断融入全球生产网络的进程中，人口红利逐渐减少、资源环境承载的压力不断增大、贸易摩擦频率增大、影响变大，迫使我国必须思考产业转型发展升级问题。开放经济条件下，如何推动产业升级？对外贸易在互通有无、调剂余缺、促进竞争、示范学习、扩大市场等方面有着积极影响，通过国内外市场优化资源配置，对外贸易无疑对产业升级有重要作用。因此，研究中国对外贸易发展对产业升级的影响，思考经济转型发展以及现代化经济体系建设，对于中国不断提高经济质量，增强国际竞争优势，具有十分重要的理论价值和实践价值。

本书首先从概念界定、理论梳理及现状分析切入，接着运用实证分析方法从结构演进、经济效率、产品空间及生产分工四个维度逐一揭示对外贸易发展对产业升级的影响，涵盖大量数据及运用多种定量分析方法，如面板数据回归、面板 Probit 回归、面板门槛分析、产品空间邻近矩阵、马尔可夫链等，力求多层面对研究对象进行测度，其次分析了制约对外贸易推进产业升级的影响因素，最后在不同维度下概括出一般性的结论，并提出相关对策建议。

本书具体分为以下三大部分。

第一部分为文献梳理及框架搭建工作，涵盖前三章的内容。绪论部分阐述了本书的选题背景意义、研究方法与思路，并指出创新点及不足。主要概念与文献综述部分介绍了有关产业升级的概念，从结构演进、经济效率、产品空间、生产分工等角度对产业升级的概念进行归类界定，然后依据国内外相关研究的不同视角对前人研究成果进行综述。理论梳理部分归纳了对外贸易理论、产业升级理论和对外贸易对产业升级影响的理论思想，之后从市场供求机制、规模经济效应、产业关联效应、知识溢出效应、国际分工效应等方面探讨开放经济下贸易发展对产业升级的影响机理。

第二部分为实证检验，涵盖五章内容。由现状分析入手，从产业间、产业内、产品间、产品内进行观察与解读，确定了中国对外贸易发展对产业升级影响的"四重奏"：结构演进视角、经济效率视角、产品空间视角、生产分工视角。在进行现状分析时，不仅分析了中国对外贸易与产业升级的现状，还分析了产业升级滞后于对外贸易发展的现状。结构演进视角下分析了对外贸易对产业升级在产业结构协调度、产业结构轻软度、产业综合效率和产业结构转换度等方面的影响。经济效率视角下分析了对外贸易对产业升级在全要素生产率和劳动效率等方面的影响。第7章从产品空间视角检验了对外贸易发展对产业升级在比较优势及国际竞争方面的影响。第8章以世界投入产出表作为数据基础，从生产分工视角分析了中间品贸易发展对产业升级在增值能力方面的影响。

第三部分为因素分析及归纳总结阶段，涵盖后两章的内容。主要运用规范分析方法，结合对外贸易发展固化性特征突出、国内要素红利已经逆转、一些发达国家对中国崛起的遏制、国际市场不完全竞争格局以及服务业基础薄弱等制约对外贸易推进产业升级的影响因素，之后在四个不同视角下对研究结论进行归纳，并提出发挥贸易结构先导效应以引导产业结构优化升级、发挥贸易溢出效应以促进经济效率提升、积极参与国际分工以提升产业攀升能力、不断完善国内价值链以增强产业升级稳定性等建议。

本书研究发现，改革开放以来，中国经济规模和贸易规模快速扩张，产业发展有显著变化。从结构演进视角来看，对外贸易发展对产业结构的协调是有益的、对产业综合效率的提升是有积极推动作用的，但对产业结构的转换在统计意义上没有显著影响；除服务贸易外，其他贸易形式对产业结构轻软度的影响均是负向的，人力资本和科技投入有助于产业结构轻软度的改善，对产业结构协调和产业综合效率的提高也是有益的。从经济效率视角来看，出口贸易发展有利于促进全要素率的提升，进口贸易对全要素生产率的影响相反；工业制品出口及服务贸易都有利于促进劳动生产率的提升，但初级产品出口对劳动生产率影响为负。从产品空间视角来看，贸易产品蕴含的既有能力禀赋在推进产业升级时，发展中国家的效果好于发达国家，出口产品密度、进口产品密度、经济增长对产业升级均有正向推动作用。从生产分工视角来看，中国在融入全球价值链的早期阶段，随着国际分工参与度的提高，增值率不断上升，推动了产业升级；而后随着参与全球价值链及国际分工的不断成熟，某些领域的低端嵌入压力较大，增值率呈现倒 U 形轨迹；嵌入全球价值链而产生关联效应则有助于增值率的提升和产业升级的实现。

　　本书的创新之处主要体现在以下几个方面。一是搭建出结构较为清晰的研究框架。在结构演进、经济效率、产品空间和生产分工四个不同视角下，研究外贸发展对产业升级的影响，多层面对研究对象进行论证，这一研究框架的确立，延伸了同类研究的范围和逻辑，也构建了比较清晰的思路。二是在研究内容上，对产业层面的研究，既涉及产业间结构的演进，也涉及产业内效率的提升；对产品层面的研究，既涉及比较优势与国际竞争，也涉及生产分工的增值情况，"四重奏"模式使得研究内容更加完整。三是所用数据更加丰富，相关指标设计更加深入。如在变量选择上，利用 RCA 进行升级判断时，不仅考虑逻辑判断，还对原始值进行追溯；对 WI-OT 进行数据分析时，既考虑到中间产品也考虑到最终产品。此外，在数据使用上，为增加本书的说服力，所用数据类型较同类研究更加丰富，既有时序数据又有面板数据，既有产品空间数据又有投入产出数据等。

Abstract

Since the reform and opening up, China has more and more participated in the international division of labor, the process of industrialization has been accelerating, China's economic development has attracted worldwide attention, and foreign trade has become an important support to promote national economic and social development. In the process of integrating into the global production network, China's population dividend is gradually decreasing, the pressure of resources and environment is increasing, and the impact of trade frictions is increasing. Many problems make China have to think about industrial transformation, development and upgrading. Under the condition of open economy, how to promote industrial upgrading, foreign trade has a positive impact on exchange of needed products, adjustment of surplus and deficiency, promotion of competition, demonstration learning, and expansion of market. Utilizing domestic and foreign markets to optimize the allocation of resources, foreign trade undoubtedly plays an important role in industrial upgrading. Therefore, it is of great theoretical and practical value for China to study the impact of the development of foreign trade on industrial upgrading, to think about the development of economic transformation and the construction of a modern economic system, and to continuously improve its economic quality and enhance its international competitive advantage.

The book begins with the definition of concept, theoretical combing and current situation analysis. Then, it uses empirical analysis method to reveal the impact of trade development on industrial upgrading from different perspectives of structural evolution, economic efficiency, product space and division of production one by one, it covers a large amount of data and uses a variety of quantitative analysis methods, such as panel data regression, panel probit regression, panel threshold analysis, product space approximation matrix, Markov chain, etc., and strives to measure the object of study in a more multi - dimensional way. Then, it analyses the factors that restrict foreign trade to promote industrial upgrading. Finally, it concludes with the following conclusions from different perspectives, and relevant suggestions are put forward. The book is divided into three parts:

The first part is a literature review and framework construction. Covering the contents of the three chapters, the introduction part elaborates the background significance, research methods and ideas of the thesis, and lists the innovation points and shortcomings. The main concepts and literature review section introduce the concepts of industrial upgrading, classifies and defines the concepts of industrial upgrading from the perspectives of structural evolution, economic efficiency, product space and division of production. And it then summarizes the previous research results from different perspectives at home and abroad. In the part of theoretical analysis, trade theory, industrial upgrading theory and other relevant theories are summarized, and then the influence of trade development on industrial upgrading in an open economy is discussed from the aspects of market mechanism, economies of scale, industrial association, knowledge spillover and division of labor.

The second part is the empirical test. It covers five chapters. Starting from the analysis of the current situation, it observes and interprets the industrial upgrading from four aspects: inter - industry, intra - industry, inter - product and intra - product. That is, the industrial upgrading Quartet based on the foreign trade: the perspective of structural evolution, the perspective of economic efficiency, the perspective of product space and the perspective of division of production. In the analysis of the current situation, the book not only analyzed the current situation of China's foreign trade and industrial upgrading, but also analyzed the current situation of industrial upgrading lagging behind the development of foreign trade. From the perspective of structural evolution, the book analyzes the influence of foreign trade on industrial upgrading in terms of industrial struc-

ture coordination degree, industrial structure lightness and softness, industrial o-
verall efficiency and industrial structure transformation degree. From the perspec-
tive of economic efficiency, this book analyses the impact of foreign trade on TFP
and labor efficiency of industrial upgrading. From the perspective of product
space, this book examines the impact of trade development on industrial upgra-
ding in terms of comparative advantage and international competition. Based on
the world input – output table, this book analyzes the impact of the intermediate
trade on the value – added rate from the perspective of production division.

The third part is the stage of factor analysis and summary. It covers the last
two chapters. This book mainly uses normative analysis method, combined with
the outstanding solidification characteristics of foreign trade development, the re-
versal of domestic factor dividends, the containment of China's rise by some de-
veloped countries, the incomplete competition pattern of international market and
the weak foundation of service industry, which restrict the promotion of industrial
upgrading by foreign trade. Then the conclusions are summarized from four differ-
ent perspectives, and some suggestions are put forward, such as giving full play
to the leading effect of trade structure to guide the optimization and upgrading of
industrial structure, giving play to the trade spillover effect to promote economic
efficiency, actively participating in international division of labor to enhance the
ability of industrial upgrading, and constantly improving the domestic value chain
to enhance the stability of industrial upgrading.

The conclusions of this book are summarized as follows: Since the reform
and opening up, the scales of China's economy and trade have expanded rapidly,
and the industrial development has changed significantly. From the perspective of
structural evolution, the development of foreign trade is beneficial to the coordi-
nation of industrial structure and the promotion of industrial comprehensive effi-
ciency, but it has no significant impact on the transformation of industrial struc-
ture in statistical sense; except for trade in services, other forms of trade have a
negative impact on the soft degree of industrial structure. Human capital and in-

vestment in science and technology contribute to the improvement of the soft degree of industrial structure, as well as to the coordination of industrial structure and the improvement of industrial comprehensive efficiency. From the perspective of economic efficiency, the development of export trade is conducive to the promotion of total factor productivity, while import trade has the opposite effect on total factor productivity; the export of industrial products and service trade are conducive to the promotion of labor productivity, but the impact of primary product exports on labor productivity is negative. From the perspective of product space, the existing capacity endowment of trade products is better than that of developed countries in promoting industrial upgrading. Export product density, import product density and economic growth have positive effects on industrial upgrading. From the perspective of production division, in the early stage of China's integration into the global value chain, with the increase of international division of labor participation, the value – added rate is rising, which is conducive to industrial upgrading. Then, with the maturity of participation in the global value chain and international division of labor, the low – end embedding pressure in some areas is greater, and the value – added rate presents an inverted U – shaped trajectory; if considering industrial linkages, increasing the depth of integration of the chain, which will is conducive to industrial upgrading.

The innovations of this book are mainly embodied in the following aspects: first, it builds a clearer framework of research ideas. Under the four different perspectives of structural evolution, economic efficiency, product space and division of labor, this book studies the impact of foreign trade development on industrial upgrading, and demonstrates the research object at different levels. The establishment of this research framework extends the scope and logic of similar research, and also builds a clear idea. Secondly, in terms of research content, the research on the industrial level involves not only the evolution of inter – industry structure, but also the improvement of intra – industry efficiency. The research on the product level involves not only comparative advantage and international competition, but also the value – added situation of division of production. The Quartet model makes the research more completely. The third is to study the details and data use. For example, when using RCA to make upgrade judgment, not only logical judgment, but also original value is traced; when analyzing WIOT data, both intermediate products and final products are considered. In addition, in terms of data use, from time series data to panel data, from product space data to input – output data, etc. , in order to increase the persuasiveness of the book, the data types used are more abundant than similar research.

目　录

第1章　绪论

改革开放以来，中国对外开放的广度和深度不断拓展，经历了先局部试验，后分步践行、多层推进的过程，经济格局实现了由封闭半封闭到全面开放的历史跨越。从建设经济特区到建设沿海开放城市；从建设沿海经济开放区到建设沿江、沿边和内陆开放城市；从申请恢复关贸总协定缔约国地位，到正式加入世界贸易组织；从推进中国自由贸易区战略到提出"一带一路"倡议，中国对外开放的脚步从未停止。党的十九大报告更是指出，"中国开放的大门不会关闭，只会越开越大"。中国要不断提高对外开放的质量和水平，发展更高层次的开放型经济，推动形成全面开放新格局。中国对外贸易的发展历程既是充分利用国内外市场进行资源配置，助推中国经济实现跨越式发展的历程，更是实现了中国经济在国际经济舞台上由配角到主角的伟大转变历程。

四十年来的伟大征程，对外贸易发展成就令世界瞩目：1978年中国进出口商品贸易总额为355亿元[①]，2018年达到30.51万亿元，位居全球第一，商品贸易大国的地位日渐稳固；2018年服务进出口总额5.24万亿元，我国服务进出口规模位列全球第二，对外贸易发展成为促进国民经济和社会发展的重要支撑力量。与此同时，中国融入世界经济的速度和规模不断加快扩大，中国经济发展的成就有目共睹：国内生产总值从1978年的3678.7亿元，增长到2018年的900309亿元，经济总量稳居全球第二，平均增速为9%以上，人均国内生产总值平均增速超过8%，货物和服务净出口对国内生产总值增长的贡献率超过9%。"中国经济"成为世界经济稳定增长的重要力量，中国对世界经济发展起着重要作用，在推动经济增长、拉动就业、消除贫困等方面起着重要的推动作用。

---

① 数据来源于国家统计局和商务部官方网站，后同。

1.1 选题背景及研究意义

如今，中国与世界经济的融合度越来越高，中国在国际经济中的地位越来越重要。开放经济条件下，中国对外贸易发展取得了举世瞩目的成就。开放的中国把国内经济和全球市场联系起来，越来越多地参与国际分工，不断释放中国经济的比较优势。过去几十年，中国利用国内外"多个市场、多种资源"内外联动，伴随着大规模的国际贸易及引进外资，国内工业化和产业升级的进程不断加快，三次产业结构更加协调，对外开放在促使我国产业结构优化升级方面起到重要作用。但随着中国人口红利的下降和世界经济增速的放缓，欧美一些国家贸易政策的不确定性见长，产业国际竞争压力不断增大，我们的经济发展面临以下问题。

一是过剩与短缺的现象依然存在，产业结构优化升级的步伐与需求对接还存在一定的距离。如何化解过剩产能，优化产业结构并提升产业层次，在开放经济条件下趋近现代产业体系的产业质量，是经济发展所必须解决的问题。

二是对外贸易的发展，使中国参与国际经济的规模不断扩大，国际贸易增速高于 GDP 的增速，出口贸易也具有一定的竞争力，但一直存在较大的外贸盈余，抵抗国际市场压力和风险的能力仍然有待提升，对外贸易的经济结构尚待改善。

三是在加工贸易蓬勃发展的背景下，中国融入国际生产的环节不断深入，制造业参与全球分工的环节不断增多，但对高附加值的价值增值环节仍缺乏控制影响力，如何突破"低端锁定"、掌控更多价值链的主导环节是产业升级所期待的。

四是中国对外贸易的发展是否还遵循自身的比较优势？对外贸易产品空间网络的形成是遵循了还是背离了传统的比较优势？反映产业能力禀赋的对外贸易产品的空间演化，是否能沿袭传统路线释放比较优势？

五是庞大的工业生产规模使我国成为世界最大的工业制造国和最大的产品贸易国，对世界经济的贡献将在很长时间内远超其他国家。但是，工业发展过程中高投入、高能耗、高排放等问题始终存在，这些将会拖累宏观经济的长期发展。

六是开放经济环境下，如何提升全球资源配置的能力，在全球范围内更高效率和更低成本地配置资源，更稳定地生产运营，趋近帕累托最优，提升企业、行业乃至国家的竞争力，实现全球经济所期盼的非零和博弈的目标？

这些问题使我们不得不思考，开放经济条件下，中国要不断转变经济发展动力和方式，才能逐步构建起现代化经济体系，成长为经济强国。产业升级无疑是促进中国经济持续健康发展、跻身世界强国的必由之路。面对前所未有的机遇和挑战，在中国对外贸易发展的背景下，考察产业升级问题，显得尤为必要。

什么是产业升级？产业升级有没有统一的界定？如何在产业间、产业内、产品间、产品内看待产业升级？对外贸易通过何种机制影响产业升级？它对产业升级的影响是促进还是约束，影响程度如何？从产业结构演进视角（产业间）如何去判断对外贸易对产业升级的影响？从经济效率视角（产业内）如何去判断对外贸易对产业升级的影响？从产品空间视角（产品间）如何去分析产业升级？从生产分工视角（产品内）如何去分析产业升级？本书的文献综述、理论梳理、影响机制、实证分析及对策建议等内容，都是在结构演进、经济效率、产品空间和生产分工四个视角下展开的，具体内容在后文逐一揭示。

众所周知，在日益激烈的国际竞争和日益细化的产业分工背景下，任何产业发展都与全球经济相关，对外贸易把各国产业发展联系在一起。中国在不断融入全球生产网络的进程中，人口红利逐渐减少，资源环境与生态承载的压力不断增大，贸易摩擦频率增多，诸多问题使中国亟待解决产业转型发展与优化升级问题，产业升级是开放经济条件下迈向经济强国的必修课。在理论上，对外贸易和产业升级都不是崭新的研究领域，也有文献将两者结合起来进行研究，但仅仅限于单一的研究视角。在对外贸易发展背景下，对产业升级建立起一个完整的研究框架是十分必要的。丰富对外贸易对产业升级影响的相关思想，在结构演进、经济效率、产品空间及生产分工不同视角下，对其影响效应进行实证检验，以适应中国开放经济下的产业升级理论：这是本书研究的理论价值所在。

研究中国对外贸易发展对产业升级的影响；关注开放经济下产业升级的问题和挑战；关注中国未来经济发展的新动能和新挑战；思考经济转型发展以及现代化经济体系的建设；思考新时期中国经济发展的现实需要，为回答贸易发展对产业升级的影响效应找到现实支撑；对如何发挥贸易优势，优化和提高经济质量，寻求策略参考提供依据：这是本书的现实价值所在。

1.2 研究内容和框架

1.2.1 研究内容

基于中国对外贸易发展对产业升级的影响，依据阐述问题和分析问题的需要，以及行文的逻辑，本书涉及以下内容。

第1章，绪论。首先阐述选题背景及研究意义，概要介绍研究内容及逻辑框架，展示研究思路与采用的研究方法，并提炼本书的创新点和不足之处。

第2章，对外贸易与产业升级的相关概念及文献综述。首先介绍有关产业升级的概念，从结构演进、经济效率、产品空间、生产分工等角度对产业升级的概念进行归类界定，然后对国内外的相关研究进行梳理，将对外贸易对产业升级的影响从四个不同视角进行综述。

第3章，对外贸易影响产业升级的理论分析。首先从对外贸易相关理论、产业升级相关理论和对外贸易对产业升级影响相关思想进行梳理，然后从市场机制、规模经济、溢出效应等方面探讨了对外贸易对产业升级的影响机理。

第4章，对外贸易与产业升级的现状分析。首先从商品贸易、服务贸易等角度分析中国对外贸易发展现状，接着从结构演进、经济效率、产品空间、生产分工四个视角简要分析产业升级现状，最后提出产业升级滞后于贸易发展的一些现象。

第 5 章，结构演进视角下对外贸易对产业升级影响的实证分析。首先将对外贸易从商品贸易、服务贸易、一般贸易、加工贸易四个方面进行统计描述，对结构演进视角下的产业升级在产业结构协调度、产业结构轻软度、产业综合效率和产业结构转换度四个方面进行测度，在实证分析中借助中介变量进行建模，分析对外贸易在产业结构不断改善和提高方面所起到的影响作用。

第 6 章，经济效率视角下对外贸易对产业升级影响的实证分析。以对外贸易对经济效率的影响为切入点，从全国层面、省际层面对全要素生产率和劳动效率进行实证分析，并利用微观数据进行再检验，揭示对外贸易对产业升级在经济效率方面的影响。

第 7 章，产品空间视角下对外贸易对产业升级影响的实证分析。将贸易商品与产品空间理论相结合，在拓展比较优势的基础上，借助全球空间邻近矩阵及产品密度，利用面板数据进行模型估计，检验对外贸易对产业升级在国际竞争方面的影响。

第 8 章，生产分工视角下对外贸易对产业升级影响的实证分析。以世界投入产出表作为数据基础，检验了国际分工背景下，中间品贸易发展对产业升级在产业增值能力方面的影响。

第 9 章，制约对外贸易推进产业升级的影响因素分析。分析了贸易惯性削弱了对外贸易推动产业升级的向上流动性、要素红利逆转约束了对外贸易推动产业升级的动力、服务业基础薄弱降低了对外贸易推动产业升级的效率、贸易摩擦增大了对外贸易推动产业升级的阻力等制约对外贸易推动产业升级的影响因素。

第 10 章，结论与对策建议。基于前文研究，对全文研究结论做简要概括，并提出发挥贸易结构先导效应以引导产业结构优化升级、发挥贸易溢出效应以促进经济效率提升、积极参与国际分工以提升产业攀升能力、不断完善国内价值链以增强产业升级的稳定性等建议。

1.2.2　结构安排

中国对外贸易发展对产业升级影响的实证研究，是先从概念界定、文献梳理及现状分析入手，在此基础上从结构演进、经济效率、产品空间和生产分工四种视角用实证方法检验对外贸易发展对产业升级的影响，最后分析了制约对外贸易推动产业升级的影响因素并提出相关建议。本书结构安排如图1-1所示。

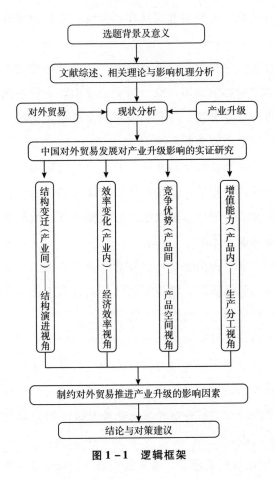

图1-1 逻辑框架

1.3 研究方法

本书采用的是实证分析与规范分析相结合的研究方法。

实证分析方法主要应用在第4章至第9章，整个研究过程包含对大量数据进行归纳整理与统计描述，以及计量模型的设定、估计与检验，以此研究变量间的因果关系，运用了 STATA、MATLAB、EXCEL、DEAP 等多种软件。涉及的实证方法有：第 4 章数据整理与描述统计；第 5 章利用时序数据，结合中介变量进行建模和回归分析；第 6 章利用时序数据和面板数据进行建模和回归分析，在企业层面的稳健性检验上用到面板门槛模型；第 7 章研究借助社会网络分析方法建立全球空间邻近矩阵，进行固定效应的面板回归和面板 Probit 回归，后续此视角下的建议中还用到管理学中的波士顿矩阵分析法；第 8 章对世界投入产出表数据进行归纳整理，得到面板数据，根据模型进行固定效应回归估计和 GMM 估计。第 9 章在关于贸易惯性削弱了对外贸易推动产业升级的向上流动性论证中，用到马尔可夫链及转移矩阵的定量分析工具。

规范分析的方法贯穿于整个研究内容，首先，对产业升级在本书研究主题下进行界定，建立起结构演进、经济效率、产品空间和生产分工四个不同的视角，为后续文献综述、相关理论与机理分析建立起研究思路。其次，在进行中国对外贸易发展与产业升级的现状分析时，不但展示了各自的趋势特点，还分析了产业升级滞后于贸易发展的表现。再次，四个视角下的论证过程也是结合经济发展进行事实归纳与特征分析，实证结论涉及的经济现象解释和影响对外贸易推动产业升级的因素分析，以及最后提出的对策建议，都运用到规范分析的方法。

1.4　创新与不足

1.4.1　创新点

一是研究思路与框架。良好的研究思路是本书完整性的体现，清晰的研究框架在学术探索中尤为必要。由于产业升级并未有统一定义，不同学者及相关教材在对产业升级进行界定时，内容有交叉，方式有异同。因此，本书在前人研究的基础上，进一步对研究主题做认真思索和慎重归纳，最终搭建出结构思路较为清晰的研究框架。本书是在中国对外贸易发展的背景下，对产业升级进行研究。开放经济背景下，贸易发展更加活跃，产业升级可利用的资源和市场更加广泛，基于学者们对产业升级的认知，结合研究的主题，本书将产业升级界定为四种不同的类型，即基于结构演进视角的产业升级，基于经济效率视角的产业升级，基于产品空间视角的产业升级，基于生产分工视角的产业升级。结构演进、经济效率、产品空间、生产分工——本书在这四个不同视角下研究对外贸易发展对产业升级的影响，多层面对研究对象进行论证，进一步丰富了该领域的研究。这一研究框架的确立，延伸和丰富了同类研究的范围和逻辑架构，也构建了较为清晰的思路以供同类研究参考。

二是研究内容。以往关于对外贸易与产业结构的研究较多，而在对外贸易与产业升级的研究上，关注单一视角的较多。开放经济下，对外贸易发展对推动产业发展有着重要贡献，产业发展涉及产业结构的演进和经济效率的提升，本书在产业层面的研究，既涉及产业间结构的演进，也涉及产业内效率的提升，本书站在产业层面内外兼顾，切入点要比以往研究稍微全面。伴随经济开放度的增大，也有很多文献在全球价值链的基础上观察全球生产网络，焦点在生产环节上的产业升级，而本书将这一视角拓宽，延伸至销售市场，将产品在国际市场的竞争力也纳入其中。这样在产品层面上既有生产环节，又有市场竞争环节，这种切入思路也为本书增添些许色彩。因而，"四重奏"模式①使研究内容更加充实，解释力也更强一些。

三是研究细节及数据使用。研究思路、方法选择与模型设定、数据特征有密切联系，本书在不同的章节，参考同类研究的做法并根据本书自身的研究需要，选用合适的研究方法，前面提到的研究方法里有所体现。在部分细节处理上，本书希望尽可能深入些，比如在变量选择上，对 RCA 进行逻辑判断时，不仅考虑逻辑判断，还对原始值进行追溯，力图得到更稳健的研究结果；再如，对 WIOT 的数据源进行数据整合时，进出口方向既考虑到中间产品也考虑到最终产品，从贸易方向来看，这样处理增加了研究的完整性。在数据使用方面，为使本书更具说服力，笔者投入大量精力搜集整理了丰富的

---

① 简单而言，产业层面包括产业间和产业内，产品层面包括产品间和产品内。产业间关注产业结构的演进，产业内关注经济效率的变化；产品间关注国际竞争及产品转换能力的变动，产品内关注增值情况的变动。

数据。所用数据既有时序数据、面板数据等类型，还有投入产出表、产品空间矩阵等类型，以便运用不同方法从多方面对研究对象进行分析，跟同类文献相比，本书所用数据类型更加丰富。比如基于产品空间视角研究产业升级时，利用联合国 Comtrade 数据库四位编码贸易数据进行整理归类，构建出 919×919 的产品邻近度矩阵。再如，基于国际分工视角研究产业升级时，在 WIOT（每年的数据有 2472 行、2686 列，共 15 年）基础上，整理归纳出以中国为主体的投入产出数据，笔者在数据的搜集整理上付出了较大的工作量，也希望为同类研究在数据整理方面抛砖引玉。

1.4.2　不足之处

一是受数据自身特点约束，商品贸易和服务贸易在数据详细程度上并不对称。实证分析中涉及的对外贸易数据以商品贸易为主，服务贸易部分略显简单。由于服务贸易的统计数据不能像商品贸易那样显示在各国海关的进出口统计中，而是体现在国际收支平衡表中，缺乏详细的分类数据及省际层面、微观层面的数据，因此，书中实证部分数据采集主要基于商品贸易数据，服务贸易虽有涉及但分析相对浅显。时至今日，新型服务贸易的重要性日渐显现，如国际电商、共享经济、大数据和云计算等新服务业态，笔者期待服务贸易在数据统计和分类方法上能与时俱进，能为后续研究提供相关支持。

二是全球政治经济风险的不确定性，使一些偶发事件对产业发展造成外在冲击。国际经济贸易关系受制于外交、军事和政治等外部因素，复杂的外部不可控因素为企业或行业发展带来一定的风险，这种意外冲击对模型设定与实证分析都是个难题。这些影响不仅限于经济角度，而应从更加广泛的角度去分析。鉴于研究范畴的集中性与有限性，本书没有将政治经济风险的不确定性考虑在内。

三是实证分析力求找到更多工具变量进行模型估计与检验，现实经济社会中，诸多经济变量外生性的条件往往不容易满足，找到有效的工具变量在实际处理时确实有一定的难度和挑战，希望以后能找到更多的工具变量进行深入分析。

第 2 章 对外贸易与产业升级的相关 概念及文献综述

改革开放以来，中国经济发展取得了巨大成就。对外贸易的迅速发展拓展了资源配置的广度和深度，国内产业得到蓬勃发展，产业竞争也更加国际化，在市场机制的作用下，产业结构不断优化调整，经济效率不断提升，中国经济在国际市场的竞争力也不断增长。笔者发现，以往研究对产业升级并无统一的界定，因此，有必要在本书研究主题下对产业升级做进一步剖析，本章首先将对外贸易和产业升级的概念予以介绍，从结构演进、经济效率、产品空间和生产分工四个角度进行归纳整理，然后对国内外文献进行综述，通过对前人研究成果的梳理更加明确本书的研究意义。

2.1 相关概念

2.1.1 对外贸易

关于对外贸易，学者们对其认知是一致的。对外贸易，简称"外贸"①，也叫"进出口贸易"，是指一国（或地区）与他国（或地区）进行的商品和服务的交换活动。这种贸易活动的方向涉及出口和进口，对运出商品或服务的国家（地区）而言是出口，对运入商品或服务的国家（地区）而言是进口。对外贸易使得本国经济与外国经济相互交融、相互影响，开放经济环境中，市场需求及供给空间更为广泛，企业和消费者的选择更加灵活，全球配置资源的选择更加自由。各国（地区）通过对外贸易，可以调剂余缺与互通有无，可以提高消费者的福利水平，促进世界生产和交换的发展；可以扩散先进科技的影响，提升生产与经营管理效率，

---

① 对于"对外贸易"和"外贸"两个词，由于语言表达节奏、表述习惯的需要，本书会有选择地使用。

节省社会劳动，优化产业资源配置效率；可以挑战来自国际市场的竞争压力，加速技术革新和提升产品国际化水平，享受国际市场的规模收益，发展对外贸易于国、于企、于民都是大有裨益的。

2.1.2　产业升级

社会生产力的发展带来分工的发展，分工的发展又促进了社会生产力的提高，以及新产业部门的形成。产业在不同语境和不同场合下有着不同的解释，本书中的产业，是产业经济学视域下的定义。所谓产业，其实是社会分工的产物，在社会分工的基础上形成和发展，产业是同类企业、事业的总和，产业是介于微观经济与宏观经济之间的若干"具有某种共同属性的集合"。为了探索产业发展的规律，学者依照经济活动的客观序列和内在联系对产业进行了分类——第一产业、第二产业和第三产业。三次产业这种分类方法为多数国家所采用，我国在使用三次产业分类时，结合国民经济行业分类，依据经济发展及国民经济核算需要，对细小的行业分类变动每隔一段时期进行修订，最近一次修订可以参考《国统设管函〔2018〕74号》公布的《国民经济行业分类》（GB/T 4754—2017）[①]。

产业升级这个词，在宏观经济学、产业经济学、管理学等学科领域都有所涉及，官方文件、新闻媒体也经常提及，也是学术领域的研究热点。但是，关于产业升级的概念和内涵，学术界尚未有全面统一的界定，一般认为"产业升级就是三次产业结构比例的改善优化以及产业素质效率的提升"，也有人将产业升级解释为"价值链攀升"，不同学者对产业升级的认知角度不同。

人们对产业升级的关注始于对发达国家经济发展规律的总结，早期更加偏重于"结构演化"视角，如克拉克的"产业结构变迁的基本规律"、刘易斯的"二元结构转变理论"、赫希曼的"不平衡增长理论"、罗斯托的"主导部门理论"等。20 世纪 80 年代，学者开始从价值链的角度关注产业

---

① 国家统计局：《关于修订〈三次产业划分规定（2012）〉的通知》，http：//www. stats. gov. cn/tjgz/tzgb/201803/t20180327_ 1590432. html，2018 年 3 月 27 日。

升级，Porter M. E. （1985）从价值链的角度分析了企业如何获取竞争优势，Gereffi （1999）在价值链理论的基础上，认为产业升级是通过要素转移，使得资本密集和技术密集的产业获得更丰富的资源禀赋，是依托比较优势发展的过程。Humphrey 和 Schmitz （2002）将产业升级分为四种类型：工艺升级、产品升级、功能升级和链条升级。从产业间的结构演化到产业内链条发展，这些成果给了研究产业升级有益的先导和启示。

国内对产业升级的界定也有不同的思路，李悦（2013）认为产业结构优化升级包含了两方面的内容，即产业结构的协调化以及高度化，其中，产业结构高度化是指产业结构从层级较低状态向层级较高水平的状态发展演进，即产业结构向高资本密集化、高加工度化、高技术化、高知识化和高附加值化发展的动态过程。刘志彪等（2007，2008，2009）基于价值链理论对产业升级进行研究。陈羽等（2009）认为产业升级的"结构思路和价值链思路"在使用中是相互交织的，在研究视角上，"结构思路"是针对一国（地区）整体而言，隶属宏观范畴，而"价值链思路"则主要是隶属中观和微观范畴。陈娇（2011）从产业结构调整、产业链升级和产业集群升级三种视角展开对产业升级的内涵界定。张其仔等（2008，2013，2014）基于比较优势对产业升级进行界定和研究。张妍妍、吕婧（2014）认可学者们对产业升级理解存在差异的事实，其观点是将产业升级视为一个国家（或地区）的自身能力和要素禀赋，通过产业发展能力的累积与培育，影响产品空间网络重构的过程，其研究以产品空间结构化理论为基础。薛安伟（2016）支持产业升级实质是产业收益率的提高的观点，认为生产要素质量的提升能够促进产业收益率的提升。夏飞龙（2016）认为产业升级虽然可以分为单个产业升级和产业结构升级，但是基于两者的紧密联系，在现实中分开还是困难的。崔文杰等（2018）认为产业升级的概念至今没有统一，而多数学者更加关注产业升级的方式，从产业内部和产业之间两种途径阐述产业升级。上述文献从不同角度阐释了产业升级，无论理论还是实践领域，对产业升级并未有统一界定，学者们基于自身研究内容的需要，从不同角度界定产业升级也是百家争鸣的常态。

改革开放以来针对中国外贸与中国经济发展特点，我们需要重新系统梳理产业升级所涵盖的范畴，如果从单独某一个方面去解释则会失之偏颇。开放经济环境下，产业升级将面对广阔的资源获取路径、广泛的地域市场、专业高效的经营生产环节、更强大的市场压力以及更广阔的升级空间。开放经济环境下，产业升级的涵盖范畴也更加开阔，下面对本书研究主题下的产业升级予以详细介绍。

关于产业升级，本质上就是一种"改善和提升"，这种改善和提升表现在多个方面，既有结构演进的轻型和软型化，也有经济效率的提高；既有竞争优势的增强，也有增加值率的上升。既然单一角度的产业升级无法阐释产业升级的全貌，鉴于本书研究的主题，下面将对产业升级进行界定，以形成一个相对系统完整的框架。为厘清思路，本书对产业升级的界定主要围绕以下四种视角。

第一，结构演进意义上的产业升级。无论理论上还是实践中，人们习惯于遵从经济发展逻辑以产业结构变迁的角度去解读产业升级。发达国家的经验表明，三次产业的结构演进，伴随工业化、城市化的发展，第一产业占比优势快速弱化，第二、三产业逐渐占据优势地位，并随着服务化、信息化的发展，第三产业在发达国家和地区显示出越发重要的地位。由于产业结构的演化变迁能够在一定程度上体现产业升级的结果，其指标简单易懂，是诸多学者青睐的指标，所以，对产业结构比重这类指标本书有所借鉴。值得注意的是，从产业结构演进角度看，产业升级没有标准时态和标准模式，产业升级永远在路上——且摸索且践行。产业结构由"一二三"向"二一三""二三一""三二一"变迁，体现了经济发展和结构演进的结果。但在产业融合的背景和趋势下，三次产业的界限模糊化，农业工业化、农业服务化、工业服务化、服务业制造化等产业融合使得通过结构比重去判断产业升级显得简单了些。不过，由于比重变化能够体现产业升级的结果，其指标简单易懂，可在一般意义上揭示产业升级的情况，仍为诸多研究采用。所以，本书也借用了此类指标，在结构演进视角下进行实证研究。

第二，经济效率意义上的产业升级。一般来说，对外贸易可以通过引进国外高精尖设备、进口国内短缺原材料、进口高端零部件，起到缓解国内供给瓶颈、互通有无、合理配置资源的重要作用，最终促进国内产业发展与效率提升。不仅如此，外贸所伴生的竞争及知识溢出、技术溢出、制度溢出等效应，也会促进先行开放的产业效率提升，主要表现在劳动生产率、全要素生产率等方面。加之产业间和产业内存在客观联系，如生产关联、技术关联、价格关联、就业关联、投资关联等，这种效率提升会逐渐惠及全社会各个产业部门，从而带动整体经济的产业升级。以劳动生产率、全要素生产率衡量的产业内效率体现了产业升级在资源配置方面的改进。资源配置效率的提升是各种生产要素协同作用而发挥出来的不断增长的力量，是推动企业、产业、国家由低竞争力走向高竞争力的不可忽视的力量，是产业升级的动力体现。

第三，产品空间意义上的产业升级。产品空间是在国际贸易及国际市场竞争的基础上，综合社会网络分析方法，对产品中包含的知识、技术、能力以及产品间的相互关系打包处理，通过产品空间邻近矩阵展示出来，进而反映产品间动态演进趋势。产业升级在产品空间意义上主要体现在国际竞争能力的提升上，显示性比较优势是衡量国际竞争变化情况的代表指标，产品空间理论为从国际竞争及比较优势等方面剖析产业升级奠定了理论基础。产品空间理论认为产品是知识、技术和能力的载体，反映了一国资源能力禀赋状况。产品之间存在异质性，不同产品含有的生产能力是有差异的，产品间的转换能力是不完全替代的。若两种产品是邻近的、相关的，则其生产能力是相似的，距离越近越相似。这时它们生产所需的基础制度、设施、知识、中间投入、技术、产权等越相似，它们越趋向一同生产，产品间转换成本低且产品空间转型速度快，意味着产业升级的潜力就大。此外，一国产品邻近性、产品复杂度与产品密度等直接影响该国在全球市场的比较优势演化和国际市场竞争情况。

第四，生产分工意义上的产业升级。随着国际竞争国内化、国内竞争国际化，生产分工在国与国之间越来越复杂和深化，对外贸易把全球产业发展联系到一起。随着贸易规模的迅速扩大，我国很多产业规模都已居于世界前列。与此同时，我们也看到某些领域存在产品附加值较低、收益微薄、增值空间狭窄等问题，这些使得产业发展空间受限。各产业部门要赢得在全球价值链中的话语权，产业升级势在必行。开放经济环境下，全球分工早已突破国界，随着历史的变迁，各个国家相对先进产业和相对落后产业几经更迭。随着信息化、网络化、智能化的时代技术变革，产品的生命周期越发短暂，先进生产力扩散与转移速度日趋增快。当前，全球生产网络背景下，资源的全球化配置以及生产碎片化已是大势所趋。面临增值率低的分工陷阱，摆脱低端锁定，提升增值空间，增大在价值链中的贸易利得，成为开放经济下产业升级的重要任务，于是增值率成为产业升级在生产分工视角下的衡量指标。

　　综合考虑，单一角度的产业升级无法阐释产业升级的全貌，基于研究的主题，本书将产业升级概括为四个方面，既方便逻辑梳理，又方便记忆。基于结构演进意义上的产业升级，主要体现在产业间，考察三次产业之间的结构变化；基于经济效率意义上的产业升级，主要体现在产业内，考察产业内全要素生产率与劳动生产率的变化；基于产品空间意义上的产业升级，主要体现在产品间，考察产品间的迁移跳跃能力以及国际竞争力的变化；基于生产分工意义上的产业升级，主要体现在产品内，考察产业全球生产网络背景下国内产业所在环节增值能力的变化。图 2 - 1 更加清晰地展示本书主题意义下的产业升级。

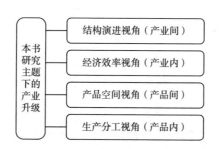

图 2 - 1　本书主题下的产业升级概念框架

2.2　国内外文献综述

2.2.1　国外文献综述

2.2.1.1　结构演进视角下对外贸易对产业升级的影响综述

产业发展问题历来是学者们关注的焦点问题，外贸对产业升级的影响研究可追溯到亚当·斯密的绝对优势理论和大卫·李嘉图的比较优势理论。他们的理论关注对外贸易发展对经济增长的影响，经济增长会影响到产业结构的变化。当一国依据绝对优势或相对优势生产产品并出口时，会壮大优势产业的发展，进而影响贸易双方分工地位和本国内产业结构的变化。后续学者以此为基础，对产业结构的变迁、发展等也进行了卓有成效的研究，既有理论研究又有实证研究，既有定性分析也有定量分析，如克拉克的产业结构变迁的基本规律、刘易斯的二元结构转变理论、赫希曼的不平衡增长理论、罗斯托的主导部门理论等。这些文献多是从产业结构等宏观层面审视产业升级，理论论述较多，在学术领域影响范围广、影响力大，只是这些研究多是对发达国家的产业演进事实进行归纳，对发展中国家产业演进的事实关注较少。

随着经济全球化的深入发展，产业结构调整无论在深度上还是广度上都比过去剧烈，对外贸易在资源配置方面无疑有重要影响。有些文献较早地关注了对外贸易与产业升级间的关系，如 Ozawa（1991）给出了螺旋形模型，考虑到对外贸易对生产过程的影响方式及程度是存在差异的，Ozawa 将产业升级路径分成了四个阶段，即相对封闭阶段、外部依赖阶段、综合生产阶段、专业化生产阶段。还有一些文献在影响效应上进行了实证检验，如 Frankerl 和 Romer（1999）认为贸易结构升级对产业结构升级存在推动作用。Hausmann 等（2007）已经注意到，商品出口结构对产业结构的存在直接、重要的影响，若从较长时期进行观察，一国的产业结构状况与出口结构状况间存在趋同发展倾向，时间越久，出口结构变化对经济发展影响就越大。一些发达地区的经济发展历程也证明对外贸易发展促进一国整体经济的提升，产业结构随之不断演进。部分文献深入不同国家内部考察外贸发展对产业升级的影响，以发展中国家为研究对象的较多，如 Nair 等（2006）的研究认为对外贸易开放的增强有助于马来西亚制造业的转型升级。Adav（2012）以印度为研究对象，认为对外贸易是全球经济日益一体化和组织结构变化的主要表现，印度制造业相对于其他可贸易部门所占的份额有所增加，生产更专业化，消费也更多样化，印度贸易正逐渐远离低附加值产品。也有学者在此方面的研究得到有差异的结论，如 Nassif 等（2015）以巴西为例，分析了巴西进口需求收入弹性急剧增加，出口收入弹性略有下降的现象，认为巴西走上了比国际经济前沿相对落后的轨道。Amiti 和 Freund（2016）研究了中国出口结构的巨大变化，电子和机械出口份额不断增加，农业和服装出口份额下降，发现尽管中国转向出口电子机械这些更复杂的产品，但更多呈现一种粗放式出口特征，重规模而轻创新，若把加工贸易排除在外，中国制造业出口的技术含量仍然保持不变。开放经济条件下，由于不同国家的国情、区位、规模、产业发展存在客观差异，外贸对不同产业的影响自然也存在差异，总体上看，发达国家产业结构演进呈现的规律，比如结构变迁、需求弹性变化、就业结构变化等，对发展中国家也有借鉴意义。

2.2.1.2　经济效率视角下对外贸易对产业升级的影响综述

产业升级不应仅局限于国民经济的结构比重，更要关注经济效率的提升。国外一些研究表明，外贸对一国要素利用、产业效率提升有积极影响，如 Coe 和 Helpman（1995）通过构建实证模型，发现一个国家的研发资本存量及其贸易伙伴的研发资本存量对该国全要素生产率的影响为正，工业化国家之间的对外贸易往来，会促进知识及技术溢出，研究结果是发达国家的 R&D 资本存量对别国全要素生产率的增长有促进作用。Jakob 和 Madsen（2012）利用经合组织国家一个多世纪以来技术进口和全要素生产率的新数据集，对国际贸易技术转移进行了测试和检验，得出过去一个世纪，知识的进口导致了全要素生产率增长了近200%，尽管溢出效应在各国的分布极不均匀，但促进了经合组织国家之间的全要素生产率趋同。Herrendorf 和 Teixeira（2005）则是从贸易壁垒的角度对全要素生产率进行关注，他们研究发现贸易壁垒尤其是配额管理的存在，阻碍了资源配置的改善，降低了全要素生产率。也有学者将研究视角转向服务业领域，如 Sherman 等（2002）利用 CGE 模型，评估了服务贸易自由化对世界经济的影响，其研究表明产业间的投入产出关系和发达国家从发展中国家进口服务可以引起全要素生产率增长。贸易自由化有利于全要素生产率改进，服务监管也有类似效果，Der Marel（2012）强调服务贸易监管是影响全要素生产率增长的重要因素。也有学者对其他部门进行关注，得出不同的结论，如 Abizadeh 和 Pandey（2009）研究了贸易开放对全要素生产率增长的影响，结合各部门之间货物贸易能力的差异以及正在进行的结构变化，构建了贸易开放性对经济体中三个主要部门全要素生产率的影响模型。其结论表明贸易开放对农业和工业部门的全要素生产率增长没有显著影响，贸易开放对整体经济全要素生产率增长的积极影响，主要是基于服务业变量的推动作用。也有学者认为服务贸易的影响作用没有那么明显，Malchow-moller 等（2015）分析和比较了国际贸易对服务业和制造业生产率增长的作用，发现出口或进口商品能促进制造业生产率显著增长，而服务贸易的影响较小，同时，贸易中介组织在经济增长中扮演着重要的角色。还有学者将研究焦点放在开放经济环境下，服务贸易对制造业及整体经济增长的影响上，如 Hoekman 和 Mattoo（2008）认为开放经济中企业的竞争力越来越受到低成本和高质量的生产性服务（电信、运输和分销服务、金融中介等）的影响，开放服务贸易可以提高企业、工业和整个经济的生产力水平。Mishra 等（2011）认为服务出口复杂度会影响经济增长，在经济效率方面，出口复杂度的影响要大于贸易规模的影响。这些研究也给中国经济转型发展提供了相应启发，对外贸易发展会影响产业结构的演进，也会影响经济效率的变化。也有学者利用微观数据检验外贸对生产率的影响，如 Amiti 和 Konings（2005）利用进口投入的工厂层级的信息和印度尼西亚制造业人口普查数据，发现较低的产出关税可以通过引入更严格的进口竞争来提高生产率，而更便宜的进口产品可以通过学习品评或质量效应提高生产能力，得出产出关税下降 10 个百分点可使生产率提高约 1%，而投入关税同等下降导致所有企业生产率提高约 3%，进口企业生产率提高约 11% 的结论。Caliendo 和 Rossihansberg（2012）将组织结构考虑在内，发现对外贸易可以使出口企业改变组织结构，增加管理层的数量并分散决策，新组织导致了更高的生产率，而非出口国减少了组织层次数量、权力下放，反而降低了生产率。从上面文献可以看出，开放经济下对生产率的影响是多方面的，技术溢出、贸易规模、贸易自由化、中介组织、产品复杂度、管理组织等因素传至中观层面、微观层面，对经济效率改变起到推动作用。

2.2.1.3　产品空间视角下对外贸易对产业升级的影响综述

产品空间的概念在经济学文献中受到的关注较少，事实上，基于社会网络分析的产品空间理论一旦适用到经济及贸易领域，便引起一些学者的注意。当然，由于产品空间所用分析工具较为复杂，这一领域的文献并不多。Hidalgo（2007）创造性地运用产品空间理论，阐明初始禀赋对产业升级路径的影响。其研究表明一个国家总是倾向于转向与自身所熟悉的或接近的产品，产品空间关联更高的国家能够更快地升级其出口篮子。Ricardo和 Bailey（2007）揭示了一个有力事实，一国比较优势的变化受全球范围内产品亲缘关系模式的支配。随着各国出口结构的变化，有一种向相关商品转移的强烈趋势，而不是向更远的商品转移。产品之间的亲缘关系模式只能在很大程度上由广泛因素的相似性或技术强度的相似性来解释，产品间的异质性反映在产品空间的某些部分是密集的，而其他部分是稀疏的。这意味着专门从事产品空间密集部分的国家比专门从事较不相关产品的国家更容易改变它们的显示性比较优势。后续有学者将产品复杂度引入该领域，如 Ferrarini 和 Scaramozzino（2016）用产品空间内生产部门的接近程度反映产业内贸易和生产的国际碎片化，发现提高产品的复杂性能提高经济增长率。Abdon 等（2012）将产品种类扩大化，对 5107 种产品进行分析，发现复杂产品的出口份额与一国收入正相关，高收入国家的出口产品 复杂度更高，出口份额也大。Ferrarini 和 Scaramozzino（2015）在前期研究的基础上，将目光转移到发展中国家，以中国为研究对象，通过修正的产品空间表明，中国扩大了贸易规模，也占据了与高收入国家通常相关的产品领域，然而，通过横向扩张与垂直维度综合分析，却发现中国主要占据了产品类别的低单位价值段。这一研究结论，也使人们对产业升级的认知思路进一步得到拓展，产品空间不仅能够反映产品间的跳跃迁移能力，反映国际竞争的情况，也能体现国际分工环节的占位高低。这些文献都以产品空间模型作为研究基础，分析产品间的邻近性和异质性，产业升级路径受到产品空间特点的影响。当产品空间表现为连续性、邻近性的特征时，一国（地区）产业依靠既有禀赋实现升级，当产品空间表现为离散性、异质性的特征时，有可能出现新旧产品跳跃过大而升级断档的现象。产品空间理论下，新旧产品之间不纠结于产品内部的构造，而专注于产品间的距离，近期文献中将产品复杂度或技术复杂度等因素引入，能更深入地探讨产品竞争优势及对外贸易对产业升级路径的影响。

2.2.1.4 生产分工视角下对外贸易对产业升级的影响综述

随着贸易发展和全球生产方式的不断演化，国际分工格局深化发展，产业间分工逐渐向产业内分工以及产品内分工转化，生产的碎片化日渐成为全球生产网络的特点。20 世纪六七十年代有学者注意到了这一现象，Balassa（1965）、Findlay 和 Ronald（1978）开始用垂直专业化一词描述产品内分工。20 世纪 80 年代，学者开始从生产分工的角度关注价值链，进而关注产业竞争力与产业升级。Porter（1985）从价值链的角度分析了企业如何获取竞争优势，Kogut（1985）认为企业的全球战略跟生产垂直分工及全球生产网络各功能环节的配置是相关的，其研究内容进一步夯实了全球价值链的基础理论。20 世纪 90 年代中期，Gereffi（1999）对东亚服装产业进行研究，是将价值链理论与产业升级结合研究较早的文献。Gereffi 的重大突破在于将产业升级的研究从产业间比例结构的变化转移到产业内部的发展过程，拓展了全球价值链视域下对产业升级的研究。Gereffi 将产业升级分成产品层次升级、经济活动层次升级、部门内层次升级和部门间层次升级四种类型。在 Gereffi 分类的基础之上，Humphrey 和 Schmitz（2002）以企业为中心，提出了由低级到高级的分类，即流程升级、产品升级、功能升级和部门间升级四个层次。Kaplinsky 等（2002）认为贸易全球化既带来机会也带来威胁，阐释了价值链框架并提出了升级轨迹。更有学者在绿色战略背景下，将环境绩效纳入产业升级的范畴，Marchi 等（2013）在价值链层面上扩展了环境管理和绿色战略，分析了环境升级的轨迹及其影响。上述学者从企业、产业或价值链等角度对产业升级的路径或轨迹进行了较为详细的论述，也有学者将研究视角深入企业内部，如 Hyun 等对韩国公司层面的数据进行研究，发现贸易开放加速了公司建立跨国垂直生产模式的步伐，贸易开放度的提高有助于提升公司内部产业升级。Zhibiao L. 和 Jie Z.（2009）则对中国制造业融入全球价值链进行升级的路径提出新的视角，即非价值中心的发展机制，分析了专业市场和龙头企业网络这两种方式的非价值中心建设形式，揭示了两者的建设机制、途径以及面临的挑战，并指出在国内市场规模庞大、消费模式不断发展的中国，全球价值链与非价值链的协调是全球化进程中实现产业升级的最重要问题。Milberg 和 Winkler（2011）认为在跨国公司主导的大规模生产全球化背景下，经济增长和贸易绩效是经济升级涉及的问题，除此之外，发展中国家在全球生产网络中的产业升级还涉及社会升级，他们将与社会生活有关的工资、工作条件、性别平等、经济权利和经济安全等因素计入社会升级的范畴，这在一定程度上拓展了产业升级的研究视野。从国际分工的视角看待发展中国家的产业升级问题，Robert Koopman 等（2011）的观点是值得深思的，其研究结论是迅速发展的加工贸易活动使中国融入东亚制造网络中，但中国制造业在东亚生产网络中尚未拥有实际的主导权，总体上处于价值链的中低端。毋庸置疑，中国已经深深嵌入全球生产网络之中，中国产业转型发展与升级问题必须在开放经济视角下思考，国外文献也点燃了国内学者在此方面的研究热情。

生产分工视角下的对外贸易与产业升级的相关国外文献，多以 Gereffi 的研究为基础，基于工艺升级、产品升级、功能升级、部门间升级的划分模式在实证研究中出现较多，后续文献在价值链治理中逐渐加入绿色战略、组织变革、社会生活等因素，在发展中国家嵌入全球生产网络背景下，还会考虑比较优势陷阱问题和低端锁定问题，以往文献从不同角度诠释了全球价值链下产业升级的方式及轨迹。当然，在信息时代，全球化分工使生产要素流动加速和配置范围更广泛，发展中国家未必沿着发达国家既定路线前行，因为信息革命下的发展中国家面临着市场的风云变幻和消费需求变革，以及价值链上发达国家的挤压，产业升级的压力增大。

2.2.2　国内文献综述

2.2.2.1　结构演进视角下对外贸易对产业升级的影响综述

改革开放之后，中国对外贸易规模的迅速发展加快了产业结构转换，经济内部结构不平衡的特点，使很多学者从结构视角关注产业升级。洪银兴（2001）认为结构转换和升级的重要动力是市场化，中国加入 WTO 后，开放的市场会加快中国产业结构转换和升级的进程。在影响机制方面，唐志红（2004）从国际贸易、国际资本流动、跨国公司及世界性经济组织四个角度，阐释了经济全球化下一国产业结构开放及互动的主要作用机制。吴进红（2005）认为开放经济条件下对外贸易与产业结构之间存在相辅相成、相互促进的关系，并对长江三角洲的对外贸易与产业结构升级进行了相关性分析。石冬莲等（2009）则从供需两个方面，分析国际贸易如何通过技术进步影响产业结构升级。赵岩等（2012）利用进出口贸易的技术进步模型对我国贸易结构及三次产业升级的作用机理进行探讨。在实践策略上，黄庆波等（2010）认为对外贸易在中国、印度和"亚洲四小龙"经济发展中起到重要作用。邵邦等（2013）认为主导产业的结构优化升级是增强经济可持续发展方法之一。余淼杰等（2014）认为改革开放促进了工业行业内部和行业之间的产业升级，比较优势的存在和规模经济的递增是以往产业升级的主要动力，由于国际经济格局的变化，由"对内改革，对外开放"向"对外开放、对内改革"的政策转变，是产业升级得以继续提升的新战略。在研究方法上，国内学者结合前沿的计量方法进行了实证分析，从不同角度论证了贸易对产业结构升级的影响。如周茂等（2016）用倍差法检验了贸易自由化带来的进口竞争效应对产业升级的影响及机制。徐承红等（2017）利用时变参数状态空间模型和中介效应检验了"一带一路"沿线国家的进口贸易对我国产业升级的影响。马骥等（2017）则从贸易结构先导效应、贸易自由化竞争效应、市场规模扩张效应三个方面论证了"一带一路"对产业升级的影响。蔡海亚等（2017）从产业内和产业间多维度构建了产业升级指数，通过中介效应检验了贸易开放对产业升级的影响机制。石峰等（2018）利用面板向量自回归模型，检验了贸易开放对产业结构升级在不同区域的影响格局。这些不同的计量方法进一步丰富了实证研究的工具，也使研究内容不断追随国际前沿。国内学者偏重于贸易对产业结构的影响，在运用不同实证方法检验后，得出的研究观点有所差异，范爱军等（2011）认为对外贸易受国际分工的影响越发明显，不同的贸易模式对产业结构升级的影响是不同的，一般贸易对产业结构升级有助推作用，而加工贸易相反。孙晓华等（2013）用半对数模型检验了对外贸易对产业结构的影响,发现进出口贸易的结构效应对产业结构升级在统计意义上具有显著的正向作用,且这种影响存在一定的时滞。付德申等(2016)认为,对外贸易与产业结构升级两者相互促进,对外贸易也有助于经济增长,且不同区域表现出空间非均衡性的特征。

对结构演进视角下对外贸易与产业升级的相关研究,国内外关注度并不相同。在国外文献中产业升级往往与发达国家经济发展历程紧密相关,学者将产业升级视为结构变迁,在文献研究方面,也多以产业结构为切入点结合经济增长进行分析及经验性的总结,这种经验总结有一定的借鉴意义。国内诸多文献显示,国内学者热衷于产业结构的研究,这跟我国经济发展结构不平衡有直接关系,学者对产业结构的合理化和高级化从不同角度给予极大关注。国内研究中的产业升级,在结构上首先表现为产业间结构变迁或产业内结构变迁。中国改革开放后,贸易规模的迅速扩大加快了中国产业结构转换和产业升级的进程,因此,国内文献在研究结论上是保持肯定态度的,其研究工具又多种多样,包括半对数模型、倍差法、向量自回归、中介检验等,从不同角度检验外贸对产业结构优化升级的影响。尽管如此,上述文献在贸易内部结构对产业升级的影响方面还有待深入,本书有必要既关注外贸整体发展对产业结构演进的影响,又关注外贸内部不同类型、方式、模式等贸易变量对产业结构演进的影响。另外,产业升级的结构演进思路还需拓展,结构演进是否能体现产业结构的协调度、轻软度、综合效率及结构转换度?带着这个思考,本书在后文中力图有所改进。

2.2.2.2　经济效率视角下对外贸易对产业升级的影响综述

经济全球化使企业以国际视野在全球寻求较为理想的资源配置和市场运作方式,各个国家都希望通过发挥自身优势,对资源配置与经济效率进行改善,有学者对此进行了研究,其观点基于不同的假设,得到不同的结论,有促进论、促退论和不确定论。如关兵(2010)认为出口贸易通过学习效应、溢出效应、规模效应和竞争效应促进了生产率的提高。朱福林(2010)研究发现服务的出口比进口更有利于促进全要素生产率的提升。而高静等(2013)得出进口竞争给进口国带来的经济效应是不确定的结论。迟旭蕾（2014）利用省际面板数据，并用门槛模型检验了国际贸易对全要素生产率影响确实为正，随着经济发展水平的变化，国际贸易对全要素生产率影响的门槛由小变大。吕大国等（2015）利用差分 GMM 方法分别从一般贸易、加工贸易和其他贸易三个方面对全要素生产率的影响进行研究，结果表明，一般贸易和其他贸易对全要素生产率的增长有显著促进作用，而加工贸易则相反。类似的，张少华等（2015）认为加工贸易在进出口渠道上都没有促进全要素生产率提升。这些文献从不同角度补充说明了外贸发展对资源配置的影响，尤其是对全要素生产率的影响。

在贸易对劳动生产率的影响上，邵敏（2012）利用工企数据，采用倍差法进行实证分析，结果显示，企业的出口行为在短期内能够提高劳动生产率，企业的出口加工度和技术水平会影响到"干中学"的效果，而扩张陷阱更容易存在于中低技术行业。丁超（2014）发现外贸对劳动生产率的影响与行业技术水平的高低正相关，且不同贸易路径对劳动生产率的作用差异迥然。李芳芳（2016）的研究表明，货物贸易差额、服务贸易差额这两者均会对第二、三产业的劳动生产率差距产生不同程度的影响，通过提高服务业的可贸易程度，有助于提升服务业的劳动生产率。杜艳等（2016）以中国加入 WTO 为背景作为自然实验的框架，分析贸易自由化所伴生的进口竞争效应对资源再配置效率的积极影响，研究表明，贸易自由化使得资源再配置的效率得以改善，并使行业生产率的离散程度显著降低，竞争使得生产率的差异明显减小。这些文献从微观数据到宏观数据，从货物贸易、服务贸易到贸易自由化，再到资源配置，展示了贸易在开放经济环境下对劳动生产效率的影响效应。

经济效率视角下的对外贸易与产业升级相关文献，国外研究一般选择具体产业，如服务业、制造业、农业等，偏好于单独考察贸易开放条件下劳动生产率或全要素生产率的变化。相比而言，国内研究更加多元化，由于研究假设不同，研究结论也存在促进论、促退论和不确定论等相异的论调。所用方法有差分 GMM、门槛效应、空间模型、自然实验等，在数据使用上涵盖了全国层面数据和省际层面数据，但在贸易方向上多数选择了出口这一贸易方向，忽略了进口的影响作用。现实中，由于进出口在资源配置上都起着重要作用，综合考虑外贸发展对产业升级的影响是必要的，深入企业层面检验研究结论是否成立也是必要的，这些有待后文进一步研究。

2.2.2.3　产品空间视角下对外贸易对产业升级的影响综述

产品空间理论利用社会网络分析方法，可对一国比较优势演进路径进行剖析，产品空间理论一经引入，就受到国内一些学者的钟爱。较早的研究如曾世宏等（2008）认为产品空间理论强调比较优势的动态化，产业升级能否顺利进行受产品间生产的距离、难度，以及产品间生产能力的相似性的影响，如果现有的技术、资源等跨度太大，实现跨越式产业升级的难度系数就会增大。在 2013 年之后，国内学者相对较为固定，其研究内容也较为集中，张妍妍等（2014）结合产品邻近性与空间密度，揭示产业升级在产品空间上的重构方向与路径。邓向荣等（2016）发表在《中国工业经济》上的论文是在产品空间研究领域内引用率较高、影响力较大的一篇文献，他们通过研究产业升级与比较优势之间的关系，发现产业升级对比较优势的偏离程度与经济增幅存在同向相关关系，要实现跨越式增长，由生产能力累积而引发的产业持续创新是重要源泉，良好的产业进入退出机制可以集中国家优势，提升创新能力累积，促进跨越式升级。后续研究从影响因素上加以拓展，崔永涛等（2017）利用产业空间结构特征，考察省际层面的产业结构转型，研究发现产业密度、产业收入水平和产业相对优势程度等是影响产业结构转型的主要因素。近期研究此方向的学者相对集中，他们在产品空间领域的研究不断深入，横向增加了与相关国家的比较研究，纵向选用了更加复杂的变量，近几年所出成果成为此领域的重要文献之源。如毛琦梁等（2017）认为比较优势与可达性是影响产业升级路径依赖的重要因素。也有文献进行了横向对比研究，研究范畴集中在中韩、中日、金砖五国等，如胡立法（2015）基于中韩两国产业升级的比较，认为中国具有较强的新产品生产能力，可以借助技术创新等经济战略抓住产业升级的机会。张亭等（2017）基于中日进行比较研究，发现虽然中国的优势产业数量迅速增长，但核心区优势产业数量有限，产品复杂性指数远低于日本，产业竞争力弱于日本，尤其是制造业领域产品复杂度低对产业升级带来较大的挑战。张美云等（2018）通过显示性比较优势、产品密度、经济复杂度、能力距离等指标，揭示了金砖五国产业升级偏离比较优势的发展路径，空间演进能力较强的中印两国产业升级竞争力也较强。后续研究如同国外文献，也逐渐将产品复杂度纳入研究视野，如马海燕等（2018）利用产品复杂度、产品密度等指标对产业升级进行检验，提出增大产品复杂度和产品密度，会助推产品森林整体能力网络工程的构建，促进产业升级的实现。从近期研究可以看出，学者开始将产品空间非匀质性与产业升级路径结合起来，在政策规划、市场机制等方面思考产业转型升级的策略。

产品空间视角下的对外贸易与产业升级相关文献，体现了经济学与社会学学科交叉的特点，社会网络分析工具多用在社会学中，后被引入经济学领域，但目前该领域的研究成果还不够丰富，这与该领域计算量庞大且复杂有直接关系。国外文献在此领域的研究相对较早，国内文献多是在国外文献的基础上进行应用研究。这些文献主要用来分析一国比较优势的演进路径，也可用来进行国别比较，结合产品密度、产品复杂度、产品邻近距离等指标，判断产业升级的路径依赖情况。构建产品空间矩阵时，所选国家越多、产品越多，构建的矩阵就越稳定和可靠，因此不断丰富数据源是十分必要的，由于对外贸易发展周期短、影响快，继续更新此领域的研究是必要的。

2.2.2.4 生产分工视角下对外贸易对产业升级的影响综述

产品内分工带给发展中国家更高的国际分工参与度，为产业升级提供了新思路。生产分工视角下的产业升级研究主要依靠全球产业链与分工合作的思路，随着产品内国际分工不断深化和中间品贸易的蓬勃发展，我国俨然已经融入国际化生产链条。对在全球生产分工体系中我国占位如何，是否处于低端锁定的尴尬局面，学者们纷纷展开论证。张辉（2005）认为全球价值链片段化使得各个价值环节位于不同的价值等级体系，地方产业集群占据不同价值环节，竞争与合作并存，升级与反升级相互较量。刘志彪等（2007，2008，2009）认为全球价值链的治理结构影响中国本土产业升级，对中国企业有双重效应，提出要重视现代生产者服务业的投入，克服比较优势陷阱，要从被俘获的全球价值链中突围出来，构建国家价值链的网络体系和治理结构，以促进国家价值链与全球价值链的协调，进而实现产业升级。也有部分文献提出了国际分工对我国产业升级存在负面影响的担忧，如许敏兰等（2008）则以玩具制造业为依托，分析认为代工模式的产业内分工面临产业升级的困境。张明志等（2011）认为国际垂直专业化分工对中国产业间升级与产业内升级的影响存在背离现象。唐东波（2013）提出从垂直专业化的角度看，我国出口品所含技能水平的提升并未反映为国内附加值的同步增长，产业升级的步伐不够迅速。更多的研究基于对低端锁定问题的警惕，寻求中国产业发展的机遇、策略和路径，如盛斌等（2015）认为全球价值链改变了传统的产业升级方式，产业或部门间升级不再是升级的主流模式，而全球价值链背景下的工艺、产品、功能和价值链等多种形态的升级模式已逐步增多。林桂军等（2015）利用 Kaplinsky 升级指数和中间品相对出口单价，对我国整体装备制造业在全球价值链的动态变化，包含发展趋势和竞争地位进行了分析。彭水军（2016）认为为避免中国加工贸易的转型升级可能陷入"低端服务—低端制造"的恶性循环，产业升级必须迈向链条上游并兼顾制造环节。霍春辉等（2016）认为中国经济虽快速崛起，但仍处于全球价值链的中低端，实践中产业升级的进程受到一些发达国家的阻碍，他们基于全球价值链双面效应的存在，为提升制造业的国际竞争提出了相应的产业升级路径建议。洪银兴（2017）指出以资源禀赋的比较优势嵌入全球价值链的积极效应已到尽头，中国需要依靠创新在全球价值链中谋求主导地位和更高附加值。孙宁华等（2018）认为科技创新速度加快及企业边界的模糊化为商业模式创新和价值链攀升带来机遇。提高增加值、提高在价值链上的地位，这些产业升级不可回避的问题在全球生产网络越发复杂的背景下更值得关注，是贸易领域、产业经济领域及现实经济中的热点问题。

新形势下，国际分工使得企业的生产运营更加片段化和模块化，产业发展越来越多地嵌入全球价值链体系中。在国内，基于价值链探究环节占位及升级问题已成为我国学者的关注点。国内文献既有定性分析也有定量分析，其研究结论不一，多在"攀升"与"反攀升"方面寻求产业升级的突破点。众所周知，对于国际分工下产业增值能力的判断需先对全球价值链进行分解，一般借助投入产出表完成，既有文献多从生产入口的角度考虑升级问题，而缺乏从中间品和最终品的出口角度对产业升级进行考量，因此，在生产与市场的双侧面做进一步研究是产业升级的新思路。

从以上文献可以看出，越来越多的学者投入对外贸易发展对产业升级的影响研究中，从定性到定量研究，研究视野越来越广、方法越来越多样，这些文献均为本书的写作奠定了理论基础，提供了方法借鉴。

从相关文献看，总体上国外文献对产业升级的研究，偏向于全球产业链不同环节、不同层面的产业升级上，其研究对象多为发达国家或个别发展中国家，其研究结论在中国是否适用值得商榷；而我国由于经济发展的结构性矛盾与特点，从产业结构演进到产业效率提升，从产品空间演化到生产分工价值链攀升，学者都有所关注，并紧贴国际视野，涉及面广，但文献相对分散、研究框架不够系统。在对相关文献进行梳理之后，笔者发现着实有必要在前人研究的基础上，对研究主题做认真思索与慎重归纳，搭建出思路清晰、结构相对完整的分析框架。

第3章　对外贸易影响产业升级的理论分析

国际贸易往来体现了各国产业发展的比较优势，很多经济原理揭示了对外贸易产生及促进经济发展的原因，也涉及外贸对产业升级的影响。本章首先从对外贸易相关理论、产业升级相关理论、外贸对产业升级影响的相关理论思想三个方面进行梳理，然后从市场机制、规模经济、产业关联、分工深化等方面论述对外贸易影响产业升级的机理。

3.1　相关理论

3.1.1　对外贸易相关理论

3.1.1.1　绝对优势理论、比较优势理论和要素禀赋论

绝对优势理论、比较优势理论和要素禀赋论，这三者解释了国际贸易产生的基础和参加国际分工的益处。亚当·斯密在他的著作《国民财富的性质与原因的研究》中提到，国与国绝对成本的差异会引起国际贸易，每个国家都有适宜其生产某些产品的绝对有利条件，如果进行专业化生产，然后再进行交换，那么可以提高劳动生产率，对所有国家都是有利的，世界的国民财富也会增加。当每个国家按照各自的有利条件进行生产、分工和交换时，各国的资源、劳动和资本将得到最有效的利用，劳动生产率会随之提升。斯密主张实行自由的贸易政策，他认为自由贸易能有效地促进生产发展和产量提升，限制贸易自由化的措施会影响国际分工并降低社会劳动生产率及国民福利。

大卫·李嘉图在《政治经济学及赋税原理》中，批判地继承了亚当·斯密的绝对优势理论，提出了对国际贸易更具解释力的比较优势理论。比较优势理论认为，国际贸易的基础是生产技术的相对差别和生产产品机会成本的差异。"两利相权取其重，两弊相权取其轻"，要集中生产并出口具

有"比较优势"的产品,进口其具有"比较劣势"的产品。比较成本理论在加速社会经济发展方面所起的作用是不容置疑的,其理论为自由贸易提供了有力支撑,当今时代,这一理论仍是许多国家和地区制定贸易发展战略的重要参考。

赫克歇尔和俄林从生产要素比例的差别出发解释比较优势的产生,各国要素禀赋差异导致产品生产成本及商品价位有所区别,即用要素禀赋论说明比较优势的来源。各国生产要素的存量不同和资源禀赋素质不同都会影响一国产业结构和对外贸易发展,要素禀赋差异是国际分工和国际贸易的基础。

前述三个理论是把一国先天拥有的生产条件视为进行对外贸易的基础,这些理论解释了国际贸易产生的基础和贸易产业的市场表现,表明参与国际分工和进行对外贸易对一国经济发展是有利的。但这些理论是在完全竞争、成本不变、没有运输费用、不存在技术进步等静态环境下进行思考的,却难以解释当今时代对外贸易的一些特点,如发达国家间贸易及产业内贸易蓬勃发展等多种现象,于是贸易理论领域出现了新的观点。

3.1.1.2 新贸易理论与新新贸易理论

二战之后,随着产业内贸易及跨国公司的迅猛发展,以保罗·克鲁格曼为代表的一批经济学家提出了一系列以报酬递增和不完全竞争为基础,大量运用产业组织理论对不完全竞争(垄断竞争、寡头垄断等)市场进行分析的贸易理论,即新贸易理论。这一理论的核心内容是:一些不完全竞争的行业存在规模经济,集中生产可以降低成本与价格,并享受规模经济利益,各国参与国际分工是由规模报酬递增规律驱使而非资源禀赋比较优势驱动的,这进一步丰富和完善了国际贸易理论,在解释发达国家之间的产业内贸易上有着重要作用。

新新贸易理论主要基于企业层面开展研究,以麦利茨模型为基础,模型以异质企业为中心,假设参与国际贸易的企业具有异质性(生产率不同),并由此得出对外贸易给一国带来好处:对外贸易带来竞争加剧,效率高的企业借机扩张,效率低的企业萎缩甚至退出市场,因而社会资源从低效率企业向高效率企业转移,导致整个行业的平均效率提高。新新贸易理论一方面从企业异质性角度提出了新的贸易理论观点，另一方面从企业这个微观层面来研究贸易的基本问题，使得国际贸易理论获得了微观基础和新的视角。

3.1.2　产业升级相关理论

3.1.2.1　以"产业结构演进"为基础的产业升级理论

产业结构与经济发展及社会经济结构的变迁紧密相连。众所周知，英国是欧洲资本主义摇篮之一，早在 17 世纪初，其农村的社会经济结构已经发生了很大变化，对产业结构研究较早的是英国经济学家威廉·配第，他认为产业结构的不同是造成各国国民收入水平存在差异及经济发展处于不同阶段的关键因素，他在《政治算术》中通过举例指出"工业比农业收入多、商业比工业收入多，即工业比农业、商业比工业的附加价值更高"。在此基础之上，英国经济学家科林·克拉克对多个国家进行比较分析，研究了劳动力在各产业的就业分布规律：在经济发展以农业为主的阶段，人均收入很低；随着经济的发展，劳动力首先从农业向制造业转移，人均收入会提高；随着第三产业进一步发展，劳动力便向第三产业转移，人均收入会高于农业和制造业。克拉克的研究使得配第的产业收入差距得以印证，因此，这一研究被称为"配第 - 克拉克定理"。美国经济学家西蒙·库兹涅茨（1971）在克拉克研究的基础上，强化了国民收入比重和增加值比重在产业结构变迁中的规律：随着生产力的发展，农业部门在国民收入和就业中的占比不断降低；工业部门国民收入占比会不断增加，就业占比不变或略有上升；服务业部门的就业比重不断上升，国民收入的变化不一定与就业上升同步。总体看来，威廉·配第认识到国民收入及经济发展阶段的不同与产业结构有关，之后，科林·克拉克用数据验证了劳动力在三次产业间的转移规律，西蒙·库兹涅茨又运用现代统计方法，将三次产业产值结构与就业结构的一般变化规律加以阐明。许多国家的经济发展历程都印证了这些规律，因此，配第、克拉克及库兹涅茨的观点得到了学界的普遍认可。

不仅不同产业之间会发生产业结构变迁，产业内部结构也会发生变化。德国经济学家霍夫曼着重关注工业部门内部的变化规律，他将消费品工业净产值与资本品工业净产值进行比较，根据系数大小将工业化进程划分成四个阶段，整个工业化进程就被视为资本品工业比重不断增加的过程，随着工业化进程的深入，霍夫曼系数是逐步下降的。霍夫曼关于工业化进程的理论是在国民经济中仅有工业和农业的假设框架下分析的，在工业化早期阶段，机器对手工的替代更有利于经济增长，资本品工业在工业中的比重渐渐处于主导地位。虽然现代经济发展中，霍夫曼定理不一定适用，但该理论仍然揭示了某一产业结构内部调整过程中的一般趋势。

美国经济学家霍利斯·钱纳里也考察了制造业内部各产业部门的结构和地位变动，认为制造业向更高阶段跃进是产业结构转化推进的。他依据人均国内生产总值，将不发达经济到成熟工业经济整个过程划分为六个时期，即不发达经济阶段、工业化初期阶段、工业化中期阶段、工业化后期阶段、后工业化社会、现代化社会，进而得到人均 GDP 在各阶段的产业结构一般模式。钱纳里的研究揭示了制造业内部的结构变动趋势，这种一般工业化分析范式在经济研究中也具有重要借鉴意义。

早期的研究如配第 - 克拉克定理，立足于经济发展史，结合对产业结构变化历程的观察，寻找一国的产业结构是如何随着经济的发展进行演进的，并试图寻求产业结构变动的一般规律；后来，陆续有学者如霍夫曼、库兹涅次等，将统计工具和数学模型运用到经济学里，运用实证分析工具，力图用数据解读产业结构变化的阶段和规律，揭示产业结构在经济发展过程中呈现的从低级结构向高级结构演进的趋势。上述配第 - 克拉克定理、库兹涅茨三次产业的产值与就业变化规律、工业结构演进规律等从不同侧面反映出产业升级的趋势和特点。三次产业结构的演进趋势，一般会表现为由"一二三"向"二一三""二三一""三二一"的次序演进，这一演进次序在经济实践中也已得到印证。

3.1.2.2 以"不平衡发展"为导向的产业升级理论

20 世纪 50 年代，日本经济学家筱原三代平出版了《产业结构论》一书，他提出，"需求收入弹性基准和生产率上升基准"是产业结构优化升级必须考虑的问题，也就是"筱原基准"。筱原基准的提出，使产业结构优化升级理论更具有应用性和可操作性。生产要素禀赋等经济因素会随工业化进程改变，产业结构优化应率先在生产率上升快的主导产业中实现。后进国家可以利用国际市场改善本国的优质产业，通过制定合适的产业政策发展本国劣势产业，随着部分产业生产要素禀赋的变化，原来具有比较劣势的产业可能成为新的比较优势产业，从而获得国际竞争力，以实现产业结构的高度化。

赫希曼在其《经济发展策略》一书中提到，各经济部门发展速度不一，为带动整个区域经济的发展，可以选择影响力系数和感应度系数较大的产业作为主导产业，将有限的资本集中投资在特定领域，通过聚集经济与乘数效应带动区域内相关产业的发展，进而带动整个区域经济的发展。

罗斯托在《主导部门和起飞》一书中提出产业扩散效应理论和主导产业的选择基准。他认为通过选择具有较强扩散效应（前瞻、回顾、旁侧）的产业作为主导产业——主导产业部门的成长及更替，将会辐射传递到产业关联链上的各个产业，就可以带动整个产业结构的升级，促进区域经济的全面发展。同时，罗斯托在考察了世界经济发展的历史后，发现国际贸易对落后国家追赶先进国家具有重要意义，在经济成长阶段理论中，起飞阶段与生产方式的急剧变革紧密相连，这也意味着工业化发展和产业的升级。

3.1.2.3　以"创造性破坏"为动力的产业升级理论

"创造性破坏理论"是经济学家熊彼特的重要观点，经济创新过程是改变经济结构的"创造性破坏过程"，创新能够实现生产要素的重新组合，不断地创造新结构，建立起新的生产体系。技术创新在少数企业率先实施→获得超额利润→众多企业加入模仿行列→该行业繁荣→刺激投资带动相关行业→激发社会的投资热情→促进新一轮经济增长→经济繁荣。相对应的，模仿企业增多→超额利润减少→需求萎缩投资减少→经济进入衰退期→超额利润趋于零→经济跌入谷底→直至新一轮创新出现。熊彼特赋予创新的含义是较为宽泛的："采用一种新的产品、采用一种新的生产方法、开辟一个新的销售市场、获得原材料或半制成品的一种新的供应来源、实现一种新的组织形式"，即产品创新、工艺创新、市场创新、资源配置创新和组织创新。在熊彼特看来，创新是经济发展的本质规定，经济发展是依靠创新竞争实现的。

以上理论对产业结构演进和升级都进行了卓有成效的研究，为后续研究奠定了良好的学术基础，从配第－克拉克定理、到霍夫曼定理、钱纳里工业化阶段理论，到标准产业结构；从主导产业扩散效应理论到创造性破坏的创新理论，各自从不同角度揭示了产业结构变迁和升级的变动规律和系统因素。

3.1.3 对外贸易对产业升级影响的相关理论思想

对外贸易、产业升级两者有着相对完善的理论体系，但外贸对产业升级的影响却无直接以"理论"二字冠名的相关理论，即便如此，并不意味着在这一领域理论是完全缺失的。关于外贸对产业升级的影响，在诸多经济原理中虽无直接命名的理论，但某些经济理论均涉及对外贸易发展对产业升级的影响，在下文中以"思想"命名的形式予以列示。

3.1.3.1 "雁形产业发展形态论与产品生命周期理论"含有的结构演进思想

日本经济学家赤松要提出了产业发展的"雁形产业发展形态论"，他认为后发国家为缩小与先进国家的差异，应采用"进口→国内生产→出口增长"的阶段模式并周期循环。后发国家通过引进先进国家的产品和技术，扶持本国产业的建立与发展，国内生产成熟后再出口至国际市场。赤松要认为，后起国的产业发展通过进口以学习技术和开发市场，国内生产以逐渐提升产业竞争力为主要目的，出口以实现贸易顺差为主要目的，这样才能促进产业结构优化升级。20世纪60年代至90年代初期，东亚各国经济在不同阶段相继起飞，形成了一个产业转移和传递的东亚分工模式——"雁形模式"。"雁形模式"的基础是东亚各国产业梯度不同，尤其与日本经济存在梯度差异，后进国通过经贸关系向先进国学习并吸收其资本和技术。以国家间的产业转移实现区域经济的雁形发展。其局限在于日本"领头雁"的作用日渐乏力，后发国家（地区）之间出现了"产业结构同构化"，并且后发国家（地区）对外部市场过分依赖。"雁形产业发展形态论"立足日本国情，描述了后发国家内部产业发展方向和走向高度化的途径，由于日本学者多以日本作为研究对象，将日本视为东亚经济的"领头雁"，而现实中日本经济在 20 世纪 80 年代以后持续低迷，因此，该理论在东亚中小国家和地区有一定适用性，而在一般意义的适用性上存在一定局限。

产品生命周期理论是将市场营销学中的产品生命周期理论应用到国际贸易领域而发展的，它从动态的角度分析国际贸易产生和国际贸易利益。弗农认为产品如同生物一样，也是有生命周期的，产品循环的顺序是：新产品开发→国内市场形成→产品出口→资本和技术出口→更新的产品开发。产品经过这一顺序不断循环，带动了工业结构由劳动、资本密集型产业占主导向资金密集型占主导，进而向技术密集型为主导的产业结构演进，从而实现一国产业升级。按照产品生命周期理论的观点，一国想要具有国家竞争优势，其产业结构演变模式就需要与国际市场的发展变化紧密结合，不断满足国际市场需求，实现创新发展，并通过参与国际分工助推本国产业结构的优化升级，实现产业发展的国际一体化。产品生命周期理论强调比较优势论与资源禀赋论在不同生命周期阶段上的动态化表现，为发展中国家产业发展提供了启示。

3.1.3.2　"干中学、技术差距论"含有的经济效率与技术改进思想

阿罗提出"干中学"学说，他认为人们是通过学习而不断获得知识的，技术进步是知识的产物，是思考学习的结果，在生产产品的过程中，劳动者会思考、探索并尝试改进生产过程。同时，学习又是经验的不断总结，经验来自行动，经验的积累就显示为技术进步与效率提升。他在科布-道格拉斯不变规模收益的生产函数之上，把从事生产的人获得知识的过程内生于模型，通过技术进步的内生化推导出一个规模收益递增的生产函数。"干中学"体现了知识积累的正外部性，潜移默化地提高了知识总量及生产效率，在生产运营与管理服务中不断获取经验，并将经验再融入生产运营，以促进劳动生产率提高和技术外溢。在经济实践中，通过"干中学与学中干"，可以加速创新与积累的过程，提升经济效率，助力产业升级的实现。

技术差距理论是波斯纳在《国际贸易与技术变化》中提出来的,他把技术作为区别于劳动和资本的另外一种生产要素,研究了国家间技术差距或技术变革对国际贸易的影响。技术差距可以使技术领先国具有技术方面的比较优势,使之有能力出口技术密集型产品。随后技术逐渐被进口国所模仿,比较优势减弱甚至消失,贸易结束。具体逻辑为:各国技术创新发展速度不一→技术创新发明国发明出外国尚未掌握的新产品或新工艺→国际间技术差距→创新国有技术垄断优势→模仿国对该产品有需求→创新国出口该创新产品→产品在国际移动的同时存在技术溢出→模仿国开始模仿该产品→模仿国逐渐掌握该技术→技术差距消失。虽然技术差距论撇开了技术转让的条件及适用性,有一定的片面性,但仍然可以看到进出口贸易带来的技术转移和溢出对产业发展的重要作用。

3.1.3.3 "产品空间理论"含有的比较优势与国际竞争思想

基于社会网络的产品空间理论,是基于比较优势动态演化下,对一国初始能力禀赋的重新审视,产品间生产能力的相似性对产业升级路径有相应影响。产品空间理论认为产品是生产能力的载体,每种产品所蕴含的生产能力是不同的,产品与产品之间生产能力有不完全替代性,它们之间的转换受产品空间距离远近的影响。两种产品距离越近,其生产能力越相似,产品转换成本越低,转换就越容易。全球产品间生产能力的相似性构成了全球产品空间,一个国家既有生产能力与潜在产品生产能力的差异,体现出产业升级的跳跃幅度和演化路径。产品空间理论用"猴子和树木"来比喻产业升级的状态。如果将一个国家出口篮子中的每种产品都视为一棵树,诸多产品就构成一片树林,树木间的紧密稀疏状态受到生产能力相似性差异的影响,其距离远近是不同的。如果把企业视为在树上生活的猴群,猴子从一棵树跳跃到其他树上时,自然受到树木的稀疏程度和猴子起跳方式的影响。一个生产能力强的经济体,其包含的"树木"紧密,承载的知识和能力大,产业升级机会更多。由于不同经济体具有发展差异,生产能力异质性在产品空间上造就了不同的产业升级演化路径和升级方向。产品空间理论在应用到产业升级中时,往往从空间相似的角度入手,结合显示性比较优势、产品邻近度、产品密度、产品复杂度等指标,分析既有生产能力禀赋对产业升级的影响。该理论可以将产品间的联系通过图形呈现出来，产品分类越细致，其分析效果越好。通过产品空间理论可以看到升级路径是对比较优势的依赖抑或偏离，及其推动产业升级的差异影响。由于产品的显示性比较优势代表了其在国际竞争中的地位，因此，产品空间理论反映了比较优势和国际竞争的思想，这一理论将成为产业升级在国际市场进行分析的有用工具。

3.1.3.4 "全球价值链理论"含有的国际分工思想

价值链理论是美国哈佛商学院教授迈克尔·波特提出的，企业的价值创造是通过一系列活动构成的，这些价值增加活动可以分为基本活动和支持性活动，企业的竞争是价值链的竞争，尤其是在某些特定战略环节上的竞争。格里菲、斯特恩等从生产过程、组织规模、空间分布等角度进一步丰富了全球价值链的含义。当前，开放经济中生产运营的"片段化和专业化"，使中间品贸易交易规模不断扩大，与价值链和全球生产分工紧密相关的"全球价值链"成为学者关注的热点。全球价值链理论是对比较优势理论、要素禀赋理论、分工理论等的继承与扩展。全球价值链理论将商品生产运营整个过程分解成不同阶段，各国专注一个或几个阶段实行专业化生产，进而把世界各地的相关企业和组织纳入庞大的生产、市场运营网络，所有阶段最终构成一种跨越国界的生产运营体系。全球价值链下产品的生产由不同国家完成，其比较优势则取决于不同国家所从事的特定价值链环节，比较优势由过去的"整体产品优势"转变为"价值链环节优势"。对发展中国家来说，要不断加强参与全球价值链分工的能力和水平，尤其要提升其在价值链中的获取增加值的能力，这样才有助于产业升级。

3.2 对外贸易对产业升级影响的机理分析

当今世界，以市场为导向的企业经营理念深入人心，经营路线由市场需求溯及企业生产。对外贸易是国际市场需求变化的代言人，贸易变化对企业生产、产业发展均有深刻影响。我们知道，中国对外开放的动机之一即在于通过贸易发展推动产业升级，从而推动中国的工业化进程。对外贸易的存在与发展，通过市场供求机制、规模经济效应、产业关联效应、知识溢出效应等不同渠道，影响产业发展中的资源配置行为，引起产业结构、经济效率、国际市场竞争以及产业增值情况的变化，使得产业升级在不同角度得以展现。

3.2.1　市场机制的普适性机理

3.2.1.1　市场供求机制

产业升级是产业发展不断改善和提升的过程，这一变化与市场运行机制密切相关。开放经济下，产业发展会在国内、国外两种市场配置资源，也直接面对更加激烈的市场竞争，对外贸易使得市场供求机制发挥得更加透彻和深入。众所周知，一国经济发展的演进历程与该国的自然条件和资源禀赋密切相关，开放条件下，对外贸易可以打破资源瓶颈及某些市场垄断局面，通过市场机制在国际和国内两个市场上配置资源，进而不断激发和释放市场活力，为产业升级提供良好的市场氛围。

对外贸易使市场交易内容丰富，交易范围扩大。亚当·斯密在分析对外贸易发展对一国经济的影响时指出，对外贸易为一国剩余产品提供了更加广泛的市场出路。当本国劳动产品过多而其价值无法在本土市场上实现时，参加国际贸易可以扩大市场，这是贸易利得的一种重要表现。中国已经是名副其实的制造业大国，部分产品的生产能力，除满足国内市场外，还出现了产能过剩，如水泥、钢铁、焦炭、汽车、电解铝、纺织品等，这些产品对国内消费者来说，需求弹性有限，而大量生产却可以实现规模经济，降低成本，在国内市场无法全部消化的情况下，出口是很好的选择。在现实中，每个国家总是存在某些生产要素闲置或使用效率不高的情况，造成这一情况的原因是多方面的，市场狭小是原因之一。出口产品意味着市场的扩大，市场的扩大，必然直接刺激生产规模的扩大。把闲置的生产要素加以利用或者提高生产要素的利用效率，使那些处于原始状态的自然资源得以开发，劳动者得以充分就业，机器、设备、厂房的开工率得以提高，这些便是一个国家产业发展与资源配置效率提升的表现。与此相反，每个国家也必然存在某些生产要素稀缺的现象。进口不仅包括消费品，也包括资本品，如机器、设备和原材料等有形货物，还包括技术、熟练劳动者、管理知识等广义的生产要素。因此，当一国经济发展受到稀缺生产要素的瓶颈制约时，便可以通过进口资本货物、雇用国外熟练劳工、聘请国外企业管理人才、购买专利或技术等，补充本国稀缺生产要素。一般来说，由于这些进口的生产要素都是国内所稀缺的，边际生产效率会较高，这些要素与国内生产要素有效结合，就会对产业发展做出较多贡献。

经济全球化发展离不开市场机制的运行，在国际市场上，商品的需求弹性会增大，风险更大、竞争更加激烈，市场机制通过市场竞争与自由交换来实现资源配置，涉及供求变化、价格波动、竞争强弱、风险高低等运行机制及作用机理。对外贸易通过供求机制影响商品、劳务和各种社会资源的供给和需求，通过价格波动信息反映供求关系，并通过市场价格波动信息来调节生产和流通，促进竞争和合作，影响并调节收入分配，促进资源优化配置等。国际市场上买卖双方、买者间、卖者间都会根据市场价格的波动情况，展开竞争，不断调整自己的市场行为，竞争在国际市场上会展现得更加充分。对外贸易实现了本国产品与外国产品的同台竞技，持续的竞争将加速低效率企业退出市场，高效率企业能根据国际市场需求调整优化自己的产品和服务，强化国际竞争能力。这对于我国工业化进程的加速及服务业的发展有重要作用，可以优化产业结构、改善产业素质、提升产业效率。

3.2.1.2　反向阻碍效应

前面提到对外贸易对产业升级的正向刺激和影响。实际上，事物都有两面性。对外贸易在促进经济增长与产业升级的同时，逆向掣肘与摩擦也会起到反向阻碍效应。

其一，尽管从全球经济来看，贸易自由化对生产力提高有好处，但贸易自由化也是一个淘汰非最优化组织和部门的过程，在优胜劣汰的过程中某些国家某些产业会受到冲击。其二，随着贸易规模的不断扩大，贸易摩擦也逐渐增加，原有贸易格局被打破，贸易直接利得和间接利得需重新改写。贸易摩擦是贸易增长的必然反应，给产业发展带来阻力。其三，对外贸易使得竞争更加激烈，国内薄弱行业压力增大，要在国家保护之下才能生存，这导致贸易壁垒或明或暗地持续存在下去，贸易自由化并非一帆风顺，也会影响产业升级的进程。其四，出口贫困化对某些发展中国家来说是产业升级的绊脚石。如果由于某种原因一国的初级产品或传统商品过度出口，贸易条件会走向极端恶化的状态，微薄的贸易利得超过了出口数量增长所带来的财富，国际购买力水平降低，净福利水平出现恶化，贫困化增长会阻碍产业升级。其五，国际分工是不以人们意志为转移的客观过程，它对一国经济的影响具有双重性。它一方面打破了民族闭关自守状态，把各个国家和民族在经济上联系起来，促进了生产的国际化、专业化和世界生产力的发展。另一方面，国际垄断资本强制地使落后国家和发展中国家的经济依附于发达国家，世界经济的两极分化更为严重，发达国家在国际分工中获得较大利益，发展中国家在国际贸易中的利益较少，风险较大。也就是说，尽管国际贸易和国际分工有利于全球资源的有效配置，有利于提高全球生产力，但在国际贸易和国际分工中各国的地位并不平等，个别行业出现的低端锁定现象会影响到产业升级的顺利进行。

当然，对于中国这个发展中大国，其改革开放的经济成果有目共睹，无论从市场活跃度和经济规模看，还是从人们生活水平改善与老百姓的切身体验看，中国都是受益于改革开放的，改革开放的成就远远大于逆向影响。

3.2.2 交易主体全球化的竞争效应影响机理

对外贸易使得交易主体遍布全球，对外贸易带来鲶鱼效应，促进了竞争效应的深化。竞争会打破垄断的思维模式和经营思路，强化市场化行为，提高经济运行效率以及增进社会福利，也为产业结构调整优化带来内在动力。改革开放推动了市场经济以及现代企业经营管理的发展和运行，也促进了中国国内产业发展的日益成熟，较为典型的有家电产业、汽车产业等。

在全球化浪潮的推动下，竞争国际化愈加明显，国际市场给诸多企业提供了机遇，也带来更多挑战。消费者、企业等各类组织将拥有更多选择，资源配置的路径更多更广，要想在国际市场有一席之地，企业的竞争能力必须提升。一国竞争优势的形成有赖于产业的竞争优势，优势产业的成长壮大源自企业的自我加压、不断进取的创新机制，而这种机制在开放经济条件下发挥得更加充分。竞争会成为企业不断优化配置资源、提升技术水平、改善经营管理和扩大品牌影响力的动力，通过竞争能够保持产业活力。迈克尔·波特也认为，不管是来自国际市场的压力，还是来自本土竞争者的压力，都能使企业更具活力，迫使企业不断创造与保持竞争优势。总体来看，市场竞争能够削减寻租机会、减少串谋等非市场力量所带来的负向社会成本，能够改善资源配置效率，有助于帕累托改进。

3.2.3　全球贸易往来的产业关联效应影响机理

在开放经济体系下，对外贸易加速了商品生产，扩大了交换范围，促进了社会分工的发展，也加速了国内外市场各要素的关联和耦合，对经济结构和产业发展起到协调、平衡和优化的作用。一些亚洲新兴国家的发展进程充分显示，发展中国家通过积极引进先进设备，发展对外贸易，把国际先进的生产力转化为国内的生产运营能力，利用产业传导机制，带动了相关产业发展，促进了产业发展及优化升级。

对外贸易的发展可以产生连锁反应。当前各国经济发展都是在开放经济背景下进行，各国经济均是由多种产业有机结合构成的。产业之间是相互联系而非孤立的存在，每一个部门都要在投入产出上与其他部门产生关联，依据其关联方向可分为前向联系、后向联系两种类型。前向联系是指某产业吸收另一产业的产出作为投入而形成的一种联系；后向联系是指某产业产出作为另一产业的投入而形成的一种联系。若对外贸易部门所在产业是"关联效应"突出的主导产业，那么通过波及扩散就会出现显著的"乘数效应"，带动与之相关的一系列部门的联动发展，最终会循环反复地带动各产业持续发展，促进国民经济总量的增加。

从关联效应上看，按照比较优势理论，一国开展对外贸易时首先应该选择具有比较优势的商品进行专业化生产，发展成具有比较优势和国际竞争力的出口产业。在国际市场需求及对外贸易的不断推动下，该国的出口产业慢慢壮大为规模较大的现代化产业。而这一产业的崛起，必将带动一大批其他产业的发展。一方面，利用其产出作为投入，可以带动其后续产业的发展；另一方面，也可带动向其提供投入的前续产业的发展，这便是产业连锁反应。因此，出口产业的建立和发展，可以推动许多相关产业的发展，有利于产业升级的推进及整个国家经济走向繁荣。

3.2.4 贸易市场扩大的规模经济效应影响机理

开放经济条件下，贸易范围的扩大加速了规模经济的出现，对产业升级在成本降低、效率改善等方面起到重要作用。亚当·斯密认为，国际贸易让一国的剩余产品通过交换实现价值，也就增加了各国的福利。同时，各国市场的扩大，刺激了各国努力增加生产，改进技术，提高劳动生产率，推动经济发展。马歇尔则将由于市场扩大带来的分工细化及生产专业化与规模经济联系起来。马歇尔认为如果厂商的成本曲线是向下倾斜的，且是可逆转的，那么，产量的增加，将导致单位产品的平均成本趋于下降；产量减少后，平均成本又会恢复到原有水平。这种产量的增加所带来的成本节省而产生的经济效率，就成为厂商的内在经济或内在规模经济。他认为由于企业扩大不动产，获得了种种新的大规模生产经济，从而在相对低廉的成本上增加了产量，同时他系统论证了大规模生产对工业的意义。马歇尔认为国际贸易使一国的市场扩大，厂商通过提高产量实现规模经济利益，厂商在寻求差异产品的过程中增加了产品的品种数量，消费者可以有更多的选择。规模经济产生的原因有：随着生产规模的扩大（因市场需求扩大），专业化分工更加深化，从而促进劳动生产率的提高；大规模生产使更高效、更专业的设备使用成为可能，而此类设备若用于小规模企业的生产运营中则是不经济的（成本高）；企业大规模雇用生产要素时，在与生产要素供应者谈判时，更有机会获得"数量折扣"，进而降低投入要素的单位成本；此外，某些行业的大规模生产能加大副产品的使用率，拓展相关辅助设备的使用，从而使大规模生产的厂商节约成本，专注于生产运营，提高效率。

简单地说，规模经济是在产出的某一范围内，平均成本随着产量的增加而递减的现象，或者可以说，产出的增加速度快于成本的增加速度。

由于产品的长期平均成本会受到生产规模的影响，当企业生产规模扩大时，产量随之增加，平摊下来，单位投入的产出会增加，平均成本会下降。随着产量的增加，递增的规模报酬逐渐会达到最优，即最佳规模。若无限制地扩大生产规模，就会出现规模不经济，即规模报酬递减。现代工业生产中，许多产品的生产具有规模报酬递增的特点，即存在规模经济。具有规模经济的一般都为大公司、大企业，多集中于设计、研发、管理、销售成本较高的制造业和信息产业，例如家电、汽车、钢铁、计算机行业。

在经济全球化的背景下，贸易产品只有得到国内外市场的认可和配合，企业的规模经济才能实现，才能完成惊险的一跃。规模经济理论告诉我们，只有那些社会需求大的商品进行大规模生产在现实中才可行，而需求小、差异大或交易费用高的商品，几乎不可能享受到规模经济的好处。但随着时代迅速变化，对外贸易发展使各类产品和服务的市场覆盖面大幅增加，信息技术、电子商务、定制生产与服务等部门的快速发展大大降低了交易成本，规模经济所能涉及的行业、企业越来越广，在促进产业发展、优化结构、降低成本、提升效率方面定会大有作为。

3.2.5　对外贸易发展的溢出效应影响机理

对外贸易是知识传播的载体，也是在国际舞台上向他人学习的机会，贸易背后必然隐含着技术、知识、思想、文化的传播。对外贸易可以促进本土企业经营管理理念的变化，比如准时生产、供应链管理、企业资源计划等，也可以促进居民生产生活意识的转变，比如效率意识、服务意识、效益意识等。这些变化意义重大，尤其是对经济发展落后的国家，不但改变了人们的思维方式和观念，更重要的是促进了经济发展和社会进步。

资本品的输入可以提高企业生产技术效率，进而推进产业向高级化方向发展。拥有先进技术的贸易方，尽管并非有意传播产品的技术内涵，但在对外贸易或相关经济行为中，相伴地产生了"溢出效应"现象。生产运营所用的资本品和中间品，会直接提高企业的技术含量、技术水平以及生产效率，这是企业进口的直接目的。应该看到，随着操作设备和零部件的进口，隐性的知识和技术也会转移，这些知识和技术将促使企业不断提升自主研发与制作的能力。在进口贸易中，进口国通过对进口商品的逆向拆解与组装、技术模仿与再造，研究学习掌握相关知识，这个过程要比发明创造需要的资源更少、时间更短，风险更小；在出口贸易中，国外需求者会对产品提出更多要求，出口国可以通过不断满足国内外差异化需求而改进生产过程，使生产更具柔性和弹性。另外，国际贸易使各国企业竞争更加激烈，竞争压力的存在，也迫使企业更精于生产经营，利用好现有的技术，并不断寻求新技术、新方法、新工艺等。竞争也有助于溢出效应的传播，企业通过技术模仿和竞争提升了差异化模仿能力和产品创新的概率。

还应该看到，当行业内企业数量增加导致产业规模扩大时，知识外溢效果会更加明显。这个过程为：进出口企业自身的产品质量、技术提高→知识外溢→其他厂商模仿→全行业知识积累→成本降低、效率提高、创新积累。一方面，大量厂商集中容易促进专业化供应商的形成，当供应商集中时，容易形成密集的供应网络，各企业在设备、服务、劳动力等方面更易于获得及建立共享机制；另一方面，大量厂商的集中使它们更容易互相学习和激发创新灵感，通过各种信息、构想的正式交流和非正式交流，企业不断对自己和竞争对手的技术进行研究，加速知识、技术外溢，更容易出现创新行为。在国际市场上，市场主体更加多元化，溢出方向也更加多元化，企业通过不断的学习可以提升行业的整体效率，也变得更具国际竞争力。

当然，阿罗提出的"干中学"是对知识溢出很好的论证，落后的国家或行业通过边干边学可以获取先进技术。国际贸易在互通有无和知识外溢中起着重要作用，每种进出口商品都隐含着其贸易伙伴的知识、技术及研发成果，这种知识外溢会推动产业沿着高技术化、资本密集化以及高附加值化的方向发展，促进产业升级在行业内及行业间的衍生与扩散。

3.2.6 贸易产品的空间邻近效应影响机理

地理学第一定律提到地物之间的相关性与距离远近有关，一般来说，当距离越近时，地物之间的相关性就越大。这种相关性可以借用到经济活动中来，当各种经济活动或区域的经济影响力之间距离越近时，其相关性也会随距离缩小而增强。在对外贸易中，这种空间邻近效应是存在的，结合产品空间理论，对外贸易产品是综合要素禀赋的集合，产品距离越近越相似，综合要素禀赋就容易在产品之间转换选择，产业升级就越容易。一个国家或地区的产品空间，反映了既有产品与潜在周边产品之间的关联关系、稀疏程度和距离远近，也影响产业转型升级的路径与幅度。

任何经济活动为降低风险，都是在较为熟悉的领域组织资源，信息、人力、设施、技术、管理等任何投入要素越相近，组织成本就越低。在对外贸易中，对具有比较优势的产品，企业往往在经营中会优先采用同心多角化、水平多角化、垂直多角化等战略，以避免资源过度分散。空间邻近效应能够降低各种不确定性引发的风险，也能降低风险行为对产业发展的损害程度。微观主体的邻近效应行为汇聚到中观层面、宏观层面，也会出现类似选择，产业发展及宏观经济都是在延续一定惯性下寻求创新与突破。不同国家（地区）产品构成全球产品空间，各主体可以探寻产品间的耦合关系，在邻近产品间寻找分工与协作的可能，探寻产业发展的新机遇，利用在国际市场的竞争优势，增加产品间升级的机会。

3.2.7 全球生产网络的分工深化效应影响机理

分工是随着社会生产力的发展而出现的，社会分工受生产力和生产关系的影响。社会生产力发展到一定水平，社会分工超越了国家（地区），便产生了国际分工，国际分工是一国（地区）同世界经济联系的纽带，也是对外贸易的基础。亚当·斯密以手工业为例，证明了分工在提升生产率上起着重要作用，而分工细化的程度则受到市场范围大小的制约。对外贸易能够大幅度拓展市场交易内容和交易范围，所以对外贸易的扩大必然会带来分工深化和生产率提高，加速经济增长。斯密的思想代表了国际贸易具有促进经济增长的最初意识形态，市场需求大则会激励分工深化，市场扩大与分工深化互动发展，促进生产率提高，促进产品创新和专业化生产，增加国民财富，诱发需求扩张，进一步促进市场扩大，市场扩大又进一步深化劳动分工，如此良性循环，促进产业向高级化发展。

信息技术的快速发展以及通信和交通运输工具的创新，促使经济革新的步伐越来越快，产业革命对国际分工深化产生了广泛的影响，从过去的部门间专业分工向部门内专业化分工方向迅速发展，产品也更加多样化和差异化，生产流程更加碎片化和国际化。产品内分工提高了一国（地区）对外贸易依存度和世界贸易依存度，使各国（地区）对世界经济的依赖程度增强。产品内分工使得发展中国家更容易进入全球生产体系，分享新时代的经济发展机遇。产品内分工是在产品工序流程层面进行的分工，其要素资源配置更加专注于某一生产环节或工序，在设计、生产、管理等方面更偏向于专业化发展。同时，多层次的示范与模仿、市场竞争与合作、生产独立与关联以及要素流动效应等促使效率提升与知识外溢，这些都会对技术进步产生积极影响，直接和间接地促进产业升级。此外，跨国公司的普遍存在，对发展中国家的企业存在不同程度的示范和溢出影响，也有助于产业升级。

随着产品内分工的深化，参与全球价值链上的国家（地区）越来越多，产业升级有了独特的视角：由价值链的低附加值环节向高附加值环节攀升。在全球价值链背景下，发达国家掌握着知识、技术密集型环节，对高附加值的环节驾驭力强，在全球范围内对产业链各环节的布局、协调与治理能力强；而发展中国家往往处于全球价值链的中低端环节，从国际分工中获得的贸易利益少，对贸易条件的控制力与产业分工层次的调整能力弱。发展中国家要突破价值链环节的低端锁定，实现产业升级，在国际分工的深化背景下仍有机会，如通过生产要素的高级化不断实现能力积累，依据产业的技术、管理、理念的差距与价值链的升级形式，选择不同的升级策略，实现产业升级的跨越发展。当然，对中国这个发展中大国而言，还要注意实现全球价值链与国内价值链协调发展。

3.2.8 引致需求诱发的要素流动效应影响机理

对生产要素的需求是贸易产品背后的引致需求，对外贸易背后的要素流动是劳动力、资本、技术等要素在国与国之间转移，要素流动与贸易发展是相互影响的，贸易规模及贸易方式的变化会影响要素流动的变化，贸易及要素流动改变了一国内部资源禀赋状况，从而使各类要素成本降低，价格差异缩小，这种或竞争或互补的关系，使产业发展比在封闭状态下更迅速。

贸易是生产要素的载体，商品贸易、服务贸易背后都承载着品牌、技术、经营网络、人才等高质量生产要素，中国经济在融入全球化发展的进程中，要素流动促进了溢出效应、规模效应的发展，也加速了竞争效应和关联效应的实现。一个产业所能拥有和使用的高质量要素越多，产业升级越有潜力。贸易发展刺激了要素流动，并通过前文提到的"干中学"、知识溢出等正外部性，不断储备产业升级的力量。

开放经济条件下的市场机制、竞争效应、规模经济、产业关联、知识溢出、国际分工、要素流动等都比封闭经济条件下更加活跃，资源配置方式也更加多样，这些影响机制对产业升级产生激励。总体上看，对外贸易发展通过诸多影响机制，会促进高效率部门的崛起和产业转移，会促进要素资源配置效率提升，在产品空间方面会促进产品转移跃升能力提升及国际竞争力的增强，在生产分工方面会促进增值率的提高。改革开放以来，对外贸易是我国经济发展中的活跃力量，对产业转型升级有着积极推动作用，将其作为研究内容对经济可持续发展有重要意义。

需要说明的是，以上国际竞争、规模经济、产业关联、知识溢出、分工深化等效应，虽然在某一视角下某种效应的影响更加突出一些，但并不是说此效应仅仅会影响单一视角的产业升级。所有效应都是嵌入市场机制平台中相互影响的，不是孤立的，现实经济中，各种效应往往交织在一起，不便分割对待，这里由于研究需要仅对上述影响机制进行归纳，见图3-1。

综上，伴随全球经济的发展、贸易往来的扩大和生产分工的深化，产业升级涵盖的内容也有新的拓展。本章首先对基本概念如对外贸易、产业升级进行阐述，重点对本书主题下的产业升级从结构演进、经济效率、产品空间和生产分工四个方面进行解析。四个方面的产业升级特点各异：产

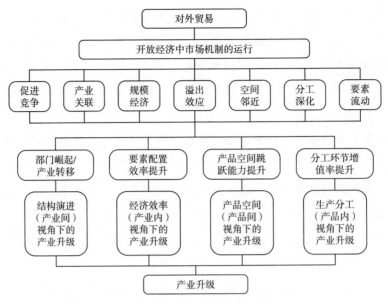

图3-1 基于对外贸易的产业升级影响机制

业演进思路更宏观、更直观，经济效率思路更管理化、更微观化，产品空间思路抽象化与可视化并存，生产分工思路则更加纵向化、全球化。其次从对外贸易理论、产业升级理论和外贸对产业升级影响的相关理论思想三个方面进行梳理，最后从市场供求机制、规模经济效应、产业关联效应、溢出效应、空间邻近效应及国际分工等方面，切入外贸发展对产业升级的影响机制。理论上，对外贸易在国际市场运行的大背景下，通过诸多影响机制对产业升级在结构演进、要素配置、竞争优势及产业增值等方面产生了潜移默化的影响。实践中，外贸对产业升级的影响如何，得用实证方法逐一检验，接下来的几章进入本书的实证分析阶段。

第4章 对外贸易与产业升级的现状分析

在改革开放四十年的伟大历史征程里，快速发展的对外贸易成为我国经济增长的重要源泉。中国根据国内外经济形势变化，积极进行外贸体制改革，不断完善外贸发展战略、激发企业活力，推动中国外贸高速发展，贸易结构不断优化，动力转换不断加快，为中国及世界经济贸易发展作出重要贡献。本章首先总结中国对外贸易的发展情况，其次对产业升级在结构演进、经济效率、产品空间及生产分工等方面的情况予以归纳，最后对产业升级滞后于对外贸易发展的现象予以分析。

4.1 对外贸易现状

4.1.1 货物贸易现状

一是货物贸易总量突飞猛进，贸易大国地位渐稳。

在经济全球化大背景下，国际贸易是全球经济增长的有力助推器。中国进出口货物贸易趋势如图 4 - 1 所示，除为数不多的几个小转折点（经济结构调整与金融危机等），总体呈上升趋势，总体上保持贸易顺差。1978 年，中国进出口贸易总额为 206.4 亿美元[①]，占世界贸易的比重仅为 0.8%；2008 年，中国对外贸易额达到 2.56 万亿美元，占世界贸易的比重约为 7.9%；2017 年，中国对外贸易总额为 4.1 万亿美元，占世界贸易的比重约为 11.5%，与改革开放之初相比名义上增长了 197.6 倍。

从出口看，1978 年出口额为 97.5 亿美元，之后以较快的速度增长，1980 年出口额为 181.20 亿美元，几乎翻番，但从中国出口额占世界出口总额的份额来看，仅占世界的 0.9%，还不到 1%，排第 26 位。1998 年达

---

① 无特殊说明，本部分数据来源于商务部和国家统计局官方网站。

到 1837.12 亿美元，中国出口额占世界出口总额的比重达到 3.3%，排第 9
位，已经挤进前十。2009 年达到 12016.12 亿美元，占世界出口总额的比
重已经达到 9.6%，中国出口额越过德国，成为世界第一大出口国，此后
一直保持全球货物贸易第一大出口国的地位，中国出口额占世界出口总额
的比重超过 10%。2017 年出口达到 22630 亿美元，占全球比重为 12.8%，
对全球货物出口额的增长贡献率达到 9.7%。

从进口看，1978 年进口总额为 108.9 亿美元，之后进口规模越来越
大，1998 年进口额达到 1402.37 亿美元，2009 年达到 10059.23 亿美元，
2017 年中国进口额达到 18420 亿美元，进口额较上年增长 16.0%。这是中
国鼓励扩大进口、满足消费需求、促进国内经济转型升级的需要。2017 年
货物进口额比货物出口额增速高 8.1 个百分点。2017 年中国进口货物额占
全球的比重为 10.2%，中国成为全球货物贸易第二大进口国。

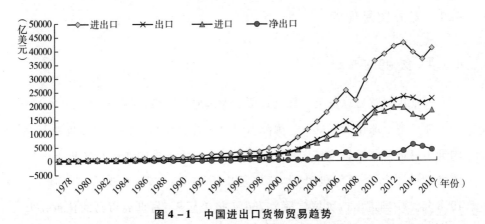

图 4 - 1　中国进出口货物贸易趋势

从进出口差额（即净出口，用出口额减去进口额）看，在确立社会主
义市场经济体制改革之前，多为逆差，而在社会主义市场经济体制改革确
立后，均为顺差，并且顺差规模越来越明显。1978 年贸易逆差为 11.4 亿
美元，1994 年贸易顺差为 53.91 亿美元，2005 年贸易顺差突破 1000 亿美
元，2015 年贸易顺差达到巅峰值 5939.04 亿美元，2017 年回落至 4210 亿
美元。从近几年贸易顺差的趋势看，中国并没有片面追求贸易顺差，而越
来越重视进口对国民经济发展的重要性。

二是外贸依存度起伏波动，先增后减渐趋稳定。

外贸依存度直接反映了一国经济对外贸的依赖程度，其指标用进出口贸易总额除以国内生产总值后得到的占比来衡量。外贸依存度代表了一国经济对他国经济的依赖程度，反映了本土经济对国际经济的参与度。外贸依存度还可以进一步分为出口依存度和进口依存度、自改革开放以来，我国外贸依存度呈上升趋势，对外贸易增速已经超过中国经济增长的速度，中国的对外贸易依存度的趋势见图 4－2，根据外贸依存度演变趋势大体分为四个时段。

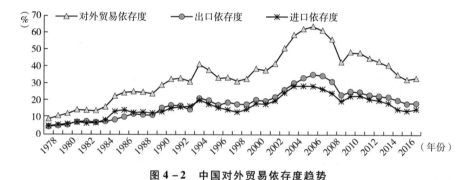

图 4－2　中国对外贸易依存度趋势

第一时段（1978～1989 年）。这一时段的对外贸易依存度低于世界平均水平，但趋势是不断上升的，且出口依存度低于进口依存度。1978 年对外贸易依存度为 9.65%，还不到 10%，其中，出口依存度为 4.56%，进口依存度为 5.09%。1978 年以人民币核算的国内生产总值为 3678.7 亿元，出口额为 167.6 亿元，进口额 187.4 亿元，此后，对外贸易和国内生产总值一路上涨，且对外贸易的增速高于国内生产总值的增速，到 1989 年国内生产总值达到 17179.7 亿元，比 1978 年翻两番还要多，出口额为 1956 亿元，进口额为 2199.9 亿元，比 1978 年增加了 10 倍还多。1989 年的对外贸易依存度已经达到 24.19%，其中出口依存度为 11.39%，进口依存度为 12.81%。中国在经济发展过程中不断改革探索，开放度也越来越高，外贸依存度不断上升，与世界经济的联系逐渐密切。

第二时段（1990～2001 年）。自 1990 年（1993 年除外），出口贸易依存度开始超过进口贸易依存度，即 20 世纪 90 年代，中国处于贸易顺差，外贸依存度总体上与世界平均水平吻合。1990 年的对外贸易依存度已经达到 29.46%，接近 30%，其中出口依存度为 15.82%，进口依存度为 13.64%。1991 年至 2001 年，对外贸易依存度在 30% ~ 40% 之间浮动。1991 年国内生产总值为 22005.6 亿元，出口额是 3827.1 亿元，进口额是 3398.65 亿元，对外贸易依存度为 32.83%，其中出口依存度 17.39%，进口依存度 15.44%。此后对外贸易依存度温和上升并小幅波动，1993 年、1996 年、1997 年、1998 年受经济波动影响，略有下降，其余年份相对稳定，2001 年国内生产总值为 110863.1 亿元，出口额是 22024.44 亿元，进口额是 20159.18 亿元，当年对外贸易依存度达到 38.05%，其中出口依存度为 19.87%，进口依存度 18.18%。这一时段，除受亚洲金融危机的影响，中国又回到对外贸易快速增长的轨道。

第三时段（2002 ~ 2009 年）。大规模的外贸进出口提升了中国与所有贸易伙伴的经济依赖的关系，中国外贸依存度高于世界平均水平，加入 WTO 的效果逐渐体现出来。这一时段的外贸依存度多在 50% 以上，在 2006 年达到峰值，之后又开始回落。外贸依存度的迅速增加，表明他国经济的外部需求成为影响中国经济增长的不可忽视的因素，中国在全球经济分工中的角色越来越重要。中国自 2001 年入世后，经济总量和贸易规模迅速增加，2002 年进出口总额为 51378.15 亿元，到 2006 年已经达到 140974.75 亿元，其中出口额为 77597.89 亿元，进口额为 63376.86 亿元，该年度对外贸易依存度是 64.24%，出口依存度是 35.36%，进口依存度是 28.88%，这意味着当年每创造 1 元的国内生产总值，大约有 0.35 元出口，0.29 元进口，大约会产生 0.64 元的对外贸易。此时，一些新兴经济体贸易非常活跃，危机随后也悄然来临，美国"次贷危机"从 2007 年开始蔓延，逐渐演变为全球性经济危机，全球贸易随之萎缩。受经济危机影响，2009 年贸易规模增速减缓，进出口总额由上年的 179921.47 亿元回落至 150648.06 亿元，其中出口额为 82029.69 亿元，进口额为 68618.37 亿元。2008 年、2009 年对外贸易依存度也随之降低，2008 年回落至 56.31%，2009 年回落至 43.16%，这一时段外向型经济特征明显，对外贸易依存度的波动较大。

第四时段（2010 年~至今）。外贸依存度进入回落调整稳定阶段。自全球性经济危机后，国民经济面临转型，外贸依存度渐渐回落，从 40% 以上回落到 30% 以上，与 20 世纪 90 年代的水平相仿，出口依存度依然高于进口依存度，中国经济依然保持贸易顺差。2010 年中国国内生产总值突破 40 万亿元，达到 413030.3 亿元，取代日本成为全球第二大经济体，进出口贸易以 34.72% 的速度增长，其中出口增长 31.3%，进口增长 38.8%，外贸依存度为 48.84%，其中出口依存度为 25.91%，进口依存度为 22.93%。之后尽管世界经济增长复苏较慢，但中国经济仍以超过 6% 的速度增长，2012 年对外贸易的增速降了下来，甚至 2015 年、2016 年负增长，所以随着国内生产总值的持续增加和对外贸易增速变缓，对外贸易依存度不断降低。到 2017 年，国内生产总值达到 827122 亿元，对外贸易依存度为 33.60%，其中出口依存度为 18.54%，进口依存度为 15.06%，对他国经济的依赖渐渐进入回落调整稳定期。

整体来看，改革开放伴随着经济增长和对外贸易的快速发展，中国对他国经济的依赖也呈现先快速上升而后逐渐回落的变化趋势。当前，全球各主要经济体都进入深度调整期，国内经济发展进入新常态，我国的外向型经济面临资源环境及国际竞争的约束，亟待转型升级和提升发展质量。

三是对外贸易商品结构逐步优化。

观察一国对外贸易商品结构，可以通过进出口贸易中各类商品构成了解到一国的经济发展情况、产业结构以及科技水平。一般来说，工业制成品在出口贸易中所占比重越大，暗含本国经济发展水平较高；初级产品在出口贸易中所占比重越大，表明经济发展越弱，出口对能源、资源等初级产品较为依赖，工业加工能力较差。中国对外贸易初级产品和工业制成品构成情况趋势见图 4-3。

从出口看，出口商品结构不断优化。初级产品占出口贸易比重下降趋势非常显著，从 1980 年的 50.3% 到 20 世纪 80 年代后期已经降到 30% 以内，90 年代降至 20% 以内，进入 21 世纪，初级产品占出口贸易比重降至 10% 以内，近几年在 5% 上下徘徊，2015 年降至最低点 4.57%。与此相

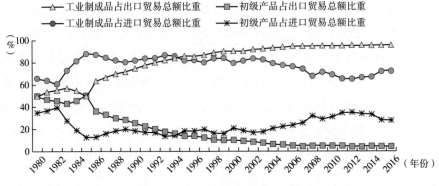

图 4 - 3　中国工业制成品与初级产品对外贸易比重

反，工业制成品占出口贸易比重呈上升趋势，从 1980 年的 49.7%，到 20 世纪 80 年代末已经超过 70%，90 年代末接近 90%，进入 21 世纪，工业制成品占出口贸易比重超过 90%，近年来在 95% 徘徊，最高点是 2015 年的 95.43%。中国对外贸易商品出口结构经历从最早期初级产品比重较大，转向了以工业制成品为主的状态，说明出口商品结构大为改善，工业制造能力大大增强了。高技术产品占商品出口贸易比重增加也较为明显，高技术产品出口从无到有，1995 年高技术产品出口额仅为 100.91 亿美元，所占比重仅为 6.8%；2000 年出口额增长到 370.43 亿美元，所占比重为 14.9%；2004 年，高技术产品出口额为 1654 亿美元，贸易逆差变为贸易顺差；2012 年之后，高技术产品出口额已经突破 6000 亿美元；最近几年，高技术产品占商品出口贸易比重维持在 28%~32% 之间。

深入分析出口商品构成分类来看，1980 年食品及供食用活动物出口的占比为 16.47%，以后不断下降。进入 20 世纪 90 年代，该占比陆续降至 10% 以内，进入 2000 年后食品及供食用活动物出口占比小于 5%，2005 年之后，食品及供食用活动物出口占比一直保持在 2%~3% 之间。饮料及烟草类出口占比一直以来都较小，不到 1%，是出口的非主力项目，出口更少的是动植物油脂及蜡制品，近年来仅占出口贸易的 0.03%，与之相对应，该品类需求是依赖进口的。非食用原料在 20 世纪 80 年代出口占比处于 9% 左右，此后出口占比一路下滑，2004 年之后已经不足 1%，2016 年非食用原料出口占比是 0.62%，近年来维持在这个相对稳定的水平上，也是出口的非主力项目。矿物燃料、润滑油等在 20 世纪 80 年代是我国出口换汇的主要商品，1980 年出口占比为 23.62%，到 1985 年达到巅峰 26.08%，此后很快下滑，1988 年之后已经不足 10%，2000 年之后在 2% ~3% 之间，2009 年之后已不足 2%。化学品及有关产品在出口中相对稳定，随着贸易规模的扩大而变化，出口占比处于 4% ~6% 之间。轻纺、橡胶制品、矿冶产品是我国出口的主力产品，80 年代出口占比一直在 20% 左右，90 年代在 18% 左右，后受金融危机及产业转移的影响，出口占比轻微下滑，最近几年维持在 16% ~17%，依然是我国出口构成的重要商品。出口商品中最突出的是机械及运输设备，1980 年出口占比仅为 4.65%，1985 ~1986 年甚至下滑至 3% 左右，但此后规模一路扩张，到 1995 年已经超过 20%，1999 年超过 30%，2003 年超过 40%，在 2010 年出口占比为 49.45%，接近 50%，最近几年出口占比在 46% 左右。

从进口看，进口商品结构不断优化。初级产品进口比重起伏波动，20 世纪 80 年代初为 30% 以上，80 年代中后期到 21 世纪初，初级产品进口比重在 15% ~20% 之间，加入 WTO 之后，初级产品进口开始增加，其占比超过 20%，在 2008 年、2010 ~2014 年超过 30%，近几年初级产品进口占比在 28% 左右。工业制成品进口占比的变化与初级产品占比变化正好相反，20 世纪 80 年代中后期与 90 年代是进口高峰期，进口占比在 80% 以上，加入 WTO 之后，工业制成品进口占比稍稍下降，最近几年进口占比在 72% 左右。从高技术产品占商品进口贸易比重看，早期多为进口，出口较少，因此存在贸易逆差；1995 年，高技术产品进口额是 218.27 亿美元，占进口贸易总额的 16.5%；2000 年，高技术产品进口额是 525.07 亿美元，占进口贸易总额的 23.3%，已经超过 20%；2004 年高技术产品进口额为 1613 亿美元，小于出口金额，由此变为贸易顺差，2005 ~2009 年，进口比重超过 30%；2010 ~2014 年进口比重稍低于 30%，2015 年之后又有所上升，进口比重为 32.7%，2016 年进口比重为 33%，这表明伴随国内产业升级需要，我国对高技术含量较高的设备及产品需求日渐增加。

深入分析进口商品构成分类来看，食品及供食用活动物类占进口商品比重呈下降趋势，从 20 世纪 80 年代的 14% 左右降到目前的 3% 左右。饮料及烟类、动植物油脂及蜡制品类进口比重都低于 1%。非食用原料类的进口比重经历了先下降后上升的过程，1980 年该类产品进口比重为 17.75%，到 20 世纪 80 年代中后期和 90 年代降至 10% 以内，2005 年之后开始回升，目前在 13% 左右。矿物燃料、润滑油类的进口随着我国工业化进程的发展，比重在增加，从 20 世纪 80 年代的 1% 左右，上升到 90 年代的 4% 左右，进入 21 世纪，超过 10%，最高为 2012 年的 17.22%，目前进口比重在 12% 左右。化学品及有关产品的进口占比比较稳定，在 9.33% ~ 16.54% 之间浮动。轻纺、橡胶制品、矿冶产品类进口比重总体呈下降趋势，20 世纪 80 ~ 90 年代，进口比重在 20% 左右，进入 21 世纪降至 18.57% ~ 12.3%，近几年在 8% 左右。比较突出的是机械及运输设备类，一直是进口主力，1980 年进口比重是 25.57%，到 20 世纪 80 年代中后期进口比重超过 30%，90 年代中后期，超过 40%，之后小幅波动，当前进口比重仍在 40% 左右徘徊。

四是一般贸易和加工贸易交错发展，此起彼伏。

对外贸易按贸易方式可以分为一般贸易、加工贸易和其他贸易。一般贸易指单边输入或输出关境的进出口贸易方式，其交易标的是企业正常贸易的进出口货物。加工贸易是以加工为特征的再出口贸易方式，是通过进口原料、材料或零部件，利用国内的生产技术和能力，加工成成品后再出口的贸易方式。一般贸易、加工贸易之外的归为其他贸易。改革开放以来的中国以一般贸易和加工贸易为主，二者交错发展，呈阶段性变化，对经济繁荣做出了重要贡献。改革开放早期，占主导地位的是一般贸易，但其份额呈下降趋势；后来随着国际产业分工与产业转移的兴盛，加工贸易发展迅猛，逐渐占据优势地位；加入 WTO 后，一般贸易不断上升，在贸易方式中占据优势地位。

从出口看，改革开放初期，由于我国生产加工能力较弱，此时出口以一般贸易为主，加工贸易所占比重较低。1981 年中国加工贸易出口额为 11.31 亿美元，仅占出口贸易的 5%，而一般贸易出口额则是 208 亿美元，占出口贸易的 95%。此后，随着生产力的释放，加工贸易所占比重快速提升。1987 年加工贸易所占比重已达 20% 以上，1989 年达 30% 以上，1990年达 40% 以上，1995 年达到 50% 以上。1995 年加工贸易出口额为 1108.82亿元，一般贸易出口额为 791.35 亿元，加工贸易已经超过一般贸易。随着改革开放、国际投资的不断深入以及国家政策的大力支持，国际分工也越发细化，产业内贸易的蓬勃发展给加工贸易注入了强劲动力，此后加工贸易份额高位运行，一直占总出口贸易的 55% 左右，中国的比较优势在这一阶段到了很好的释放与体现，也向世界展示了中国加工贸易的快速发展和其在中国经济发展中的重要地位。到 2008 年加工贸易出口所占比重下降至 50% 以下，2013 年加工贸易所占比重下降至 40% 以下，目前加工贸易所占比重在 34% 左右。与此相对应，一般贸易在加工贸易快速发展时期，所占比重在 42% 左右，从 2006 年开始，一般贸易出口所占比重逐渐上升，2010 年一般贸易和加工贸易两者接近持平，到 2011年一般贸易超过加工贸易，其差额呈扩大趋势。2017 年一般贸易出口额为 12300.8 亿美元，加工贸易出口额为 7588 亿美元，差距很明显，其他贸易出口额为 265.4 亿元，并且三大贸易出口方式跟上年同期相比增长也较为明显，各自增长了 6.1%、9.4%、8.7%。2010～2017 年，中国一般贸易出口在总出口中的份额总体呈上升趋势，加工贸易出口在总出口中的份额整体有所萎缩，其他贸易出口总体变化不大。这个变化趋势表明随着我国生产力水平的不断提升及制造能力的增强，出口产品逐渐获得了国际市场的认可和重视。

从进口看，各种贸易方式占比变化和出口有些类似。1981 年，一般贸易进口额为 203.66 亿美元，占进口总额的 92%，改革开放初期，产成品的进口大约占 88% 左右，还是占据相当大的比重。到 20 世纪 90 年代该比重逐渐降到 30%～40%，甚至在 1997 年降到最低 27%（主要受金融危机影响），此后在 44% 左右波动。此时，伴随中国对外直接投资的增加，企业开始全球范围配置资源，加工贸易占进口比重一直在高位运行，最高至 49%。进入 2008 年后，一般贸易占进口比重一直大于50%。2017 年一般贸易进口额为 10827.5 亿美元，加工贸易进口额为

4312.1 亿美元，在总进口中各自占比为 59% 和 23%，其他贸易进口占 18%。近十年，我国一般贸易进口在总进口中占比有所上升，加工贸易进口在总进口中占比有所下滑，其他贸易方式进口占比变动幅度不大。2017 年我国进口贸易复苏趋势明显，一般贸易、加工贸易、其他贸易三种方式同比增长 20.2%、8.8% 和 12.3%，进口额均有所增长，进口贸易持续增加。

五是贸易地理方向多元化，依赖度日趋改善。

对外贸易地理方向是指一个国家（地区）进出口贸易的来源地和目的地，体现了国家（地区）间在经济互补、国际分工和贸易政策等方面的经济联系。如果本国（地区）对某个或某几个国家（地区）的贸易额占贸易总额的份额比较高，则对外贸易地理方向就较为集中；反之，则较为分散。若对外贸易地理方向集中，对企业来说熟悉市场可降低交易成本，但也有可能出现出口贸易商间的恶性竞争，进而影响出口收益；对国家来说，对某个国外市场的过度依赖则增大了本国经济面临的风险。

改革开放以来，中国对外贸易以较快增速蓬勃发展。中国内地的贸易伙伴覆盖全球，已经由改革开放初期的几十个逐渐扩大到 231 个国家和地区，主力是发达国家以及亚洲新兴国家和地区，美国、日本、欧盟、韩国、东盟、中国香港、金砖国家和其他亚太经济合作组织成员等都是中国内地的主要贸易伙伴。从表 4-1 和表 4-2 可以看出，中国内地的对外贸易伙伴较为稳定，伴随贸易版图范围不断扩大，贸易商品种类不断丰富，与前十大贸易伙伴之间的贸易进出口额占中国内地总进出口额的比重逐渐下降，对外贸易地理方向呈分散化的趋势发展。

表 4-1　中国内地出口货物目的地占比（前十）

单位:%

年份	1	2	3	4	5	6	7	8	9	10
1984	中国香港	日本	美国	约旦	新加坡	德国	苏联	巴西	叙利亚	英国
	26.51	20.58	9.26	5.04	5.00	3.09	2.38	1.54	1.39	1.33

续表

年份	1	2	3	4	5	6	7	8	9	10
1994	中国香港	日本	美国	德国	韩国	新加坡	英国	荷兰	意大利	俄罗斯
	26.74	17.83	17.75	3.93	3.64	2.11	1.99	1.87	1.31	1.31
2004	美国	中国香港	日本	韩国	德国	荷兰	英国	新加坡	法国	意大利
	21.09	17.00	12.39	4.69	4.00	3.12	2.52	2.14	1.68	1.55
2016	美国	中国香港	日本	韩国	德国	越南	印度	荷兰	英国	新加坡
	18.40	13.65	6.17	4.47	3.11	2.91	2.79	2.74	2.66	2.12

数据来源：联合国 UNCOMTRADE 数据库，经整理计算得到。

表 4-1 是从出口看，20 世纪八九十年代，中国香港和日本是中国内地的主要出口目的地，出口两地的份额超过 40%，后来美国市场占比逐渐上升，1994 年中国内地向美国出口货物占中国内地总出口的 17.75%，排位第三，将德国、韩国、新加坡等远远甩在身后。到 2004 年，美国是中国内地出口的第一目的地，份额超过 20%，中国香港和日本的份额分别下降到 17.00% 和 12.39%。随着中国自贸区"朋友圈"的不断扩大，以及"一带一路"倡议的实施，中国内地对外贸易伙伴越来越多，贸易集中度在渐渐下降，过去排位第一的市场出口份额往往在 20% 以上，最近降至 20% 以下。2016 年，中国内地对美国、中国香港、日本、韩国的出口额分别占中国内地总出口额的 18.40%、13.65%、6.17%、4.47%，越南和印度成为新兴市场，其占比分别为 2.91% 和 2.79%。2017 年中国内地出口市场最大的目的地依然是美国，对其出口额为 4297.6 亿美元，占中国内地总出口额的比重是 19.0%，欧盟和中国香港分别排在第二、三位，对它们的出口额分别是 3720.5 亿美元和 2792.9 亿美元，在中国内地总出口额中分别占 16.4% 和 12.3%。另外，"一带一路"背景下，中国内地和"一带一路"国家间的贸易规模也明显增大，2017 年中国内地对"一带一路"国家出口额达 7742.6 亿美元，同比增长 8.5%，在中国内地总出口中占 34.1%；从贸易地理方向看，韩国、越南、马来西亚、印度、俄罗斯等成为"一带一路"倡议下的主要贸易合作伙伴。

表4-2 中国进口货物来源地占比（前十）

单位:%

年份	1	2	3	4	5	6	7	8	9	10
1984	日本	美国	中国香港	德国	加拿大	澳大利亚	苏联	英国	意大利	罗马尼亚
	31.29	14.78	10.90	4.79	4.01	3.42	2.57	1.92	1.70	1.63
1994	日本	美国	中国香港	韩国	德国	俄罗斯	意大利	新加坡	澳大利亚	法国
	22.77	8.17	6.33	6.17	3.02	2.65	2.16	2.12	1.68	1.60
2004	日本	韩国	美国	德国	马来西亚	新加坡	俄罗斯	中国香港	澳大利亚	泰国
	16.81	11.54	11.09	6.89	5.41	3.24	2.49	2.16	2.10	2.06
2016	韩国	日本	美国	德国	澳大利亚	马来西亚	巴西	泰国	越南	俄罗斯
	10.41	9.55	8.71	5.64	4.22	3.23	3.01	2.53	2.44	2.11

数据来源：联合国 UNCOMTRADE 数据库，经整理计算得到。

表4-2是从进口看，进口商品来源地也更加多元化。改革开放后，压抑多年的市场需求逐渐释放出来，进口明显加快，受地理距离和市场熟悉程度的制约，进口商品主要来自日本、美国和中国香港。1984 年，对日本的进口额占中国内地总进口额的比重高达 31.29%，对美国和中国香港进口的比重也超过 10%，进口贸易集中度较高。之后随着中国内地工业化及消费需求的增长，对进口半成品和产成品的需求快速扩张，进口市场来源地更加丰富，对日本、美国、中国香港进口占中国内地总进口的比重有所下降。1994 年分别是 22.77%、8.17%、6.33%，韩国占比上升，达到6.17%，德国、俄罗斯、意大利、新加坡等紧随其后。加入世贸组织之后，2004 年对日本的进口额占 16.81 %，虽有所下降，但仍位居第一，是我国内地最大的进口来源地。韩国超越美国，成为第二大进口来源地，份额超过 10%，对德国进口也有所增加，排位上升，对德国进口占中国总进口的 6.89%。对马来西亚、新加坡、澳大利亚、泰国等的进口规模也逐渐扩大，它们的产品在中国内地市场的需求和影响不断扩大。2016 年，韩国超过日本成为我国内地的第一大进口来源地，进口占比为 10.41%，比过去排位第一的占比降低很多，说明我国内地的进口来源市场越来越丰富，对个别国家或地区的进口依赖逐渐下降。对日本和美国的进口已经降至

10% 以下。而来自马来西亚、巴西、泰国、越南等新兴市场的物品也源源不断地满足中国内地庞大的市场需求。2017 年，欧盟是中国内地进口最多的地区，进口额为 2448.7 亿美元，占中国内地总进口额的比重是 13.3%，东盟、韩国和日本分别位列第二、第三和第四位，分别占总进口额的 12.8%、9.6% 和 9.0%。此外，2017 年，中国内地对"一带一路"国家和地区的进口额达 6660.5 亿美元，占中国内地总进口的份额是 39.0%，同比增长 19.8%，进口规模增长迅速。还应注意，在进口中，中国内地对不同类型产品的依赖程度是不同的，尤其是芯片、原油、铁矿石等产品，这些产品对经济发展至关重要。

4.1.2　服务贸易现状

一是服务贸易规模不断增长，我国的服务贸易在全球的地位稳步上升。

改革开放以来，中国服务贸易进出口快速发展，规模不断增长。1982 年，我国服务贸易进出口总额仅有 46.94 亿美元，其中出口额 26.70 亿美元，进口额 20.24 亿美元。到 1989 年服务贸易进出口总额超过 100 亿元，仅用了 7 年时间，但此时中国服务贸易进出口跟全球总额相比依然不高，仅占 0.6%。加入 WTO 后，中国服务贸易得到飞速发展，个别年份进出口增速超过 30%。2003 年服务贸易进出口总额超过 1000 亿美元，达到 1066 亿美元，同比增长 15.0%，占世界服务贸易总额的 2.8%。2004 年服务贸易进出口总额达到 1452 亿美元，同比增长 36.2%，占世界服务贸易总额的 3.1%。2006 年服务贸易进出口额为 2038 亿美元，占世界服务贸易总额的 3.5%。2008 年服务贸易进出口总额突破 3000 亿美元，达到 3223 亿美元，同比增加 21.4%，占世界服务贸易总额的 4.1%。2009 年受金融危机的影响，服务贸易进出口额有轻微下滑，但仍在 3000 亿美元以上，占世界服务贸易总额的 4.5%，占比仍在上升。2011 年，经过连续两年 20% 以上的快速增长，我国服务贸易进出口总额已经达到 4489 亿美元，占世界服务贸易总额的 5.2%。2013 年突破 5000 亿美元，占世界服务贸易总额的 6%。2014 年突破 6000 亿美元，占世界服务贸易总额的比例达到 7%。2017 年我国服务贸易进出口总额达到 6956.79

亿美元，接近 7000 亿美元，位列全球第二。

从出口看，我国服务贸易出口额 1982 年为 26.70 亿美元，还不到世界服务贸易总出口的 1%，之后波动增长，1992 年出口额突破 100 亿美元，当年出口增速是 31.7%，达到世界服务贸易总出口的 1%。1994 年服务贸易出口额突破 200 亿美元，当年出口增速是 38.5%。除 1998 年外，其余年份一直保持较高速度增长。加入 WTO 后的十年里，除 2009 年外，服务贸易出口额依然保持高速增长。2004 年，出口增速高达 41.3%，达到世界服务贸易总出口的 2.8%。2010 年出口增速高达 24.2%，达到世界服务贸易总出口的 4.6%。2011 年服务贸易出口额为 2010 亿美元，突破 2000 亿美元，同比增速为 12.7%。最近几年，服务贸易出口增速在低位运行，出口贸易额在 2100 亿~2200 亿美元之间徘徊，占世界服务贸易总出口的比重在 4.6% 左右。2017 年我国服务贸易出口额为 2281 亿美元，增速达 8.9%，服务贸易出口位列美、英、德、法之后，全球排位第五，跟排位第一的美国服务贸易出口额 7808.75 亿美元相比，差距还较大。

从进口看，我国服务贸易进口额 1982 年为 20.24 亿美元，占世界服务贸易总进口的比重不到 0.5%，之后上扬。1992 年服务贸易进口额为 94 亿美元，同比增长 128.9%，达到世界服务贸易总进口的 1%。1995 年服务贸易进口额为 252 亿美元，同比增长 54.7%，此后波动上升。加入 WTO 后，除 2009 年无增长外，其余年份进口增长均较快，2005 年服务贸易进口额为 1008 亿美元，突破 1000 亿美元，同比增长 20.1%，达到世界服务贸易总进口的 3.5%。2011 年服务贸易进口额为 2478 亿美元，突破 2000 亿美元，同比增长 28.2%，达到世界服务贸易总进口的 6.1%。2013 年服务贸易进口额为 3306 亿美元，突破 3000 亿美元，同比增长 17.5%，达到世界服务贸易总进口的 7.6%。2014 年服务贸易进口额为 4329 亿美元，突破 4000 亿美元，同比增长 30.9%，达到世界服务贸易总进口的 8.1%。此后，服务贸易进口以较低速度增长，进口额在 4500 亿~4700 亿美元间徘徊。2017 年服务贸易进口额为 4675.89 亿美元，同比增长 3.4%，超过世界服务贸易总进口的 9%，位列全球第二。

从净出口看，改革开放初期，服务贸易规模较小，多数年份为贸易顺差，接近服务贸易平衡状态。1984 年服务贸易顺差为 2 亿美元，此后，服务贸易顺差有增大趋势。从 1998 年开始，由服务贸易顺差转变为贸易逆差，贸易逆差规模不大，2001 年服务贸易逆差为 1 亿美元，2004 年服务贸易逆差为 2 亿美元，此后 2005、2006、2007、2008 年连续四年为贸易顺差，顺差额度分别为 3 亿、21 亿、52 亿、44 亿美元。从 2009 年开始，我国服务贸易进口与出口的差额越来越明显，服务贸易逆差快速增大，2009 年服务贸易逆差为 153 亿美元，2012 年接近 800 亿美元，2013 年达到 1236 亿美元，2014 年达到 2137 亿美元，此后服务贸易逆差超过 2000 亿美元。2017 年我国服务贸易逆差为 2394.89 亿美元，与服务贸易第一大国美国相比，美国服务贸易顺差为 2427.65 亿美元，中美服务贸易差距还是相当明显的。（见图 4 - 4）

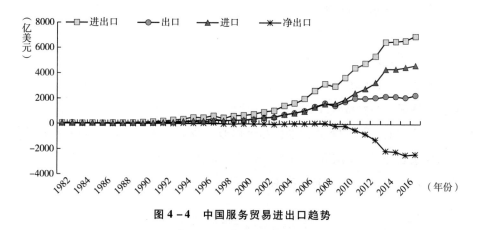

图 4 - 4　中国服务贸易进出口趋势

二是服务贸易结构有所优化。

从服务贸易出口看，1982 年旅行服务、运输服务和建设服务三大传统服务贸易行业的出口占比为 78.31%，之后不断在 70% 附近波动，1988 年为 76.37%，此后，随着加工服务贸易的快速发展，三大行业的出口占比不断下降，1989 年出口占比为 52.80%，此后波动起伏，到 2013 年降至48.29%，2014 ~ 2016 年一直低于 50%，2017 年三大传统行业的出口占比为 39.75%。同时，加工服务出口经历了先上升后下降的过程，改革开放之后，随着加工贸易的蓬勃发展，加工服务在服务贸易占比中不断扩张，从不到10%，上升到20世纪90年代的20%以上，1997年加工服务甚至占到服务贸易出口的28.24%。随着国际产业的转移，加工服务在服务贸易出口中的占比渐渐下降。加入WTO之后，加工服务占比逐渐下降至20%以内，多数年份在14%~15%之间徘徊。2011年之后，下降趋势更为明显，2011、2012、2013年加工服务占比分别为13.2%、12.77%、11.23%，2014年加工服务占比则低于10%，到2017年占比为8.77%，明显低于电信、计算机和信息服务占比。与之相对应，新兴服务出口，初始阶段起步较慢，进入21世纪以来，呈快速上涨态势。电信、计算机和信息服务的出口占比1982年为1.01%，在加入WTO前一直徘徊不前，后伴随信息技术的快速发展，此类出口占比随之增长，2001年占服务贸易出口的比重为1.87%，2010年为5.87%，2015年超过加工服务，占比达11.29%，2016和2017年占比分别为12.20%和13.07%。新兴服务业中，金融服务、个人文化和娱乐服务所占份额虽然不大，但近年来一直在增长。另外，包含专业管理和咨询服务的其他商业服务占比也呈现明显上升趋势，从1982年的8.65%，增加到2017年的28.4%。从传统行业与新兴行业的出口占比发展趋势可以看出，我国服务贸易出口结构在不断优化（见图4-5）。

从进口看，加工服务、维护和维修服务进口微乎其微，在服务贸易总进口中占比很低，均不到0.5%。建设服务进口从无到有，2015~2017年占比在2%左右。保险和养老金服务占比经历了先上升后下降的过程，1995年

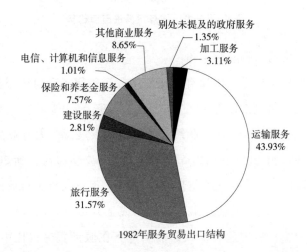

1982年服务贸易出口结构

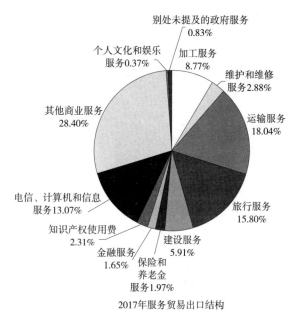

别处未提及的政府服务
0.83%

加工服务
8.77%

个人文化和娱乐
服务0.37%

维护和维修
服务2.88%

运输服务
18.04%

其他商业服务
28.40%

旅行服务
15.80%

电信、计算机和信息
服务13.07%

知识产权使用费
2.31%

建设服务
5.91%

金融服务
1.65%

保险和
养老金
服务1.97%

2017年服务贸易出口结构

图 4 - 5　1982 年和 2017 年中国服务贸易出口结构

达到峰值 16.94% ，之后波动下降，2015 ~ 2017 年在 2% ~ 3% 。金融服务进口从无到有，占比不大，2015 ~ 2017 占比在 1% 以内。传统行业中运输服务进口占比呈现下降态势，从 20 世纪 80 年代的 60% ~ 70% ，降至 90 年代的 40% 多，加入 WTO 后的十年，继续下降至 30% 多，2013 和 2014 年运输服务进口占比分别为 28.53% 和 22.21% ，2015 ~ 2017 年运输服务进口占比降至 20% 以内。形成明显对比的是，随着人们生活水平的提高，旅行需求越发旺盛，旅行服务进口规模不断扩大，从 1982 年的 3.26% ，上升到 1992 年的 26.63% ，1998 年为 32.29% ，2008 年为 22.75% ，2013 年为 38.89% ，2014 ~ 2017 年为旅行爆发年份，旅行服务在服务贸易进口中占比超过 50% ，这主要由于出境游需求迅速增长，我国连续多年成为世界首位出境旅游消费大国。为了满足国内现代服务业发展以及技术管理水平提升的需求，知识产权使用费占比不断增加，从 1997 年的 1.94% ，增加到 2017 年的 6.07% 。电信、计算机和信息服务进口占比从 1997 年的 1.86% ，增加到 2017 年的 4.09% 。其他商业服务进口不断下降，从 2007 年的 23.39% 下降到 2013 年的 14.31% ，继而下降到 2017 年的 9.02% 。个人文化和娱乐服务进口所占份额虽然不大,但一直在上升,从 1997 年的 0.16%,上升到 2017 年的 0.58%。随着现代生活水平提高和生产性服务业不断扩张的需要,服务贸易进口结构也有所改善(见图 4-6)。

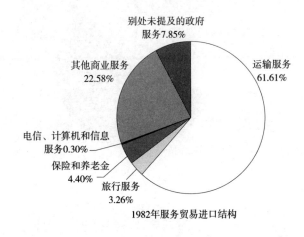

1982年服务贸易进口结构

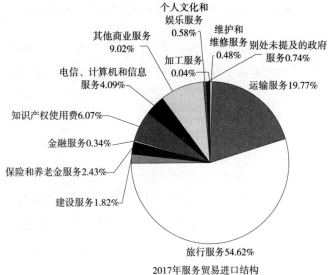

2017年服务贸易进口结构

图 4-6 1982 年和 2017 年中国服务贸易进口结构

从净出口看,改革开放初期,我国服务贸易为顺差,那时加工贸易规模小,在净出口中贡献很小,1982 年加工服务贸易净出口额为 0.83 亿美元;运输服务为净进口,金额为 0.74 亿美元,占比都较小。旅行服务对服务贸易净出口贡献最大,为 7.77 亿美元,因当时人们收入水平较低,出国旅行往往负担不起，因此，旅行服务多为我方向境外提供服务。金融服务、知识产权使用等提供或接受国际服务的时间较晚，因此在改革开放之后的相当长一段时间内交易额为零。电信、计算机和信息服务早期净出口金额也较小，1982 年为 0.21 亿美元，其他商业服务为净进口 2.26 亿美元。20 世纪 80 年代的情况基本类似，除旅行服务净出口增加较快外，其他行业变化不大。90 年代，加工服务净出口增加明显，1997 年，加工服务净出口达到 96.68 亿美元，运输服务净进口达到 69.9 亿美元，旅行服务净出口为 39.44 亿美元，建设服务净进口为 6.19 亿美元，保险和养老金服务净进口为 8.71 亿美元，金融服务净进口和知识产权使用费分别为 1.36 亿美元和 4.89 亿美元，电信、计算机和信息服务净进口为 1.66 亿美元，个人文化和娱乐服务净进口为 0.34 亿美元。此后知识产权使用费一路上涨，净进口额逐年增大，到 2009 年，知识产权使用费净支出超过 100 亿美元，达到 106.36 亿美元。2009 年旅行服务更是急转变化，由上一年贸易顺差 46.86 亿美元，转为贸易逆差 40.27 亿美元，当年的总服务贸易逆差为 153.46 亿美元。至此之后，服务贸易逆差逐渐上升，2017 年，服务贸易逆差已达 2394.89 亿美元，加工贸易净出口从 2012 年 256.25 亿美元的巅峰值降至 179.31 亿美元。对贸易逆差影响较大的是旅行服务净进口，达 2251.15 亿美元，知识产权使用费净支出也达 238.82 亿美元。典型为净进口的行业有：旅行服务、运输服务、知识产权使用、保险和养老金服务、个人文化和娱乐服务等；典型为净出口的行业有：加工服务，其他商业服务，电信、计算机和信息服务，建设服务、维护和维修服务等。2015～2017 年金融服务业由过去的贸易逆差转为贸易顺差。

　　总体上看，服务贸易的交易内容不断增加，贸易结构发生了重大变化，传统服务贸易行业占比有所下降，现代服务贸易行业占比上升。可以看到，随着中国国际化水平的不断提高，中国服务贸易规模不断扩大，结构有所优化，在传统服务贸易行业不断发展的同时，新兴服务行业也发展得风生水起。从 2017 年进出口结构看，过去排位第三的建设服务已经被其他商业服务所取代。电信、计算机和信息服务进出口额占总服务贸易额的 6.7%，排在第四位，以技术、质量为核心的新兴服务优势开始显现。另外，服务外包作为服务出口的新动能对服务出口的贡献也逐渐增大。

三是服务贸易相对国民经济而言是发展不足的。

我国服务贸易跟货物贸易相比规模小，占世界服务贸易总额的比重也小，并且随着服务贸易逆差的逐年扩大，提升服务贸易竞争力任重道远。跟货物贸易相比，服务贸易在对外贸易中占据较小的份额。如表4-3所示，1982年，货物贸易在对外贸易中占88.38%，服务贸易占11.62%，1985~1988年，服务贸易的占比更低；进入20世纪90年代，服务贸易占比有所提高，最高为1995年的19.72%，不到货物贸易的1/4，加入WTO以后，服务贸易占比大多年份在15%以下。2012~2017年，服务贸易占比分别为11.73%、12.01%、13.86%、14.97%、15.70%、14.63%。与旅游贸易逆差有关，2012~2017年的旅游贸易逆差分别为519.49亿、769.12亿、1833.00亿、2048.62亿、2056.80亿、2251.15亿美元，旅游服务贸易逆差占比超过服务贸易总逆差的90%。较大的逆差一方面反映了国民生活质量的提高，出境旅游需求旺盛；另一方面也折射出一些问题，很多老百姓的出境游，不只是旅游，还有大量境外采购、代购，这说明我国部分内需转移为外需，体现了人民日益增长的美好生活需要和不平衡不充分的发展之间的矛盾。

表4-3　历年货物贸易和服务贸易占比

单位：%

年份	1982	1983	1984	1985	1986	1987	1988	1989	1990	1991	1992	1993
货物贸易	88.38	88.49	87.98	91.23	89.74	90.32	90.73	88.42	85.82	86.26	82.90	83.40
服务贸易	11.62	11.51	12.02	8.77	10.26	9.68	9.27	11.58	14.18	13.74	17.10	16.60

年份	1994	1995	1996	1997	1998	1999	2000	2001	2002	2003	2004	2005
货物贸易	81.92	80.28	82.69	81.27	84.45	83.36	85.09	84.80	85.24	87.60	87.52	88.17
服务贸易	18.08	19.72	17.31	18.73	15.55	16.64	14.91	15.20	14.76	12.40	12.48	11.83

年份	2006	2007	2008	2009	2010	2011	2012	2013	2014	2015	2016	2017
货物贸易	88.51	87.98	87.82	86.88	87.97	88.30	88.27	87.99	86.14	85.03	84.30	85.37
服务贸易	11.49	12.02	12.18	13.12	12.03	11.70	11.73	12.01	13.86	14.97	15.70	14.63

数据来源：国家外汇管理局官网，经整理计算得到。

服务贸易同国民经济增长需要相比供给不足，体现为持续逆差状态，这在服务贸易对外依存度上也有所体现。由表 4 - 4 可看出，我国的进出口依存度 2010～2017 年不升反降，从 2010 年的 6.06%，逐渐波动下降至 2017 年的 5.68%，说明服务贸易没有与国民经济同步增长。具体从出口依存度看，这种下降更为明显，从 2010 年的 2.91%，到 2015 年不足 2%，再到 2017 年降为 1.86%。相比而言，进口依存度一直大于出口依存度，且呈上升趋势。2010 年进口依存度为 3.15%，2014 年达到 4.13%，2015～2017 年分别为 3.94%、4.04%、3.82%。但由传统服务贸易主导的进口依存度，表现了服务贸易背后的隐忧，如新型服务贸易供给不足、内需转移、对国内产业升级支持力度不足等。

表 4 - 4　服务贸易对外贸易依存度

单位:%

年份	进出口依存度	出口依存度	进口依存度
2010	6.06	2.91	3.15
2011	5.90	2.64	3.26
2012	5.63	2.35	3.28
2013	5.68	2.19	3.49
2014	6.22	2.09	4.13
2015	5.91	1.98	3.94
2016	5.91	1.87	4.04
2017	5.68	1.86	3.82

数据来源：国家统计局和国家外汇管理局官网，经整理计算得到。

4.2　产业升级现状

4.2.1　结构演进视角下的产业升级

改革开放以来中国经济的变化举世瞩目，1978 年，中国国内生产总值仅有 3678.7 亿元人民币，占世界经济的 1.8%；到了 2017 年，国内生产总值已经达到 827122 亿元人民币，占世界经济的 15.3%，是全球第二大经济体,年均实际增速高达 9.5%,经济规模显著增长。从经济结构看,2017 年三次产业结构比例为:7.9:40.5:51.6,第三产业占比超过第二产业,产业结构日趋合理化和高级化,中国经济转型发展为世界经济发展提供重要支撑。

4.2.1.1 产业结构演进历程

产业结构会随着生产力的发展、社会经济发展水平的提升而不断变化,表现为三次产业之间比例的变化,如第二产业和第三产业相对于第一产业比例提升,或者第三产业相对于第二产业的比例提升。

1978 年,第一产业增加值在国内生产总值中的比重为 27.7%,家庭联产承包责任制标志着农村微观经济组织基础的改变,农业生产力得以迅速释放,在很短的时间内解决了人民的温饱问题,迎来了农业增长的黄金时代。第一产业在国民经济中占比增加,1983 年比重为 32.8%,达到改革开放后农业在国民经济占比的顶峰时期。农业生产的自然规律是达到最优状态后再继续增加投入便是报酬递减状态,另外,相比工业产品,农产品是需求弹性较低的。随着国民经济的发展,第一产业增加值便自然而然进入持续下降的通道,具体趋势如图 4 - 7 所示。1985 年,第一产业增加值占国内生产总值比重开始降至 30% 以下,1993 年这一比例降至 20% 以下,2009 年这一比例降至 10% 以下,2017 年第一产业增加值占比为 7.9%,这与世界经济发展的一般规律相吻合。

图 4 - 7　三次产业增加值占比

第二产业增加值在国民经济中比重基本在40%～50%之间波动。1978年第二产业增加值在国内生产总值中占47.7%。放权让利扩大企业自主权的试行，激发了企业生产经营积极性，在20世纪80年代初期，第二产业占比增加至48.1%，之后伴随企业自主权方面的改革和部分商品价格管制的逐渐放开，第二产业开始蓬勃发展，按名义增加值1984年就翻番了，按实际增加值1986年翻番，1986年的第二产业增加值占比为43.5%。之后在国有企业改制转型中稍微下降，随后经历了向市场经济转变的工业快速发展阶段，也经历了亚洲金融危机期间的小幅下降。加入WTO后，中国进入迈向全球化的新型工业化发展阶段，多数年份以10%以上的速度在增长。随着国民经济转型发展，第二产业增加值在国内生产总值中的比重不断下降，2015～2017年，第二产业增加值占比分别为40.9%、39.9%和40.5%。

第三产业增加值在国内生产总值中所占比重稳步上升趋势是非常明显的，改革开放之初，第三产业发展较为缓慢，占国内生产总值的比重在22%左右，1983年后第三产业增长较为显著，并于1985年超过了第一产业增加值，国民经济三次产业结构由二、一、三改写为二、三、一，当年第三产业增加值占国内生产总值的比重为29.4%。由于第三产业的资本、技术等要素"市场进入壁垒低"，服务类的产品需求收入弹性又较高，随着国民经济的发展和人们收入水平的提高，"服务"产品市场需求不断扩大，第三产业发展迅速，在国民经济中的份额稳步上升，2001年第三产业增加值占比突破40%，并于2012年首次超过第二产业增加值，国民经济三次产业结构被改写为三、二、一。2015年第三产业在国民经济中占比超过50%，呈不断增长趋势，2017年，占比上升到51.6%。总体上看，2012年之前，第二产业在国民经济中占比最大，2012年之后，第三产业在国民经济中占比最大，两者之和一直呈上升趋势，中国经济发展结构特征与发达国家发展历程是相似的。

4.2.1.2 结构演进视角下产业升级相关指标

指标一：产业结构协调度。

产业结构协调度 SUP_1，产业结构协调度反映了产业间的聚合协调程度，在这里用泰尔熵衡量。泰尔熵也叫泰尔指数，是用来测度产业结构合理性的指标。产业结构协调度表达式如下：

$$SUP_1 = \sum_{i=1}^{n} \left(\frac{Y_i}{Y} \right) \ln \left(\frac{Y_i}{Y} \Big/ \frac{L_i}{L} \right) \qquad (4.1)$$

式（4.1）中，Y 表示产值，L 表示就业，i 表示第 i 产业，n 取值 1、2、3。Y_i/Y 表示产出结构，L_i/L 表示就业结构，泰尔熵反映了偏离经济均衡状态的程度，其系数值越大，表示偏离情况越严重，其系数值越小表示产业结构越接近于均衡状态。

指标二：产业结构轻软度。

产业结构轻软度 SUP_2，在产业结构演进的过程中，经济发达国家或地区的发展轨迹是优势产业逐渐由第一产业向第二产业、第三产业发展，第三产业占比越来越高。经济发展的客观规律反映出服务化是经济发展的趋势，经济发展历程中第三产业增长要快于第二产业的增长，而服务产品更加轻型和柔软，体现出无形性的特征。因此，此处用第三产业占比/第二产业占比来衡量产业结构的轻软度。产业结构轻软度表达式如下：

$$SUP_2 = (Y_3/Y)/(Y_2/Y) \qquad (4.2)$$

式（4.2）中，SUP_2 表示产业结构轻软度，Y_2 表示第二产业增加值，Y_3 表示第三产业增加值。

指标三：产业综合效率。

产业综合效率 SUP_3，是以产出占比为权重计算的劳动生产率的加权值。对外贸易中要想长期保持传统劳动力比较优势，就必须努力提升劳动生产率，提高单位劳动产出。从综合效率式子构成的两部分来看，既可以通过提升产业各自的生产率，也可以通过产业结构来改善，比如提升高效率产业占比等，促进产业综合效率调整和升级，进而实现经济的持续增长。产业综合效率表达式如下：

$$SUP_3 = \sum_{i=1}^{n} \left(\frac{Y_i}{Y} \right) \left(\frac{Y_i}{L_i} \right) \qquad (4.3)$$

式（4.3）中字母符号含义同前。需要说明的是，本部分产业综合效率是对三次产业劳动生产率加权求得的，是产业结构演进过程中综合效率变化的较为宽泛意义上的考量。与第 6 章经济效率视角下的产业升级相比，衡量指标相对粗糙。由于结构演进是产业升级宏观层面的表现，产业结构的合理化和高级化是以往文献中经常涉及的指标，SUP_1 衡量了产业结构的合理化，而 SUP_2 衡量了产业结构的高度化，SUP_3 衡量了结构演进中的效率变迁，也被视为产业结构的高度化。至于经济效率视角下的产业升级，其分析要比此处深入得多，在第 6 章中有详细论述。

指标四：产业结构转换度。

产业结构转换度 SUP_4，是用 Moore 指数衡量的。Moore 指数是利用空间向量测度的方法，依据向量夹角，将三次产业构成向量维度，把要对比的两个时期的向量间夹角视为产业结构转变的程度，将矢量变化的总夹角定义为产业结构转换度 θ，产业结构转换度表达式如下：

$$M = \frac{\sum_{i=1}^{n} H_{i,t} H_{i,t+1}}{\sum_{i=1}^{n} H_{i,t}^2 \sum_{i=1}^{n} H_{i,t+1}^2} \tag{4.4}$$

$$SUP_4 = \theta = \arccos M \tag{4.5}$$

式（4.2）中，M 表示产业结构转换值，i 表示三次产业类型，t 表示时期，$H_{i,t}$ 表示 i 产业 t 时期占 GDP 的比重，随着三次产业比重的变化，产业间的向量夹角就会发生变化，这种变化的总夹角用 θ 表示，即为结构转换度。θ 的大小反映了产业结构转变的快慢程度。

4.2.1.3　结构演进视角下产业升级现状

有关 1978～2017 年产业结构演进视角下产业升级各项指标的描述统计结果如表 4-5 所示。

表 4-5　结构演进视角下相关指标的描述统计

变量名	符号	均值	方差	最小值	最大值
产业结构协调度	SUP_1	0.2454503	0.0628144	0.1175953	0.3980204
产业结构轻软度	SUP_2	0.7579106	0.2131034	0.4641901	1.265464
产业综合效率（元/人）	SUP_3	30018.14	35911.68	1758.249	121008.8
产业结构转换度	SUP_4	1.675754	1.080558	0.0664252	5.162609

数据来源：国家统计局官网，经整理计算得到。

第一，产业结构协调度的变化情况。具体变动趋势如图 4-8 所示。此指标实际上是通过产业偏离情况反映产业协调情况，具有逆指标的特征，指标值越小表示越协调、越趋向均衡。在改革开放至社会主义市场制度基本确立这一阶段，产业发展趋向均衡，该指标值由 0.33 以上降至 0.30 以下。在加入 WTO 之前，产业偏离又有轻微的抬头趋势，加入 WTO 之后，产业偏离情况有所缓解。2010 年以后，降至 0.20 以下，2015~2017 年的产业结构协调度的指标值在 0.11~0.12 之间，是改革开放四十年来的低值区，表明我国产业发展资源配置逐渐优化，产业结构越发合理化，越发趋近于均衡状态发展。

图 4-8　产业结构协调度变化情况

第二，产业结构轻软度的变化情况。产业结构的变动轨迹一般是由前工业社会进入工业社会再进入后工业社会，第三产业相比第二产业会越来越庞大，慢慢成为社会经济发展的重要力量，因此，产业结构会更加轻型化和软化。从图 4-9 可以看出，改革开放以来的一段时期，第三产业占据第二产业的一半左右。从确立社会主义市场经济体制到加入 WTO 这段时期，第三产业逐渐成长壮大，渐渐逼近第二产业，其系数接近于 1。直至 2012 年，第三产业超过第二产业，成为国民经济中不可或缺的重要力量，产业结构愈加轻型化，经济的服务化趋势已经比较明显。

第三，产业综合效率的变化情况。经济发展一定伴随着劳动力的转移和劳动生产率的变化。测度各产业劳动生产率（单位：元/人），需要将各产业的产出换算成可比价，此处借鉴增加值指数进行换算。从图 4-10 可以看出，进入 21 世纪之前，效率提升速度还是相对缓慢的，进入 21 世纪之后，效率提升速度明显加快，这也是产业升级表现较为突出的一个方面。

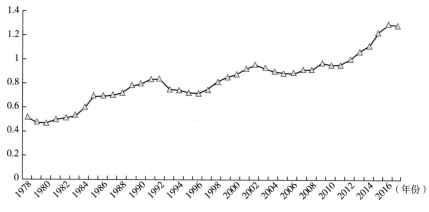

图 4 - 9　产业结构轻软度变化情况

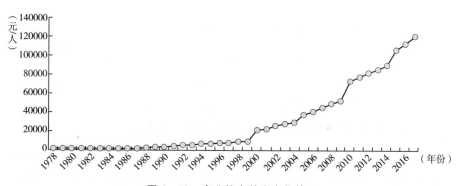

图 4 - 10　产业综合效率变化情况

第四，产业结构转换度的变化情况。产业结构转换反映了产业结构转变的快慢程度。如图 4 - 11 所示，改革开放以来，产业结构转换没有明显的规律可遵循。总的来看，20 世纪 80 年代的结构转换幅度要大于90 年代的结构转换幅度，2016、2017 年，产业结构转变幅度又有小幅上升。

从结构演进视角下观察我国的产业升级，总体上产业结构偏离减少，产业效率提升，产业结构向轻软化方向发展，产业结构的合理化和高度化都得以发展。

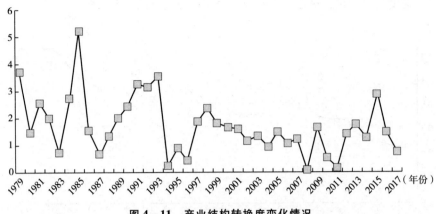

图 4 – 11　产业结构转换度变化情况

4.2.2　经济效率视角下的产业升级

4.2.2.1　经济效率视角下产业升级相关指标

关于经济效率视角下的产业升级，是用全要素生产率和劳动生产率衡量的，在此进行简单介绍。

指标一：全要素生产率。

全要素生产率是经济系统中的全部要素的综合生产率，全要素生产率的测算主要有两种办法：以索洛余值为代表的参数方法和以数据包络分析为代表的非参数方法。两种方法各有优缺点，各自特征如下。索洛余值法在估算出总量生产函数的基础上，用产出增长率扣除各投入要素增长率后的余值来测算。模型经济原理容易理解，但计算过程需要借助具体函数形式，且投入要素度量的较为粗糙，把资本、劳动之余的其他要素都归入全要素生产率。数据包络分析法不需要生产函数的假设，可以评价多个输入、输出的决策单元的相对有效性，但其生产前沿仅由"性价比高的子样"的组合而得到，其样本的随机变化直接影响确定性前沿的构造，进而得到相应效率。文中全要素生产率的数据，全国层面的来自宾夕法尼亚大学的佩恩表，省际层面的是借用 Malmquist 指数计算的。

指标二：劳动生产率。

三次产业的劳动生产率可用各产业增加值除以就业人口来衡量。如果产业增加值是名义变量，则计算出的为名义劳动生产率；如果产业增加值是可比价衡量的实际变量，则计算出的为实际劳动生产率。名义劳动生产率和实际劳动生产率具体数据见表4-6和表4-7。

表4-6　中国三次产业名义劳动生产率

单位：元/人

年份	第一产业	第二产业	第三产业	年份	第一产业	第二产业	第三产业
1978	360	2527	1851	1998	4156	23505	16733
1979	440	2669	1770	1999	4068	25017	18190
1980	467	2861	1850	2000	4083	28155	20127
1981	519	2835	1886	2001	4259	30591	22663
1982	571	2873	1993	2002	4419	34502	24535
1983	629	3068	2115	2003	4687	39365	26732
1984	744	3258	2401	2004	6002	44458	29329
1985	816	3743	3195	2005	6521	49580	33033
1986	884	4026	3515	2006	7300	55234	38007
1987	1012	4498	3934	2007	9042	62733	47456
1988	1188	5437	4774	2008	10946	72960	54532
1989	1273	6096	5579	2009	11825	75982	59847
1990	1289	5589	5102	2010	14093	87734	69131
1991	1353	6514	6129	2011	17358	100709	79209
1992	1499	8168	7382	2012	19750	105264	88415
1993	1828	11008	8693	2013	22891	113058	93791
1994	2586	14664	10772	2014	25600	120166	98220
1995	3383	18318	12229	2015	27767	124285	105408
1996	3986	20878	13447	2016	29621	132684	113566
1997	4094	22691	15139	2017	29650	152466	122136

注：①数据来源于国家统计局官网，经整理计算得到。

②数据计算为当年价。

表 4 - 7　中国三次产业实际劳动生产率

单位：元/人

年份	第一产业	第二产业	第三产业	年份	第一产业	第二产业	第三产业
1978	360	2527	1851	1998	759	9574	3836
1979	377	2633	1885	1999	767	10472	4116
1980	366	2797	1872	2000	778	11607	4377
1981	383	2744	1908	2001	791	12581	4744
1982	412	2778	2099	2002	807	14313	5043
1983	442	2949	2218	2003	836	15878	5359
1984	504	3055	2261	2004	922	16820	5611
1985	508	3340	2472	2005	1009	17740	6112
1986	523	3408	2634	2006	1107	18924	6772
1987	541	3703	2832	2007	1191	20379	7777
1988	544	4085	3032	2008	1286	21984	8358
1989	544	4300	3147	2009	1385	23640	8886
1990	499	3836	2732	2010	1494	25709	9569
1991	508	4314	2887	2011	1635	27571	10113
1992	537	5097	3072	2012	1762	28981	10762
1993	578	5856	3187	2013	1951	31392	10890
1994	618	6761	3240	2014	2153	33817	11093
1995	668	7528	3278	2015	2326	36555	11463
1996	716	8153	3371	2016	2449	39441	12010
1997	740	8819	3621	2017	2612	42769	12545

注：①数据来源于国家统计局官网，经整理计算得到。
　　②数据以 1978 年为基年。

4.2.2.2　经济效率视角下产业升级现状

第一，全要素生产率的变化情况。全要素生产率和相对全要素生产率来自宾夕法尼亚大学的佩恩表，图 4 - 12 和图 4 - 13 显示了变量的变动趋势。以 2011 年不变价格计算的全要素生产率，从时间序列看，除 20 世纪 80 年代初期和 1997 年亚洲金融危机之后的两年外，总体上呈现递增的趋

势。并且和美国相比，中国加入世贸组织之前，全要素生产率是美国的
1/3 左右，加入世贸组织后，全要素生产率呈现明显上升趋势，2006 年以
后，已经达到美国的 40% 以上。经过几十年的改革开放，全要素生产率显
著上升，这是产业升级在经济效率上的突出表现。

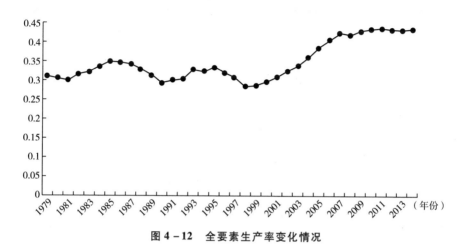

图 4 - 12　全要素生产率变化情况

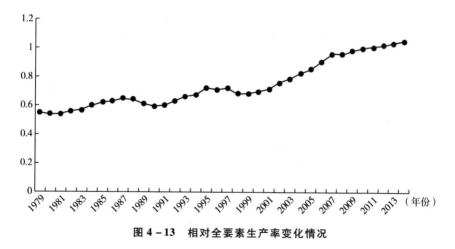

图 4 - 13　相对全要素生产率变化情况

　　第二，劳动生产率的变化情况。改革开放以来，中国经济的快速发展
与三次产业的经济效率不断提升有重要关系。从名义劳动生产率来看，
1978 年，三次产业劳动生产率分别为 360 元/人、2527 元/人、1851 元/
人，劳动生产率的差距比为 1∶7.02∶5.14。之后三次产业的劳动生产率
呈现不同程度的增长，劳动生产率的差距比起伏波动，先是逐渐变小又逐

渐拉大再逐渐缩小。1988 年三次产业劳动生产率分别为 1188 元/人、5437 元/人、4774 元/人，劳动生产率的差距比为 1∶4.58∶4.02，劳动生产率已经翻番，三次产业劳动生产率的差异逐渐减小。20 世纪 90 年代，随着第二产业的快速发展，第二产业劳动生产率相对于第三产业劳动生产率有所提升，之后，两者差距又有所增大。1996 年第二产业的名义劳动生产率突破 2 万元/人，第三产业名义劳动生产率也突破 1.3 万元/人，三次产业劳动生产率的差距比为 1∶5.24∶3.37。加入 WTO 后，三次产业劳动生产率均快速增长，第二、三产业与第一产业的差距也逐渐拉大，此差距在 2003 年达到峰值，当年的三次产业劳动生产率的差距比为 1∶8.40∶5.70。从最近几年看，与第一产业劳动生产率的差距逐渐拉小，2016 年三次产业劳动生产率的差距比为 1∶4.48∶3.83。三次产业劳动生产率在不断增长的过程中，第二产业表现较为显著，2017 年是第一产业的 7.76 倍，是第三产业的 1.25 倍，第二产业与第三产业的差距不是很大。事实上，若扣除价格增长的因素，如表 4-8 所示，劳动生产率差距比还要明显一些。

表 4-8　第二产业与第三产业劳动生产率之比

年份	实际二、三产业劳动生产率之比	名义二、三产业劳动生产率之比	年份	实际二、三产业劳动生产率之比	名义二、三产业劳动生产率之比
1978	1.37	1.37	1998	2.50	1.40
1979	1.40	1.51	1999	2.54	1.38
1980	1.49	1.55	2000	2.65	1.40
1981	1.44	1.50	2001	2.65	1.35
1982	1.32	1.44	2002	2.84	1.41
1983	1.33	1.45	2003	2.96	1.47
1984	1.35	1.36	2004	3.00	1.52
1985	1.35	1.17	2005	2.90	1.50
1986	1.29	1.15	2006	2.79	1.45
1987	1.31	1.14	2007	2.62	1.32
1988	1.35	1.14	2008	2.63	1.34
1989	1.37	1.09	2009	2.66	1.27
1990	1.40	1.10	2010	2.69	1.27

续表

年份	实际二、三产业劳动生产率之比	名义二、三产业劳动生产率之比	年份	实际二、三产业劳动生产率之比	名义二、三产业劳动生产率之比
1991	1.49	1.06	2011	2.73	1.27
1992	1.66	1.11	2012	2.69	1.19
1993	1.84	1.27	2013	2.88	1.21
1994	2.09	1.36	2014	3.05	1.22
1995	2.30	1.50	2015	3.19	1.18
1996	2.42	1.55	2016	3.28	1.17
1997	2.44	1.50	2017	3.41	1.25

注：依据国家统计局公布数据计算得到。

从实际劳动生产率来看，以 1978 年为基年，三次产业实际劳动生产率也在渐渐增长，但差距比更加明显，其差距比呈现小幅减少与明显扩大的周期波动。其波动周期与名义劳动生产率波动相似。1986 年三次产业实际劳动生产率依次为 523 元/人、3408 元/人、2634 元/人，其差距比为 1∶6.52∶5.04，差距有轻微缩小。20 世纪 90 年代后，伴随着工业化进程的加快，三次产业实际劳动生产率差距有扩大趋势，2003 年三次产业实际劳动生产率依次为 836 元/人、15878 元/人、5359 元/人，其差距比为 1∶18.99∶6.41，第二产业实际劳动生产率是第三产业的 2.96 倍，其差距越发明显了。到 2016 年这一比例扩大到 1∶16.10∶4.90，第二产业实际劳动生产率是第三产业的 3.28 倍，差距更显著了，这也意味着经济体内部配置资源的协调性弱以及产业关联发展不足。出现这种现象主要与要素流动性弱等因素有关，二元经济结构转型中，要素市场的区域分割导致劳动力不能按照边际收益原则进行高效流动，要素市场的扭曲使得劳动力在三次产业间的配置效率受到影响。

4.2.3　产品空间视角下的产业升级

4.2.3.1　产品空间视角下产业升级相关指标

生产能力禀赋的累积是产业升级的依赖，是产品在国际舞台上彰显竞争力的后盾，产业升级在国际市场竞争优势的表现可以通过显示性比较优势的变化体现出来。显示性比较优势指数（Revealed Comparative Advantage Index，简称 RCA），是美国经济学家巴拉萨分析一个国家或地区某类产品比较优势时提出来的，有着较好的说服力，此后在国际贸易领域得到了广泛应用。该指数用相对数来处理，剔除了国家贸易总量波动和世界贸易总量波动的影响，以某产业在本国出口贸易中所占的份额与该产业在世界贸易总额中的比重相除来表示，这一对比可以较好地反映出某国某产业的出口贸易与世界平均出口水平的相对优劣势。显示性比较优势指数的计算式为：

$$RCA_i = \frac{XM_i/XM_{total}}{WM_i/WM_{total}} \tag{4.6}$$

其中，XM_i 表示某国第 i 种商品出口贸易额；XM_{total} 表示某国所有商品出口贸易总额；WM_i 表示全球贸易中第 i 种商品出口额；WM_{total} 表示全球贸易中所有商品的出口总额。一般认为，一国出口竞争力与 RCA_i 呈同向关系，RCA_i 越大，表示出口竞争力越强。通常以 1 为临界值，若 $RCA_i > 1$，表明该国此类产品出口率比全世界平均水平高，数值越大出口竞争力就越显著，比较优势越强；若 $RCA_i < 1$，则表明该国此类产品出口率比全世界平均水平低，其数值越小，比较劣势就越明显。

此外，参考诸多学者的相关研究，对显示性比较优势可以取其逻辑值（用 Y_i 表示）简化计算，当 $RCA_i > 1$ 时，其逻辑值取 1 为真，当 $RCA_i < 1$ 时，其逻辑值取 0 为假。利用逻辑值可以构成产品比较优势矩阵，后续在进行数据处理时更加便捷。

$$Y_i = \begin{cases} 1 & 若\ RCA_i > 1 \\ 0 & 若\ RCA_i < 1 \end{cases} \tag{4.7}$$

4.2.3.2　产品空间视角下产业升级现状

显示性比较优势指数能反映一个国家某类商品出口状况与世界平均状况相比的优劣势。一国能生产的产品种类，尤其是在国际市场上具有显示性比较优势的产品越多，其竞争力就越强，产品多样性就越丰富，产品升级的潜在能力就强。

表 4-9 将中国在 1992~2017 年的前后两期的 RCA 逻辑判断值进行归

纳整理，将其产品数量统计出来，根据 *RCA* 逻辑值统计，结果如下。无竞争力的有两类，前后两期均无竞争力的 285 类产品和 169 类升级失败的产品；有竞争潜力的产品共有 465 类产品，其中 279 种属于升级成功的产品，186 类属于前后两期始终有竞争力的产品。总体来看，31.01% 的产品依然在无相对优势的区域，升级成功的产品比例比升级失败的产品比例高出 11.97%，还有 20.24% 的产品在持续优势区域，在所有产品中具有显示性相对优势的产品已经超过半数。

表 4 - 9　1992 ~ 2017 年 *RCA* 逻辑值两阶段变化汇总

	后期 *Y* = 0	后期 *Y* = 1
前期 *Y* = 0	285 类 26 年始终为 0 的产品	279 类升级成功的产品
前期 *Y* = 1	169 类升级失败的产品	186 类 26 年始终为 1 的产品

数据来源：联合国 UNCOMTRADE 数据库，经整理计算得到。

表 4 - 10 将中国在 1992 ~ 2017 年的 *RCA* 原始值进行归纳整理，分成两个阶段进行比较，选择连续 13 年的 *RCA* 均值，将其产品数量统计而得。显示性比较优势由弱到强，升级成功的有 170 类，国际竞争力一直较强，又升级成功的有 222 类，显示了强者愈强的发展趋势，未升级但持续保持相对优势的有 223 类。相比较而言，显示性比较优势由强到弱，升级失败的有 77 类，显示性比较优势没有显著变化，保持持续相对劣势的有 113 类。还有一类依然没有国际竞争力，但显示性比较优势指数增加的有 114 类，此类属于升级步伐虽小却从未止步的类型。

表 4 - 10　1992 ~ 2017 年 RCA 原始值两阶段变化汇总

类别	前期	后期	状态	类别	前期	后期	状态
A	*RCA* < 1	*RCA* < 1，与上期相比，未有明显增加	未升级，持续劣势，113 类	C	*RCA* < 1	*RCA* > 1	升级，170 类
	RCA > 1	*RCA* > 1，与上期相比，未有明显增加	未升级，持续优势，223 类				

类别	前期	后期	状态	类别	前期	后期	状态
B	$RCA > 1$	$RCA < 1$	升级失败，77 类	D	$RCA < 1$	$RCA < 1$，与上期相比，有明显增加	虽持续劣势，但有升级迹象，114 类
					$RCA > 1$	$RCA > 1$，与上期相比，有明显增加	升级，并持续保持优势，222 类

数据来源：联合国 UNCOMTRADE 数据库，经整理计算得到。

总体上，有升级迹象的比例达到了 55.06%。当然，随着国际市场竞争主体增多，替代与竞争的压力增大，具有显示性比较优势且能持续保持当前状态甚至升级的产品将会面临更大的压力与挑战，持续保持优势将会越来越难。

4.2.4　生产分工视角下的产业升级

生产分工视角下的产业升级是围绕增值能力而言的，增值能力是用增值率来衡量的，增值率的高低意味着产业升级力量储备的高低，增值率越高的产业在全球生产网络中的主动权就越大，就越有利于产业升级。出口所含国内生产要素带来的增加值占全部增加值比重，即为增加值率，简称增值率。这一指标能够更精确地反映一国各部门在开放经济条件下带动经济增长的质量和效益，作为衡量产业升级在增值能力方面的代表是可行的。增值率的高低代表了一个行业投入产出效益的好坏。开放经济条件下，来自外国的中间投入直接影响国内要素获取回报效果的高低。开放经济条件下，一国利用国内外市场配置资源，其增值率越高，意味着资源配置质量和效益越高，在全球价值链上的位置越高端，产业升级的潜在能力就越强。一般来讲，高端制造业较低端制造业增值率要高，新兴产业比传统产业增值率要高。随着国际分工的不断深化及贸易便利化的发展，中间产品贸易发展迅速，中国在不断融入全球价值链的进程中，增值率的粗略变化可通过表 4 - 11 看出来。

表 4 - 11 历年增值率的描述统计

单位:%

年份	平均值	标准差	最小值	最大值	年份	年均值	标准差	最小值	最大值
2000	39.29	15.59	20.09	80.70	2008	37.84	16.60	17.74	83.42
2001	39.74	15.16	21.90	75.04	2009	37.71	16.47	17.64	83.40
2002	40.25	15.05	18.10	73.17	2010	37.74	16.38	17.60	83.39
2003	39.78	15.12	18.68	75.38	2011	37.52	16.62	14.62	83.39
2004	39.13	15.48	19.46	77.59	2012	37.45	16.69	14.28	83.39
2005	36.96	16.24	18.00	80.49	2013	37.01	17.00	14.63	83.39
2006	37.31	16.25	18.32	81.97	2014	37.02	17.00	14.50	83.39
2007	37.80	16.72	17.85	83.44	Total	38.17	16.05	14.28	83.44

数据来源:根据历年 WIOT 整理计算得到。

从表中数据可以观察到,增值率的均值有下降趋势,这一现象从相关文献中可以得到印证,在第 8 章中有进一步的解读。最小值从 2000 年的 20.09% 降至 2014 年的 14.50%,而最大值先下降后上升,从 2000 年的 80.70%,到 2014 年的接近 83.40%,标准差有所增大。这反映了全球生产网络不断发展,产品内分工模式日趋成熟,各环节竞争压力逐渐增大,尤其是非核心环节的竞争压力越来越大。而我国的加工贸易规模巨大,在激烈的国际竞争中自然风险加大,标准差也就变大了。另外,出口中的国内要素贡献的增值率能够衡量一个经济体在对外开放背景下的投入产出效益,增值率不断升高,增值能力就越强,国内生产要素的获益就会越多,产业升级就容易成功。改革开放初期,中国充分利用劳动力充裕的比较优势,积极参与国际分工,增值率不断上升;随着越来越多的周边低工资国家融入国际生产网络,以及发达国家对价值链中低环节的压榨,增值率的提升变得困难重重,至于各行业分类表现以及贸易对增长率的影响,待第 8 章揭示。

至此,产业升级在结构演进、经济效率、产品空间以及生产分工方面的变化都列示出来,关于不同视角下外贸发展对产业升级影响的实证分析,第 5~8 章继续研究。

4.3 产业升级滞后于对外贸易发展的现状

4.3.1 对外贸易规模膨胀降低了产业升级的内在激励

和快速扩大的外贸规模相比，中国产业发展、结构优化及产业升级滞后于快速发展的对外贸易，表现为外贸发展未实现质与量的同步发展。早期对外贸易规模膨胀降低了产业升级的内在激励，贸易规模上去了，外汇换得了，小富即安、小成即满的思想使得质的方面被放缓。一方面，改革开放以来，中国积极推行出口创汇政策，出口偏重数量扩张，这种扩张是外延性的，主要凭借低廉的劳动成本和资源，依靠要素的投入来增加产出，在质的方面重视程度不够。另一方面，由于产品价格较低，在国际市场上容易被其他国家视为反倾销，贸易条件没有得到改善，缺乏产业升级的物质投入和技术投入。几十年来，中国也积极引进发达国家的技术工艺等，积极承接产业转移，生产规模迅速扩张，中国制造规模已是全球第一，但质量、品牌、利润、技术等代表"质"的方面却滞后于规模发展，有世界影响力的、拥有自主产权和知名品牌的企业匮乏，入选世界 500 强的企业数量远低于美国和日本，中国仅仅是制造大国，还不是制造强国，中国的产业升级将是一个长期的过程，不是一蹴而就能完成的。

4.3.2 产业发展在全球价值链中分工占位较低

对外贸易加速了各产业融入全球价值链的进程，但中国主要以廉价劳动力比较优势嵌入全球生产网络之中，尽管出口产品以工业制成品为主，但中国的工业制成品主要体现为价格优势。出口多为低附加值、低技术含量的产品，同时，进口高价格、高附加值和高技术含量的"三高"产品。在某些核心技术领域，如电脑芯片、超高精度机床、工业机器人、全球顶尖精密仪器等方面还严重依赖进口，中国自主研发的创新能力亟待增强。中国在全球价值链的低端徘徊，在价值链高端的研发、技术、全球运营等增加值高的环节，主要是依赖跨国公司的资源调配。这种价值链的尴尬位置效益低、缺乏自主创新、缺乏话语权，这种生产模式对国内的上游、下游以及其他相关产业的影响带动能力较差，对技术溢出起到的作用也弱，不利于国内产业创新发展和产业升级。

4.3.3　对外贸易的粗放发展加重了产业升级的负担

中国对外贸易进出口的增长以数量拉动为主，"高投入、高耗能、低收益"的数量型发展模式，使贸易产品所负载的能源消费比重过高，给资源环境带来较大压力。一方面，出于对出口创汇的需求，各种优惠政策使外贸企业为了扩大出口，一味追求规模和速度，很少考虑资源消耗及环境保护问题，造成了资源浪费、环境生态承载压力大等问题，削弱了地方经济的发展后劲。另一方面，地方政府竞赛式的招商引资政策，也使一些高污染、高耗能的外资企业进入当地盲目开发，对生态环境造成了不良影响，外贸及经济增长方式没有质的变革。中国在贸易发展结构优化方面还有相当长的路要走，近些年来，中国节能减排、节能降耗取得积极进展，单位 GDP 能耗有所下降，但与美、日等发达国家相比，差距明显。中国单位 GDP 能耗是日本的 7 倍之多，就算与世界平均水平相比，也仍然偏高，而且在一次能源消耗中煤炭需求也较高，资源过量消耗与环境承载压力过大是中国产业升级的掣肘。与此相应，中国对石油、铁矿石等资源型大宗商品的进口依存度过高，国际政治经济的风险会加大资源价格波动，影响国内企业生产成本，压低盈利空间，进一步增大产业升级的风险。

4.3.4　服务贸易水平低对产业升级的支撑力度不足

受服务业发展水平的制约，尽管改革开放以来的服务贸易发展迅速，但从总体看，服务贸易总体水平依然较低，内部结构不合理，国际竞争力弱。服务贸易的滞后表现不利于对外贸易的可持续发展，使产业升级进程更加曲折。一方面，中国的服务贸易规模与货物贸易的庞大规模相比仍然较低，货物贸易领域存在明显顺差，而服务贸易领域存在明显逆差，近年来还呈现不断扩大的趋势。中国服务业水平较低，实力有待提升，走出国门的压力大、问题多，是目前服务贸易滞后的表现。另一方面，中国服务贸易内部结构不合理，传统服务业中旅游服务和运输服务所占比重过大，而新兴经济中知识含量高、附加值高的生产性服务业，例如文化宣传、数据处理、通信、广告传播、电影音像、金融保险等服务出口所占比重却很低，是服务贸易中的薄弱环节，国际竞争力不强，知识产权付费连年增加，新兴服务业劣势明显。在当今经济新常态下，服务贸易是世界经济复苏的新动力，服务贸易是外贸转型升级以及国民经济转型升级的重要支撑，服务贸易的问题将直接影响产业升级的进程。此外，高级生产要素供给不够，尤其是高端专业化人才的相对匮乏，也直接抑制了现代服务贸易的发展，使其对产业升级的支撑力度不足。

4.3.5 要素引进推动产业升级的道路曲折

在改革开放初期，为大量吸引外资，对外资实行超国民待遇。当时经济形势下，这种措施对发展经济与增加外汇收入起到重要作用。然而，长期的超国民待遇使其运营成本低于国内同类企业，在某些区域迅速扩张，通过低价竞争与收购等手段，排挤国内企业。个别地方为了引资，不惜以牺牲环境为代价。某些资本流向投资回收期短、技术含量不高、附加值低的劳动密集型加工领域，造成资源配置的低效率，与引资的初衷相背离。吸引外资的主要目的之一，就是引进、消化和吸收先进科学技术和管理经验，以提升生产技术水平，促进经济尽早实现现代化。然而，长期采用比较优势战略，强调利用劳动力优势，强调在引资过程中利益获取的便利性与低成本，使注意力更多集中在劳动密集型产业的规模扩张上，而在内功修炼上投入不够，忽视在技术、管理与资本等方面的投入，延长了产业升级的怠速时间。超国民待遇使企业即便不进行技术革新，也有稳定的回报，没有动力搞创新与升级，所以，超国民待遇的引资在某些程度上强化了产业升级的惰性。

另外，开放经济中传统产业转型升级路途曲折。一方面传统产业转型升级经验缺乏，绕了弯路。比如，改革开放后，中国汽车产业实施核心为"以市场换技术"的外资战略，建立了多家整车合资企业，虽较快地提升了汽车产业的制造能力，缩短了与国外制造的差距，基本满足了国内市场需求，但"以市场换技术"却非常曲折，汽车产业也出现核心技术依赖化和空心化的现象。另一方面，传统产业受到发达国家和发展中国家的双重挤压。全球生产网络背景下，向产业链中高端转移的愿景受到贸易环境、技术锁定、知识产权、社会责任等多方面挑战，产业升级的阵痛是经济发展必然要承担的。

综上，经济转型与产业升级，是经济发展不可回避的问题，也是我国社会主义市场经济深入发展的必经阶段。中国经济是从计划经济，通过改革开放一步步走到今天的，中国这些年的经济增长和对外贸易发展令世界瞩目，但是在产业升级方面步伐滞后。本章首先梳理了改革开放以来中国对外贸易与产业升级的发展历程，在进行描述统计分析之后，对产业升级滞后于外贸发展的现象又进行归纳。近年来，面临国内外需求增长放缓、传统产业竞争力减弱、部分行业产能过剩等问题，产业转型升级已经成为各界共识，尽管现实中存在种种问题，但中国经济从高速增长向高质量发展的转型升级思路不会变。应该看到，产业升级是中国经济可持续发展的一门必修课。开放经济条件下，外贸发展对产业升级的影响，在结构演进、经济效率、国际竞争力、增值能力等方面的作用到底如何？会有怎样的改善和提升？这些问题尚未可知，后续各章中将分别进行实证检验。

第5章　结构演进视角下对外贸易对产业升级
影响的实证分析

改革开放以来，中国经济蓬勃发展，对外贸易规模也快速扩张，产业结构在合理化、高级化等方面发生了显著变化，外贸发展对产业升级在结构演进方面产生了怎样的影响，将是本章要回答的问题。

5.1　结构演进视角下对外贸易影响产业升级的特征

第一，对外贸易的资源配置功能不断推进产业结构演进。对外贸易作为弥补国内供求缺口的手段，在国民经济平衡中扮演着重要角色。改革开放初期，中国还没有真正参与国际分工，在中间产品投入上多是自给自足，产品国际竞争力也弱，从生产到市场绝大部分靠国内交易完成，国内外经济联系弱，进出口贸易额都较低，这是产业发展的起步阶段，对外贸易规模小。20世纪80年代之前，对外贸易以缓解供需矛盾为主，初级产品是出口商品的主流，对外贸易被视为社会扩大再生产的补充手段。80年代以后，对外贸易的需求功能逐步增强，资源配置功能依然占据主导地位。随着对外开放程度的不断提高，进出口贸易额迅速增加，对外贸易结构与产业结构的联系越来越紧密，其对产业结构的影响和调节作用也日渐显现。伴随经济特区的创办以及外贸管理体制的改革，中国不断引进国外先进技术和设备，参与国际分工增加出口，吸纳了大量劳动力参与就业，城镇化水平也不断上升，产业结构不断优化。对外贸易是拉动经济增长的重要因素之一，也是推动就业结构变化的因素之一。就业结构的变化可以反映产业结构的变化，1978年，第一产业就业比重为71%，第二产业就业比重为17%，第三产业就业比重为12%，农民在就业人口总数中占有绝大部分的比例。改革开放之后劳动力逐渐转移到第二、三产业。2017年第二、三产业就业比重超过73%，第三产业就业比重超过44%，是吸纳就业人口最多的产业，外贸发展是推动这些变化的因素之一。

第二，产业结构演进在经济发展中悄然发生。开放经济条件下，对外贸易反映了各国产品的相对比较优势，调剂和影响着国内外的消费需求与供给、生产需求与供给，带动国内产业结构的变化。国际市场的供需变化是国内生产的风向标，为国内产业结构调整提供信息和思路。通过对外贸易，更多国内企业融入全球分工，承接产业转移以及主动向外转移，既接纳吸收国外先进技术与经验，同时也传播中国经验与模式，产业结构在经济发展中已然变迁。改革开放之初，农业领域的制度新政，极大地解放了农村生产力，第一产业在 GDP 中的比重迅速上升，解决了中国人民的温饱问题，之后，随着改革开放的深入，非农产业获得迅速发展，第二、三产业在 GDP 中占比迅速上升，第一产业的比重下降。随着社会主义市场经济体制的确立，钢铁、机械、汽车、能源、化工、电子、建材等产业迅速发展，第二产业成为国民经济的重要支柱。加入 WTO 后，开放的中国与世界经济紧密相连，贸易发展给中国带来更多机遇，第三产业也不断壮大，三次产业构成比例由 1978 年的 27.7∶47.7∶24.6，逐渐演进为 2017 年的 7.9∶40.5∶51.6。结构变化明显，三次产业结构不断优化，结构演进在经济发展中悄然发生。

第三，结构演进视角下对外贸易影响产业升级的其他特征。如总体上产业结构偏离在降低，产业效率在提升，结构向轻软化方向发展，产业结构的合理化和高度化都得到发展，这些在第 4 章已经介绍过，不再赘述。开放经济和对外贸易带来的诸多变化相互交织、或促进或制约，综合影响着一国产业结构、就业结构和经济发展。结构调整上看，对外贸易可以促进产业结构调整，国内需求与各产业发展之间的缺口，一定程度上依赖对外贸易去弥补。对外贸易不仅影响中间需求，也通过最终需求影响产业的供求关系。在一国经济中，各种产业发展要保持一个相对合理的比例，以促使整个经济向持续健康方向发展。国内很多学者认同贸易对产业结构演进呈积极影响的观点，如吴进红（2005）、张其仔（2008）、张丽平等（2012）、吴红雨（2015）、蔡海亚等（2017），他们认为对外贸易推进了中国经济发展及产业结构演进。也有学者担心贸易发展不均衡对产业升级形成掣肘，对产业发展不利，如孙晓华等（2013）、吕大国等（2015）。以往研究从不同角度验证了贸易发展对产业升级的影响，多对产业结构的合理化和高度化予以关注，其研究多基于贸易总体，在深入贸易结构内部和产业结构内部等方面还有待拓展。与以往研究相比，本书不但关注对外贸易整体发展对产业结构演进的影响，还关注贸易内部不同类型、方式、模式等变量对产业结构演进的影响。此外，本书在产业升级方面构建了较以往文献更加全面的指标体系，从多方面考察外贸对产业结构演进方面的影响。

5.2 变量选择与模型设定

对外贸易的结构思路，借鉴了黄蓉（2014）关于贸易结构与产业结构的互动关系的研究，分别从商品贸易、服务贸易、一般贸易、加工贸易对产业升级的影响入手。产业升级的结构演进思路与以往研究相比，有所拓展。根据本书研究主题，产业结构演进视角下对产业升级的认识包含产业结构协调度、产业结构轻软度、产业综合效率和产业结构转换度，分别对产业升级在结构演进的不同角度进行考察，以分析外贸对产业结构不断改善和提高方面所起到的影响，于是，明确了四个不同角度的因变量：产业结构协调度 SUP_1、产业结构轻软度 SUP_2、产业综合效率 SUP_3、产业结构转换度 SUP_4，参考既往文献，将 SUP_1 视为产业结构合理化的象征，将 SUP_2 和 SUP_3 视为产业结构高度化的象征，将 SUP_4 视为产业结构转换的象征。

对外贸易会影响产业结构的演进，一方面，直接影响结构演进，比如国际市场需求变化导致国内生产变化，国内生产的调整必然带来产业结构的调整；另一方面，影响其他经济条件的变化，比如促进城镇化水平的提升，进而带来经济发展平台效应，还影响要素资源的再配置，要素聚集逐渐波及产业结构的演进。所以要分析对外贸易发展对产业结构演进的影响，参考相关文献（石冬莲等，2009；张其仔，2014；伍华佳等，2009；蔡海亚等，2017；徐承红等，2017），可先对有关变量进行界定，然后沿中介效应的思路进行模型设定，其思路如下。

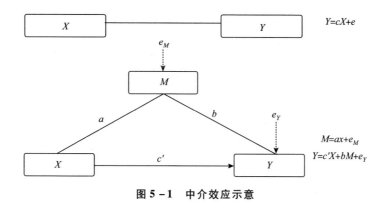

图 5 - 1　中介效应示意

考虑自变量 *X* 对因变量 *Y* 的影响，如果 *X* 通过影响变量 *M* 来影响 *Y*，则称 *M* 为中介变量，具体检验参考温忠麟等（2004）的研究，构建基于对外贸易的产业升级简单基础模型如下：

$$SUP = \alpha + \beta trade + \gamma control + \varepsilon \tag{5.1}$$

其中 *SUP* 表示结构演进视角下的产业升级，用第 4 章中的产业结构协调度、产业结构轻软度、产业综合效率、产业结构转换度分别作为被解释变量，*trade* 以各种贸易变量作为核心解释变量，*control* 表示各控制变量，涉及物质资本、人力资本等投入变量，ε 表示随机扰动项。

对外贸易扩大了市场，可以规模化生产具有比较优势的产品以扩大出口，也可以进口本国不具比较优势的产品，市场扩大使资本积累更加容易，从而优化资源配置。同时，人力资本在"干中学"效应下也更具活力，知识经验传播、经营管理制度扩散、先进技术外溢等示范作用也使行业得到发展、结构得到优化，这有助于产业升级的实现。此外，考虑到资本积累、技术创新等也能促进产业结构优化升级，以及城镇化能给产业发展营造平台效应，参考伍华佳等（2009）、崔永涛等（2017）、蔡海亚等（2017）模型设计思路，构建递归检验基础方程如下：

$$SUP = \alpha + \beta trade + \gamma control + \varepsilon \tag{5.2}$$

$$M = \tau + \lambda trade + \varepsilon_M \tag{5.3}$$

$$SUP = \nu + \varphi trade + \omega M + \phi control + \varepsilon_Y \tag{5.4}$$

其中，M 为中介变量，主要涉及城镇化水平，*control* 为控制变量，主要包含物质资本、人力资本和技术投入。第一，对式（5.2）做基础回归，检验贸易对产业升级的影响，若 $\beta > 0$ 且通过显著性检验，代表这种影响是积极的；第二，对式（5.3）做回归分析，检验对外贸易与中介变量的关系，若 $\lambda > 0$ 且显著，则这种影响也是积极的；第三，对式（5.4）做回归，加入中介变量，如果自变量对因变量的影响减弱，则表示中介效应是存在的。

5.3 相关变量的描述统计

关于产业升级涉及的四个变量——产业结构协调度、产业结构轻软度、产业综合效率、产业结构转换度，第 4 章已做过相关解释及说明，不再赘述。这四个变量作为被解释变量出现在实证分析中，除此之外，外贸对产业升级的影响还涉及各种贸易变量和其他变量，下面逐一进行观察。

对外贸易按其交易商品的形态可以划分为商品贸易和服务贸易，按贸易形式可以划分为一般贸易和加工贸易，按商品流向可分为进口贸易和出口贸易。改革开放之后的对外贸易各项指标在经过价格平减后的描述统计如表 5 - 1 所示。

表 5 - 1 1982 ~ 2017 年贸易相关变量的描述统计

单位：亿美元

变量名	符号	均值	方差	最小值	最大值
商品贸易出口额	*hwex*	5941.719	6377.162	223.21	17861.4
商品贸易进口额	*hwim*	2582.419	2394.818	192.85	6994.533
服务贸易出口额	*fwex*	166.9334	145.4109	26.18095	405.2605
服务贸易进口额	*fwim*	223.6264	262.9325	18.29918	830.4281
一般贸易出口额	*ybmyex*	895.3206	981.7248	175.4216	3074.769
一般贸易进口额	*ybmyim*	552.3148	534.0352	87.85466	1641.382
加工贸易出口额	*jgmyex*	770.0035	770.4763	11.28743	2121.448
加工贸易进口额	*jgmyim*	314.7288	258.6731	15.00998	775.7169

数据来源：商务部商务数据中心，经整理计算得到。

　　总体来看，各个指标的变动特征如下。

　　第一，商品贸易的变动趋势。关于商品贸易的变动趋势及特征第 4 章已有描述，此处商品贸易数据要用在计量经济模型中，因此数据用价格指数进行平减后才更精确。在数据整理时，借助出口商品价格指数、进口商品价格指数将贸易额进行平减计算后，其趋势变化如图 5 - 2 所示。总体趋势和第 4 章类似，不再赘述。

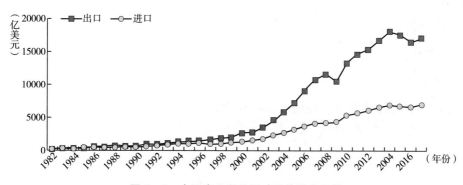

图 5 - 2　中国商品贸易平减后的进出口额

　　第二，服务贸易的变动趋势。关于服务贸易的变动趋势及特征，第 4 章已有描述，和前述理由相同，计量模型中要用数据的实际值而非名义值，数据用价格指数进行平减后更精确，由于服务贸易没有对应的价格指数，这里用居民消费价格指数进行平减。平减后的趋势变化如图 5 - 3 所示。

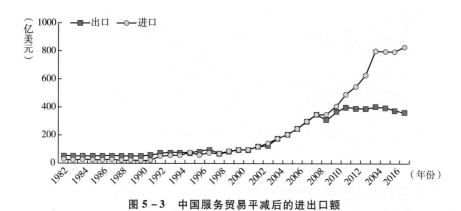

图 5 - 3　中国服务贸易平减后的进出口额

　　第三，一般贸易的变动趋势。关于一般贸易变动情况，第 4 章已有描述，和前述理由相同，价格指数平减后的数据更准确。由于一般贸易也没有对应的价格指数，在这里出口贸易用工业生产者出厂价格指数进行平减，进口用工业生产者购进价格指数进行平减。由于1989年之前的工业生产者购进价格指数缺失，因此1989年之前用工业生产者出厂价格指数来替代。平减后的趋势变化如图5-4所示。

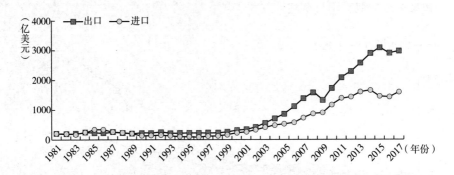

图 5-4　中国一般贸易平减后的进出口额

第四，加工贸易的变动趋势。关于加工贸易的变动情况，第4章已有描述，和一般贸易数据处理理由相同，价格指数平减也与一般贸易的处理方法相同。平减后的趋势变化如图5-5所示。

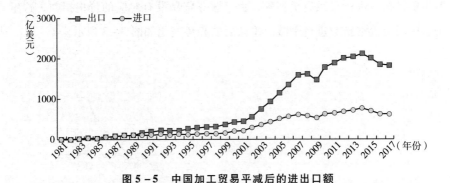

图 5-5　中国加工贸易平减后的进出口额

第五，控制变量的描述统计。对外贸易增长作为改革开放的显著成果，成为中国经济快速发展的助推器，物质资本、人力资本和科技投入方面都对经济有积极影响，这三个变量的不断累积，会推动产业结构的优化升级。参考相关研究（李荣林等，2010；李双成，2013；马骥等，2017），选取跟开放经济相关的物质资本、人力资本、科技投入作为控制变量进行测度，其描述统计结果如表 5 - 2 所示。

表 5 - 2　控制变量的描述统计

变量名	单位	符号	均值	方差	最小值	最大值
物质资本	亿美元	*FDI*	597.172	418.843	22.61	1310.35
人力资本	人	*HUM*	203268.9	315156.3	1108	1089300
科技投入	件	*TEC*	44019	63077.66	221	161512

注：物质资本为 1983～2017 年数据，人力资本为 1978～2017 年数据，科技投入为 1985～2017 年数据。

数据来源：国家统计局和国家知识产权局，经整理计算得到。

关于物资资本，外商投资促进了资本积累和技术外溢，进而影响产业发展和产业结构优化升级，在此借用实际利用外资金额来描述开放经济条件下的物质资本投入。

关于人力资本，开放经济中，人员的对外交流会加速知识的溢出与传播，在此借用出国留学人员和学成回国留学人员总数来描述开放经济条件下的人力资本投入。

关于科技投入，开放经济中，国外三种专利申请情况反映了企业海外专利布局的情况，数据来自 1985～2017 年国家知识产权局统计年报，借此指标代表科技投入情况。

第六，中介变量的描述统计分析。对外贸易会促进经济发展，带动第二、三产业就业，贸易发展会带给地方政府更开阔的视野，进而增加基础设施等公共服务的投入，会营造更好的产业发展平台。城镇化水平的提升会汇聚更多优质要素，在改善产业结构及效率提升方面起到推动作用，有助于促进产业转型发展。参考相关研究（伍华佳等，2009；黄蓉，2014；付德申等，2016），用城镇化水平作为中介变量，用城镇人口占总人口的比重来衡量，其描述统计结果如表 5 - 3 所示。

表 5 - 3　1978～2017 年中介变量的描述统计

变量名	符号	均值	方差	最小值	最大值
城镇化水平	*czh*	0.3556776	0.1249862	0.1791521	0.5851966

数据来源：国家统计局年度数据，经整理计算得到。

改革开放以来的中国的城镇化率一直在增加，城镇化水平会随着一个国家或地区社会生产力发展、就业转变以及产业结构调整而变化，对外贸易和城镇化进程都反映了要素资源的配置过程，都推动了劳动力的非农化发展，对外贸易也是推动城镇化进程的重要力量。当对外贸易不断发展时，城镇化在第二产业和第三产业发展方面起到推动作用，进而会影响产业的结构变迁、效率变化等。

5.4 结构演进视角下对外贸易对产业升级影响的实证检验

在前面基础模型的基础上，我们依次检验贸易变量对 SUP_1、SUP_2、SUP_3、SUP_4 的影响，为减少贸易变量对产业升级的影响偏差，降低模型的内生性问题，将控制变量 FDI、HUM、TEC，中介变量 czh 放入模型，利用 STATA 软件进行中介效应分析和 Sobel 检验，检验解释变量对中介变量、中介变量对被解释变量的影响是否显著，下面将不同贸易类型对产业升级在四个方面影响的估计结果进行分析。

5.4.1 商品贸易对产业升级影响检验

表 5-4 显示了商品贸易出口对产业升级影响的回归估计结果。回归结果（1）~（4）分别表示商品贸易出口对产业结构协调度、产业结构轻软度、产业综合效率、产业结构转换度的影响。

表 5-4 商品贸易出口回归结果

类型	变量符号	（1）	（2）	（3）	（4）
自变量	hwex	-0.0000105 *** （-4.07）	-0.0000235 ** （-2.55）	1.170378 ** （2.70）	-1.28e-06 （-0.01）
控制变量	FDI	-0.000081 ** （-2.57）	-0.0004079 *** （-3.61）	—	-0.0020415 （-1.14）
	HUM	-1.48E-07 *** （-5.12）	3.74e-07 *** （3.61）	0.0608487 *** （12.29）	2.54e-06 （1.36）
	TEC	—	—	—	-1.05e-06 （-0.09）

续表

类型	变量符号	（1）	（2）	（3）	（4）
中介变量	czh	0.8945104 ***	3.291109 ***	85950.1 ***	− 2.48762
		（5.93）	（6.09）	（4.86）	（− 0.26）
常数项	cons	0.0416459	− 0.1509342	− 19673.69 ***	3.272891
		（1.14）	（− 1.16）	（− 4.13）	（1.42）
R − squared		0.8935	0.8959	0.9924	0.2672
Sobel		3.401 ***	3.431 ***	0.178	− 0.2612
中介效应占比		− 6.731764	3.329171	0.5956349	0.9631522

注：***、**、*分别表示在1%、5%、10%的水平下显著，括号内为 t 统计量。

从回归结果（1）看，商品贸易出口对产业结构协调度的影响系数为
负。由于产业结构协调度为逆指标，因此，商品贸易出口的增加，是有利
于产业结构协调的。物质资本积累对产业结构协调度的影响为负，同样
的，这表示实际利用外资的增加，是有利于产业结构协调的。人力资本对
产业结构协调度的影响系数为负，也表明国内外人才的流动有助于产业结
构的协调。城镇化水平作为中介变量，在 1% 的显著性水平下通过了 Sobel
检验，中介效应显著，商品出口贸易的发展有助城镇化的实现，中介效应
占比为 − 6.73%，因此，城镇化水平的提升会降低产业结构的偏离。

从回归结果（2）看，商品贸易出口对产业结构轻软度的影响系数为
负。由于我国出口贸易商品多为工业产品，商品贸易出口增加了第二产业
的增加值，因此，商品贸易出口的增加，会造成产业结构轻软度的下降。
物质资本积累对产业结构轻软度的影响系数为负，因为我国在对外开放引
进外资时，绝大多数外资都投入制造业，也就意味着随着实际利用外资的
增加，第二产业的资本积累增加要多于第三产业，产业结构轻软度在下
降。人力资本对产业结构轻软度的影响为正，表明国内外人才的流动有助
于产业结构向服务化方向发展。城镇化水平作为中介变量，在 1% 的显著
性水平下，通过了 Sobel 检验，中介效应显著。商品出口贸易的发展有助
城镇化的实现，在城镇化过程中，第二、三产业会得以蓬勃发展，尤其是
城镇化过程中服务业表现会更加明显，中介效应占比为 3.33%，因此，城
镇化水平的提升会促进产业结构的轻软化。

从回归结果（3）看，商品贸易出口对产业综合效率的影响为正，市场规模的扩大和竞争压力的增大，使得出口贸易发展会刺激产业生产效率的提升。物质资本积累对产业综合效率的影响不显著。人力资本对产业效率的影响为正且显著，海内外人才积累有助于产业综合效率的提升。城镇化水平作为中介变量，未能通过 Sobel 检验，中介效应不显著，商品出口贸易的发展有助城镇化的实现，但城镇化对产业综合效率的影响却不显著。

从回归结果（4）看，商品贸易出口对产业结构转换度的影响，无论从哪个角度看都不显著，诸多变量对产业结构转换没有直接或间接影响，产业结构转换度没有明显规律可循。

表 5 - 5 显示了商品贸易进口对产业升级影响的回归估计结果。回归结果（5）～（8）分别表示商品贸易进口对产业结构协调度、产业结构轻软度、产业综合效率、产业结构转换度的影响。

表 5 - 5　商品贸易进口回归结果

类型	变量符号	（5）	（6）	（7）	（8）
自变量	hwim	- 0. 0000279 *** （- 3. 11）	- 0. 0000817 *** （- 2. 81）	3. 365671 ** （2. 34）	- 5. 64e - 06 （- 0. 01）
控制变量	FDI	- 0. 0000764 ** （- 2. 24）	- 0. 0003951 *** （- 3. 56）	—	- 0. 0020413 （- 1. 16）
	HUM	- 1. 50e - 07 *** （- 4. 44）	4. 21e - 07 *** （3. 84）	0. 0604906 *** （11. 04）	2. 55e - 06 （1. 33）
	TEC	—	—	—	- 1. 04e - 06 （- 0. 09）
中介变量	czh	0. 8862768 *** （5. 08）	3. 517892 *** （6. 21）	81402. 38 *** （3. 81）	- 2. 458847 （- 0. 25）
常数项	cons	0. 052529（1. 30）	- 0. 1821491 （- 1. 39）	- 19629. 73 *** （- 3. 73）	3. 267584 （1. 45）
R - squared		0. 8750	0. 8997	0. 9921	0. 2672
Sobel		3. 526 ***	3. 848 ***	3. 571 ***	- 0. 2508
中介效应占比		13. 81719	3. 158892	5. 872231	0. 9456972

注：*** 、** 、* 分别表示在 1% 、5% 、10% 的水平下显著，括号内为 t 统计量。

从回归结果（5）看，商品贸易进口对产业结构协调度的影响系数为负，前文提到产业结构协调度的指标计算式是逆指标形式，因此，商品贸易进口的增加，有利于产业结构协调。物质资本和人力资本对产业结构协调度的影响系数为负，说明实际利用外资和国内外人才的增加，也是有利于产业结构协调的。城镇化水平作为中介变量，在 1% 的显著性水平下通过了 Sobel 检验，中介效应显著，商品贸易进口增加有助于城镇化的实现，城镇化水平的提升短期内会造成产业结构的偏离，中介效应占比为 13.82%。

从回归结果（6）看，商品贸易进口和实际利用外资对产业结构轻软度的影响系数为负。由于我国进口贸易商品多为工业产品，利用外资也主要集中在第二产业，因此，这两个变量对产业结构轻软度的影响是反向的。人力资本对产业结构轻软度的影响为正，理由同前文。城镇化水平作为中介变量，在 1% 的显著性水平下通过了 Sobel 检验，中介效应也是显著的，中介效应占比为 3.16%，城镇化水平的提升会促进产业结构的轻软化。

从回归结果（7）看，商品贸易进口和人力资本对产业综合效率的影响为正，说明市场规模、竞争及知识溢出等有助于产业生产效率的提升。物质资本积累对产业效率的影响不显著。城镇化水平作为中介变量，通过了 Sobel 检验，中介效应占比为 5.87%。

从回归结果（8）看，商品贸易进口对产业结构转换度的影响不显著，和前文类似，诸多变量对产业结构转换的影响在统计检验上均不显著，产业结构转换度没有明显规律可循。

5.4.2 服务贸易对产业升级影响检验

表 5-6 显示了服务贸易出口对产业升级影响的回归估计结果。回归结果（9）~（12）分别表示服务贸易出口对产业结构协调度、产业结构轻软度、产业综合效率、产业结构转换度的影响。

表 5 – 6　服务贸易出口回归结果

类型	变量符号	(9)	(10)	(11)	(12)
自变量	*fwex*	– 0.0003299 *** (– 3.78)	– 0.0005948 * (– 1.87)	42.79086 *** (3.09)	– 0.0006348 (– 0.10)
控制变量	*FDI*	– 0.0000657 * (– 2.02)	– 0.00038 *** (– 3.20)	—	– 0.0020602 (– 1.17)
	HUM	– 2.09e – 07 *** (– 9.11)	2.30e – 07 ** (2.75)	0.067249 *** (18.26)	2.41e – 06 (1.04)
	TEC	—	—	—	– 1.27e – 07 (– 0.01)
中介变量	*czh*	0.8356221 *** (5.63)	3.024085 *** (5.59)	80593.49 *** (4.61)	– 1.824387 (– 0.18)
常数项	cons	0.061434 *　(1.75)	– 0.0748339 (– 0.59)	– 19303.51 *** (– 4.32)	3.124123 (1.37)
R – squared		0.8880	0.8866	0.9928	0.2674
Sobel		3.07 ***	3.063 ***	4.04 ***	– 0.1848
中介效应占比		– 4.509065	2.555785	5.520948	0.5960295

注：*** 、** 、* 分别表示在 1%、5%、10% 的水平下显著，括号内为 t 统计量。

从回归结果（9）看，服务贸易出口对产业结构协调度的影响系数为负，前文提到产业结构协调度公式具有逆指标的特征，因此，服务贸易出口的增加，是有利于产业结构协调的。物质资本和人力资本的积累也有利于产业结构协调。城镇化水平通过了 Sobel 检验，中介效应显著，中介效应占比为 – 4.51%，服务贸易通过城镇化水平的提升会使得产业结构趋向协调化。

从回归结果（10）看，服务贸易出口对产业结构轻软度的影响系数为负，这个影响在 1% 的显著性水平下无法通过统计检验，仅在 10% 的水平下显著。服务贸易隶属于服务业，其出口提升了国外部门的生产生活服务水平，服务贸易出口使产业结构轻软度有轻微的下降，这个影响在统计意义上不是很显著。物质资本积累对产业结构轻软度的影响为负，同前文解释，实际利用外资多集中在第二产业，不利于产业结构轻软度的提升。人力资本对

产业结构轻软度的影响为正，通过了 5% 水平下的显著性检验。城镇化水平
作为中介变量，通过了 Sobel 检验，中介效应显著，中介效应占比为 2.56%，
服务贸易通过城镇化水平的提升会促进产业结构的轻软化。

从回归结果（11）看，服务贸易出口对产业综合效率的影响为正，服务
业尤其是生产性服务业在技术支持、产品创新、营销运作、管理效率等方面
发挥着主要作用，服务贸易出口也代表着国内服务业水平的提高，因此，服
务贸易发展会刺激产业综合效率的提升。物质资本积累对产业综合效率的影
响不显著。人力资本对产业综合效率的影响为正且显著。城镇化水平作为中
介变量，通过了 Sobel 检验，中介效应显著，中介效应占比为 5.52%，服务
出口贸易的发展通过城镇化的提升有助于产业综合效率提高的。

从回归结果（12）看，服务贸易出口对产业结构转换度的影响无规律
可循，诸多变量对产业结构转换的影响在统计意义上都无法通过检验。

表 5-7 显示了服务贸易进口对产业升级影响的回归估计结果。回归结
果（13）~（16）分别表示服务贸易进口对产业结构协调度、产业结构轻
软度、产业综合效率、产业结构转换度的影响。

表 5-7　服务贸易进口回归结果

类型	变量符号	（13）	（14）	（15）	（16）
自变量	$fwim$	− 0. 0002401 *** （− 4. 22）	0. 0002313 * （1. 73）	100. 0837 *** （13. 21）	0. 00246 （− 0. 52）
控制变量	FDI	—	− 0. 0004074 *** （− 3. 19）	—	− 0. 0020912 （− 1. 20）
	HUM	—	—	—	1. 16e − 06 （0. 30）
	TEC	− 5. 34e − 07 *** （− 2. 82）	—	—	− 2. 19e − 06 − 0. 22
中介变量	czh	0. 4457876 *** （5. 36）	2. 493584 *** （4. 95）	89436. 56 *** （5. 30）	− 3. 602556 （− 0. 52）
常数项	$cons$	0. 1418192 *** （5. 72）	0. 0409721 （0. 34）	− 22677. 87 *** （− 4. 67）	3. 522547 ** （2. 16）

类型	变量符号	（13）	（14）	（15）	（16）
R－squared		0.8921	0.8636	0.9851	0.2718
Sobel		3.362 ***	2.367 **	4.949 ***	－0.5081
中介效应占比		－3.670997	5.510996	2.699334	－0.9016339

注：＊＊＊、＊＊、＊分别表示在1%、5%、10%的水平下显著，括号内为 t 统计量。

从回归结果（13）看，服务贸易进口对产业结构协调度的影响系数为负，服务贸易进口有利于提升国内生产生活水平，服务贸易进口的增加，有利于产业结构协调。物质资本和人力资本对产业结构协调度的影响在统计上不显著，技术投入有助于产业结构的协调化。城镇化水平作为中介变量，在1%的显著性水平下通过了 Sobel 检验，中介效应占比为－3.67%，服务贸易进口通过城镇化水平的提升减缓产业结构的偏离。

从回归结果（14）看，服务贸易进口有助于产业结构轻软度的提高，实际利用外资对产业结构轻软度的影响是反向的。人力资本和技术投入对产业结构轻软度的影响不显著。城镇化水平通过了 Sobel 检验，中介效应占比为5.51%，服务贸易进口通过城镇化水平的提升会促进产业结构的轻软化。

从回归结果（15）看，服务贸易进口对产业综合效率的影响为正，三个控制变量在统计意义上均未通过检验。城镇化水平通过 Sobel 检验，中介效应占比为2.70%，服务贸易进口通过城镇化水平的提升会促进产业效率的提升。

从回归结果（16）看，服务贸易进口对产业结构转换度无法构建起统计意义上的模型，诸多变量对产业结构转换的影响均没有通过统计检验。

5.4.3 一般贸易对产业升级影响检验

表5-8显示了一般贸易出口对产业升级影响的回归估计结果。回归结果（17）~（20）分别表示一般贸易出口对产业结构协调度、产业结构轻软度、产业综合效率、产业结构转换度的影响。

表 5-8 一般贸易出口回归结果

类型	变量符号	（17）	（18）	（19）	（20）
自变量	ybmyex	-0.0000954 *** (-11.50)	-0.0001338 * (-1.91)	8.82373 *** (2.76)	0.0002344 (0.19)
控制变量	FDI	-0.0000961 *** (-3.19)	-0.0004267 *** (-3.61)	—	-0.001938 (-1.07)
	HUM	—	5.06e-07 *** (2.83)	0.0504873 *** (6.10)	2.22e-06 (0.89)
	TEC	—	—	—	-2.40e-06 (-0.20)
中介变量	czh	0.7755407 *** (6.27)	2.839919 *** (5.78)	102742.4 *** (8.75)	-3.351204 (-0.44)
常数项	cons	0.0865458 *** (2.99)	-0.0177769 (-0.16)	-24626.37 *** (-7.66)	3.443601 (1.98)
R-squared		0.8990	0.8871	0.9921	0.2682
Sobel		2.811 ***	2.219 **	3.454 ***	-0.4344
中介效应占比		-3.605374	6.015905	6.317206	0.5180721

注：＊＊＊、＊＊、＊分别表示在 1%、5%、10% 的水平下显著，括号内为 t 统计量。

从回归结果（17）看，一般贸易出口对产业结构协调度的影响系数为负，鉴于产业结构协调度公式表达形式为逆指标，因此，一般贸易出口的增加有利于产业结构协调。根据回归系数符号可以看出，物质资本积累也有利于产业结构协调。人力资本和科技投入对产业结构协调度的影响不显著。城镇化水平通过了 Sobel 检验，中介效应占比为 -3.61%，一般贸易通过城镇化水平提升会对产业结构协调有促进作用。

从回归结果（18）看，一般贸易出口对产业结构轻软度的影响系数为负，由于我国出口贸易中多为工业产品，一般贸易出口有助于第二产业发展，因此，一般贸易出口的增加会促进产业结构轻软度下降。物质资本积累对产业结构轻软度的影响系数为负，实际利用外资的领域偏重第二产业，产业结构轻软度会下降。人力资本和城镇化水平对产业结构轻软度的影响为正，两者都有助于产业向第三产业发展。城镇化水平通过了 Sobel 检验，中介效应占比为 6.02%，一般贸易会通过城镇化水平的提升促进产业结构的轻软化。

从回归结果（19）看，一般贸易出口对产业综合效率的影响为正，物质资本积累和科技投入对产业综合效率的影响不显著，人力资本对产业综合效率的影响为正且显著，城镇化水平带来的中介效应占比为 6.32%。

从回归结果（20）看，一般贸易出口对产业结构转换度在统计意义上没有通过检验。

表 5-9 显示了一般贸易进口对产业升级影响的回归估计结果。回归结果（21）~（24）分别表示一般贸易进口对产业结构协调度、产业结构轻软度、产业综合效率、产业结构转换度的影响。

表 5 - 9　一般贸易进口回归结果

类型	变量符号	(21)	(22)	(23)	(24)
自变量	$ybmyim$	- 0.0000763 *** (- 3.08)	- 0.0002638 *** (- 3.47)	9.174316 ** (2.31)	- 0.0003726 (- 0.22)
控制变量	FDI	- 0.0000997 *** (- 2.86)	- 0.0004733 *** (- 4.42)	—	- 0.0022432 (- 1.14)
	HUM	- 1.36e - 07 *** (- 3.62)	5.10e - 07 *** (4.43)	0.0600761 *** (9.93)	2.64e - 06 (1.37)
	TEC	—	—	—	1.00e - 06 (0.07)
中介变量	czh	0.6957757 *** (4.89)	3.05063 *** (6.98)	109375.7 *** (9.75)	- 1.477776 (- 0.18)
常数项	cons	0.1048951 (3.24)	- 0.0444908 (- 0.45)	- 26348.91 (- 8.34)	3.106337 * (1.79)
R - squared		0.8744	0.9096	0.9916	0.2685
Sobel		2.093 **	2.198 **	2.621 ***	- 0.1845
中介效应占比		- 1.560058	3.399556	6.411058	0.3335709

注：***、**、* 分别表示在 1%、5%、10% 的水平下显著，括号内为 t 统计量。

从回归结果（21）看，一般贸易进口对产业结构协调度的影响系数为负，一般贸易进口是市场调剂余缺的重要来源，对产业结构的协调是有利的。物质资本和人力资本对产业结构协调度的影响系数为负，也是有利于产业结构协调的。城镇化水平作为中介变量，在 5% 的显著性水平下通过了 Sobel 检验，中介效应占比为 - 1.56%，一般贸易进口增加有助城镇化的实现，而城镇化水平的提升会促进产业结构的协调化。

从回归结果（22）看，一般贸易进口和物质资本投入对产业结构轻软度的影响系数为负，一般贸易进口中多为工业品，利用外资的领域也主要集中在制造业，因此，这两个变量对产业结构轻软度的影响是反向的。人力资本对产业结构轻软度的影响为正，理由同前文。城镇化水平作为中介变量，在 5% 的显著性水平下通过了 Sobel 检验，中介效应占比为 3.40%，城镇化水平的提升会促进产业结构的轻软化。

从回归结果（23）看，一般贸易进口对产业综合效率的影响系数为正，通过了 5% 的显著性检验。物质资本积累和科技投入对产业综合效率的影响不显著。人力资本对产业综合效率的影响系数为正且在 1% 的水平下显著。城镇化水平通过了 Sobel 检验，中介效应占比为 6.41%。

从回归结果（24）看，诸多变量对产业结构转换度的影响在统计意义上均不显著，无明显的趋势或周期性规律可循。

5.4.4　加工贸易对产业升级影响检验

表 5 - 10 显示了加工贸易出口对产业升级影响的回归估计结果。回归结果（25）~（28）分别表示加工贸易出口对产业结构协调度、产业结构轻软度、产业综合效率、产业结构转换度的影响。

表 5 - 10　加工贸易出口回归结果

类型	变量符号	（25）	（26）	（27）	（28）
自变量	$jgmyex$	- 0.0000701 *** （- 3.82）	- 0.0001651 ** （- 2.57）	8.560825 *** （2.90）	0.0002464 （0.20）

续表

类型	变量符号	（25）	（26）	（27）	（28）
控制变量	*FDI*	-0.0000892 ** (-2.76)	-0.0004274 *** (-3.78)	—	-0.0019334 (-1.06)
	HUM	-2.12e-07 *** (-9.29)	2.32e-07 *** (2.91)	0.068617 *** (18.41)	2.74e-06 (1.30)
	TEC	—	—	—	-2.60e-06 (-0.21)
中介变量	*czh*	0.9772067 *** (5.72)	3.527839 *** (5.91)	72671.83 *** (3.80)	-4.318182 (-0.40)
常数项	cons	0.0230811 (0.56)	-0.2052031 (-1.42)	-16194.21 *** (-3.26)	3.713356 (1.43)
R-squared		0.8887	0.8962	0.9409	0.2683
Sobel		3.891 ***	3.948 ***	3.541 ***	-0.398
中介效应占比		29.93473	2.707442	5.297895	0.2724069

注：*** 、** 、* 分别表示在1%、5%、10%的水平下显著，括号内为 t 统计量。

从回归结果（25）看，加工贸易出口对产业结构协调度的影响系数为负，加工贸易通常能带动劳动力就业水平的提升，加工贸易出口的增加是有利于产业结构协调的。物质资本和人力资本对产业结构协调度的影响系数为负，也是有利于产业结构协调的。城镇化水平通过了 Sobel 检验，中介效应占比为29.93%，中介效应的比例非常显著。加工贸易出口促进城镇化水平的提升，而城镇化水平的提升却加速了产业结构的偏离，究其原因是产值增加的变化快于就业速度的变化。

从回归结果（26）看，加工贸易出口对产业结构轻软度的影响系数为负，加工贸易主要集中在制造业，尤其是中低端制造业，加工贸易出口的增加，会降低产业结构的轻软度。物质资本和人力资本对产业结构轻软度的影响方向为一负一正，究其原因，物质资本集中在制造业，人力资本尤其是高端人才对服务业的推动最大。城镇化水平在1%的显著性水平下通过了 Sobel 检验，中介效应占比为2.71%，加工贸易出口的增大通过城镇化水平的提升能够促进产业结构趋向轻软化。

从回归结果（27）看，加工贸易出口对产业综合效率的影响系数为正。物质资本积累对产业综合效率的影响不显著。人力资本对产业综合效率的影响系数为正且显著。城镇化水平通过了 Sobel 检验，中介效应占比为 5.30%。

从回归结果（28）看，加工贸易出口对产业结构转换度的影响，无论从哪个角度看都不显著，诸多变量对产业结构转换没有直接或间接影响，产业结构转换度没有明显规律可循。

表 5-11 显示了加工贸易进口对产业升级影响的回归估计结果。回归结果（29）~（32）分别表示加工贸易进口对产业结构协调度、产业结构轻软度、产业综合效率、产业结构转换度的影响。

表 5-11　加工贸易进口回归结果

类型	变量符号	（29）	（30）	（31）	（32）
自变量	jgmyim	- 0.0001328 * （- 2.00）	- 0.0005276 ** （- 2.52）	20.79289 ** （2.08）	- 0.0004204 （- 0.13）
控制变量	FDI	- 0.0000751 * （- 2.02）	- 0.0004746 *** （- 4.08）	—	- 0.0021159 （- 1.15）
	HUM	- 1.68e - 07 *** （- 4.06）	1.64e - 07 * （2.03）	0.0721457 *** （18.64）	2.43e - 06 （1.18）
	TEC	- 4.45e - 07 ** （- 2.11）	—	—	- 6.46e - 07 （- 0.06）
中介变量	czh	0.86292 *** （3.70）	3.930662 *** （5.42）	73915.08 *** （3.01）	- 1.309865 （- 0.11）
常数项	cons	0.0532605 （1.00）	- 0.2728468 （- 1.64）	-17380.52 *** （- 2.95）	3.010509 （1.14）
R - squared		0.8939	0.8955	0.9914	0.2676
Sobel		3.354 ***	4.385 ***	2.925 ***	- 0.1133
中介效应占比		2.853684	2.380445	5.676407	0.4247267

注：***、**、* 分别表示在 1%、5%、10% 的水平下显著，括号内为 t 统计量。

从回归结果（29）看，加工贸易进口对产业结构协调度的影响系数为负，鉴于进口是产业发展的有益补充，因此加工贸易进口是有利于产业结构协调发展的，但其系数仅在 10% 的水平下显著。物质资本对产业结构协调度的影响系数为负，也仅在 10% 的水平下显著。人力资本和科技投入对产业结构协调度的影响系数为负，这两者的增加有利于产业结构协调。城镇化水平在 1% 的显著性水平下通过了 Sobel 检验，中介效应占比为 2.85%。

从回归结果（30）看，加工贸易进口和物质资本对产业结构轻软度的影响系数为负，由于我国加工贸易多处在第二产业，外资使用也集中在第二产业，因此，这两个变量对产业结构轻软度造成逆向冲击。人力资本对产业结构轻软度的影响为正，仅在 10% 的水平下显著。城镇化水平通过了 Sobel 检验，中介效应也是显著的，中介效应占比为 2.38%，加工贸易的发展通过城镇化水平的提升会促进产业结构的轻软化。

从回归结果（31）看，加工贸易进口和人力资本对产业综合效率的影响为正，分别在 5% 和 1% 的水平下显著。城镇化水平通过了 Sobel 检验，中介效应占比为 5.68%。

从回归结果（32）看，加工贸易进口对产业结构转换度的影响没有明显规律可循，各种统计检验均不显著。

5.4.5 稳健性检验

5.4.5.1 替换相关指标变量

国际收支平衡表依据会计中的复式记账原则记录国际经济交易行为，经常项目反映的是本国与别国间实际资源的跨境转移，在国际收支中是非常重要的项目，贸易往来中输出列为贷方金额，输入列为借方金额。经常项目反映了一定时期一国商品、服务等在经常转移项目上的借方额和贷方额。为了进一步增加研究结果的稳健性，本部分采用国际收支平衡表中经常项目借方和经常项目贷方再检验贸易发展对产业升级的影响。另外，前面实证分析中科技投入在诸多模型中结果都不显著，当时科技情况是用国外三种专利申请数量来衡量的，稳健性检验部分用技术市场成交额（变量符号为 JSCJ）来代替，进一步观察科技投入对产业升级的影响。具体回归结果如下。

表 5 - 12 经常项目贷方回归结果

类型	变量符号	（33）	（34）	（35）	（36）
自变量	jcxmdf	- 7. 21e - 06 *** (- 4. 85)	- 0. 0000109 * (- 1. 93)	0. 8161915 *** (3. 03)	- 0. 0000435 (- 0. 55)
控制变量	FDI	- 0. 0000756 ** (- 2. 30)	- 0. 0004167 *** (- 3. 34)	—	- 0. 0021608 (- 1. 51)
控制变量	HUM	—	—	—	6. 12e - 06 (1. 20)
控制变量	JSCJ	- 8. 91e - 06 *** (- 3. 77)	0. 0000347 *** (3. 87)	4. 307676 *** (9. 79)	- 0. 0002634 (- 0. 72)
中介变量	czh	0. 7603136 *** (5. 72)	2. 891919 *** (5. 74)	126345. 9 *** (6. 34)	- 1. 003612 (- 0. 17)
常数项	cons	0. 0743031 ** (2. 13)	- 0. 036875 (- 0. 28)	- 31650. 47 *** (- 5. 22)	2. 911359 * (1. 91)
R - squared		0. 9155	0. 8852	0. 9920	0. 3132
Sobel		2. 519 **	2. 52 **	4. 632 ***	2. 3322 **
中介效应占比		- 1. 318672	3. 303982	6. 243923	0. 1175438

注：***、**、* 分别表示在 1%、5%、10% 的水平下显著，括号内为 t 统计量。

表 5 - 12 显示了经常项目贷方对产业升级影响的回归估计结果。回归结果（33）～（36）分别表示经常项目贷方对产业结构协调度、产业结构轻软度、产业综合效率、产业结构转换度的影响。

回归结果（33）中，经常项目贷方对产业结构协调度的影响系数为负，且在 1% 的水平下显著，这里影响系数与前文中诸多贸易变量对产业结构协调度的影响是一致的；物质资本投入对产业结构协调的影响系数方向也是一致的；科技投入由于更换了指标，此处对产业结构协调度的影响也与预期一致；中介效应的影响与前文也一致。回归结果（34）中，经常项目贷方对产业结构轻软度的影响系数为负；物质资本对产业结构轻软度的影响系数也为负，与前文影响系数的方向一致；科技投入的影响与预期一致；中介效应影响与前文一致。回归结果（35）中，经常项目贷方和科技投入对产业综合效率的影响均为正，中介效应也同前文一致。回归结果

（36）依然无法通过统计检验。所有回归结果表明，经常项目贷方对产业升级诸指标的影响与前文诸贸易变量对产业升级的影响具有一致性，再次验证了检验结果的稳健性。

表 5 - 13 显示了经常项目借方对产业升级影响的回归估计结果。回归结果（37）~（40）分别表示经常项目借方对产业结构协调度、产业结构轻软度、产业综合效率、产业结构转换度的影响。

表 5 - 13　经常项目借方回归结果

类型	变量符号	(37)	(38)	(39)	(40)
自变量	$jcxmjf$	$-7.21e-06$ *** (-3.98)	-0.0000133 ** (-2.14)	0.9133102 *** (3.08)	-0.0000882 (-0.87)
控制变量	FDI	-0.000074 * (-2.05)	-0.0004013 *** (-3.23)	—	-0.0020061 (-1.40)
	HUM	—	—	—	$8.11e-06$ (1.38)
	$JSCJ$	$-7.93e-06$ ** (-2.79)	0.0000387 *** (3.97)	4.08536 *** (8.45)	-0.0003635 (-0.93)
中介变量	czh	0.6612603 *** (4.80)	2.813149 *** (5.96)	132530.1 *** (7.30)	-0.936908 (-0.17)
常数项	cons	0.102237 *** (2.87)	-0.0184244 (-0.15)	-33449.05 *** (-5.99)	2.863699 * (2.02)
R - squared		0.8995	0.9352	0.9921	0.3258
Sobel		1.952 *	2.011 **	4.56 ***	-0.1707
中介效应占比		-3.875856	13.80298	6.394278	0.0556374

注：*** 、** 、* 分别表示在1%、5%、10%的水平下显著，括号内为 t 统计量。

回归结果（37）中，经常项目借方、物质资本投入、科技投入对产业结构协调度的影响系数均为负，中介变量效果同前，回归结果与前文及预期均一致。回归结果（38）中，经常项目借方和物质资本投入对产业结构轻软度的影响与前文一致；科技投入对产业结构轻软度的影响是正向的，中介效应同前；回归结果（39）中，经常项目借方和科技投入对产业综合效率的影响为正，中介效应同前；回归结果（40）依然是无法构建起统计意义上的模型。所有回归结果表明，经常项目借方作为解释变量对产业升级诸指标的影响与前文分析是一致的，回归结果是稳健的。

5.4.5.2　工具变量的使用

如果解释变量存在内生性问题，可能会造成前文实证结果有偏性。在解决内生性问题上，工具变量法是常用的手段。文中选用所有产业简单平均关税作为贸易的工具变量，其原因是：关税作为政府部门决策的产物，外生性特征较为突出；同时，关税与贸易的联系非常密切，满足与解释变量相关、与被解释变量不相关且又具有明显外生性特征的要求。由于模型中内生变量个数与工具变量个数相同，就不存在对工具变量的过度识别的问题。如果检验解释变量的确是内生的，那么比较工具变量方法与普通回归方法在系数方向、大小等方面的差异，可识别结果是否稳健。

表 5 - 14　工具变量检验

模型	SUP_1		SUP_2		SUP_3		SUP_4	
	chi2	Wu - Hausman F	chi2	Wu - Hausman F	chi2	Wu - Hausman F	chi2	Wu - Hausman F
商品贸易出口	9.42**	4.02208*	4.25	4.17314*	2.63	0.605932	0.08	2.17317
商品贸易进口	7.21*	2.53151	4.57	4.47984**	7.54**	4.96702**	0.05	2.35821
服务贸易出口	0.53	3.18006*	1.57	2.28452	3.91	3.12395*	0.33	0.418677
服务贸易进口	0.08	5.33813**	0.22	4.78139**	1.78	14.4363***	0.11	4.48455**
一般贸易出口	0.38	8.74476***	0.14	3.33168*	1.64	4.35144**	0.01	3.92896*
一般贸易进口	9.97**	0.855115	0.28	3.70433*	4.13**	0.860887	0.01	2.39309
加工贸易出口	7.41*	2.40106	2.70	2.87522	8.49**	3.37061*	0.41	1.08503
加工贸易进口	5.69	1.01842	2.10	2.22373	0.04	0.138256	0.48	0.788417

注：***、**、*分别表示在1%、5%、10%的水平下显著。

表 5 - 14 显示，chi2 统计量的结果显示有接受原假设的，也有拒绝原假设的，拒绝的认为解释变量系数在统计意义上是差异的，但显著性水平多在 10% 的水平下，这是个较为宽松的判别标准。类似的，Wu - Hausman F 统计量的结果显示有接受原假设的，也有拒绝原假设的，其判断标准也多在 10% 的显著性水平下认为解释变量存在内生性。这个结果可以这样理解，解释变量有一定的内生性，但内生性问题不严重，在与原模型回归系数进行比较后，发现系数方向一致、系数值大小接近。这个结果也可以较为粗糙地解释前文的研究结果是稳健的。

5.5 结构演进视角下对外贸易对产业升级影响的结论

本章基于产业结构演进探讨对外贸易发展对产业升级在产业结构协调度、产业结构轻软度等方面的影响，通过以上实证分析，得到以下研究结论。

第一，基于前文的实证分析，将诸多核心解释变量对产业升级的影响加以汇总，用表 5 - 15 来表示。总体看，无论何种类型的贸易对产业结构的协调都是有益的。对产业综合效率的提升都是有积极推动作用的。在统计意义上对产业结构的转换都没有显著影响。除服务贸易外，其他贸易形式对产业结构轻软度的影响均是负向的，因为这些形式的贸易主要围绕在第二产业，因此，对产业结构轻软度的影响都是反向的。服务贸易属于第三产业，服务贸易进口能够直接对第三产业产生示范效应，其发展有助于产业结构向轻的和软的方向发展。

表 5 - 15　核心解释变量实证结果汇总

变量	符号	SUP_1	SUP_2	SUP_3	SUP_4
商品贸易出口	$hwex$	↑	↓	↑	—
商品贸易进口	$hwim$	↑	↓	↑	—
服务贸易出口	$fwex$	↑	↓	↑	—
服务贸易进口	$fwim$	↑	↑	↑	—
一般贸易出口	$ybmyex$	↑	↓	↑	—
一般贸易进口	$ybmyim$	↑	↓	↑	—

续表

变量	符号	SUP_1	SUP_2	SUP_3	SUP_4
加工贸易出口	jgmyex	↑	↓	↑	—
加工贸易进口	jgmyim	↑	↓	↑	—

注：积极影响用↑表示，消极影响用↓表示，不显著用—表示。

第二，从控制变量看，不管是物质资本、人力资本还是科技投入对产业结构协调和产业综合效率的提高都是有帮助的，对产业结构转换的影响在统计意义上均不显著。在产业结构轻软方向上，人力资本和科技投入都有助于第三产业的发展，有助于结构的改善，而物质资本因是用外商直接投资指标衡量的，其主要投资在第二产业，所以此指标对产业结构轻软度的改善是逆向的（见表 5 - 16）。

表 5 - 16　控制变量实证结果汇总

变量	符号	SUP_1	SUP_2	SUP_3	SUP_4
物质资本	FDI	↑	↓	↑	—
人力资本	HUM	↑	↑	↑	—
科技投入	JSCJ	↑	↑	↑	—

注：积极影响用↑表示，消极影响用↓表示，不显著用—表示。

第三，从中介变量看，不管何种贸易形式，都有助于经济发展和就业变化，劳动力从第一产业解放出来向第二、三产业转移，劳动力由第二产业向第三产业转移，就业趋势的变化，使得城镇人口不断增加，城镇化水平不断提升。城镇化过程中往往产值增加快于就业增加，会加剧产业结构的偏离，而城镇化有助于服务业发展，服务业有很强的就业吸纳能力，因此，城镇化对产业结构的轻软化是有利的。另外，由于就业人口总是从低效率向高效率流动，城镇化对产业综合效率的提升是有帮助的。最后，城镇化对产业结构转换度的影响是不显著的（见表 5 - 17）。

表 5 - 17　中介变量实证结果汇总

变量	符号	SUP_1	SUP_2	SUP_3	SUP_4
城镇化	czh	↓	↑	↑	—

注：积极影响用↑表示，消极影响用↓表示，不显著用—表示。

　　综上，本章从结构演进视角对研究主题进行了广泛关注，对外贸易方面分别从商品贸易、服务贸易、一般贸易、加工贸易进行测度和描述，结构演进视角下的产业升级也构建了较以往文献更加全面的指标体系，分别是产业结构协调度、产业结构轻软度、产业综合效率和产业结构转换度。实证分析阶段，借助中介变量进行建模，分析对外贸易在产业结构不断改善和优化方面所起到的推动作用，并从国际收支平衡表中经常项目的借贷双方验证研究结果的稳健性，也借助关税工具变量探究研究结果的可靠性，最后得出相关结论。结构改善和效率提升是产业升级经常涉及的两个方面，下一章将探究贸易发展对产业升级在经济效率方面的影响。

第6章 经济效率视角下对外贸易对产业升级影响的实证分析

宏观上看，产业升级的表现除前面提到的产业结构演化之外，还有一种就是经济效率的提高，它能够直接反映产业发展及资源配置状况。本部分采用全要素生产率和劳动生产率来衡量经济效率，开放经济条件下，若外贸发展对产业经济效率有提升和促进作用，即可视为外贸对产业升级有积极影响。反之，则无影响或有消极影响。本章主要考察贸易发展对产业升级在经济效率方面的影响。

6.1 经济效率视角下对外贸易影响产业升级的特征

第一，对外贸易的大进大出与规模经济、溢出效应不断释放的特征。改革开放之后，加工贸易使中国成功地承接了来自发达国家劳动密集型产业的跨国转移，有效解决了外汇紧缺问题，带动了国内工业发展，促进了外贸出口由初级产品、资源型产品为主向以工业制成品为主的转变。20世纪90年代出口产品实现了由轻纺产品为主向机电产品为主的转变，中国的工业化进程不断加快。进入21世纪，加入世贸组织之后，中国融入世界分工体系越来越深，凭借劳动力充裕的成本优势以及较完善的产业配套和较强的加工制造能力，不断提高劳动生产率，充分利用制造业环节的规模经济优势和成本优势，逐渐发展成为世界工业品的主要生产国和出口国，将物美价廉的商品提供给世界各国，对满足国际市场需求起到重要作用。对外贸易发展呈现大进大出的特点，随着比较优势、规模经济、溢出效应的不断释放，外贸促进了中国技术进步和产业效率提升。从实际劳动生产率来看，1978年，三次产业的实际劳动生产率分别仅有360元/人、2527元/人、1851元/人，到2017年，三次产业的实际劳动生产率达到2612元/人、42769元/人、12545元/人，分别是1978年的7.26倍、16.9倍、6.78

倍，三次产业的劳动生产率增长均较快，尤其是第二产业较为突出。从全要素生产率来看，横向对比，相较于美国，1978 年全要素生产率为美国的31%，2014 年全要素生产率为美国的 43%；纵向自身相比，以 2011 年为基期，1978 年中国的相对全要素生产率为 0.54，2014 年相对全要素生产率为 1.04，经济效率接近翻番。

第二，模仿创新与竞争效应推进产业升级的特征。创新是先进生产力的代表，创新是产业升级的动力源泉。对外开放给中国企业带来主动向外学习的机会，既可以通过进口国外技术先进的设备、零部件，提高自身生产效率，又可以积极主动向国外企业学习先进技术及管理经验，在不断学习模仿中，摸索自主技术水平的提升之路。还要看到，当通过出口不断满足国外市场需求时，尤其是国外发达国家消费与生产的高端需求，高端需求及国际竞争压力也迫使中国企业不断改进技术与管理，思考自主创新问题。Michael Porter（1991）在谈到国际竞争战略时，认为开放经济的市场环境，能够促进要素自由流通，更能促进知识创新和技术外溢。Helpman等（1991）认为国际贸易将创新从工业经济国家传递到最不发达国家，从而有利于全球经济的运行与增长。当前，国际分工的细化以及新一轮科技革命兴起，国际合作日益频繁，中国不断缩小与发达国家的产业差距，在学习、模仿与创新激励下，不断提高经济效率。国内很多学者认同贸易对经济效率呈积极影响的观点，如关兵（2010）、迟旭蕾（2014）、邱爱莲等（2014）、张少华等（2015）、张扬（2014）、王小强（2016），认为对外贸易推进了经济效率的改善。也有学者担心贸易发展，尤其是加工贸易的发展对经济效率产生反向影响，吕大国等（2015）、张少华等（2015），认为中国对外贸易的发展确实创造了大量机会，促进了就业，但产业升级相对缓慢，经济转型发展被凝固化的担心也是存在的。与以往研究相比，本部分以全要素生产率和劳动生产率切入，共同关注外贸发展对产业升级在经济效率方面的影响，从全国、省际、企业不同层面检验外贸对经济效率的影响。

6.2 基础模型设定与相关指标解释

6.2.1 基础模型设定

经济效率的提升是产业发展的重要驱动，是产业升级的直观体现。全要素生产率或劳动生产率是经济效率的指标代表，在开放经济条件下，对外贸易的发展，通过"干中学"、市场竞争、溢出效应等，在推动技术进步和产业升级上有着正向影响。Feder（1982）基于两部门模型的构建，发现全要素生产率在出口部门和非出口部门间是存在差异的，表明出口对生产率的影响是积极的。Herrendorf 等（2005）以垄断角度切入，检验了国际贸易壁垒的存在降低了全要素生产率。Amiti 等（2005）利用印度尼西亚制造业普查数据分析了贸易自由化对生产率的影响，认为低关税可以引起更激烈的进口竞争，这可以提高生产率，而更低成本的进口投入也可以通过学习、增加种类或质量效应来提高生产率。Jakob 等（2012）利用经合组织国家上百年的数据对技术进口和 TFP 间的关系进行了实证分析。诸多文献都反映了贸易对产业升级在经济效率方面的影响。现实中，"亚洲四小龙"创造了"东亚奇迹"，其中中国香港和中国台湾的经济增长历程里，全要素生产率增长的作用都比较大。中国改革开放四十年来，坚持对外开放的基本国策，坚持"走出去"与"引进来"相结合，已经融入世界经济发展的大潮中，对外贸易的发展对中国产业升级的经济效率方面到底有无影响？有必要运用中国及省际层面数据加以检验。本部分以经济效率视角切入，从贸易出口和进口两个方向同时探讨对外贸易对产业升级的影响。

以产业升级为核心，研究开放经济条件下贸易发展对经济效率的影响，在借鉴前人研究（许礼生等，2010；张扬，2014；李芳芳，2016；邢志平，2018）的基础上，将待检验的基础模型设置如下：

$$PP = \beta_0 + \beta_1 EX + \beta_2 IM + \beta_3 X + \varepsilon \qquad (6.1)$$

其中，PP 是产业升级在经济效率方面的表现，用全要素生产率或劳动生产率来代表，核心解释变量 *EX* 代表出口贸易，*IM* 代表进口贸易，控制变量为 *X*，*ε* 为随机扰动项。后续采用多样化的数据论证外贸对产业升级在经济效率方面的影响，在基础模型的样式上有针对性地予以调整。

6.2.2 相关指标解释

6.2.2.1 资本存量

在对全要素生产率进行估算时，必须考虑资本投入和劳动投入，而资本投入是指资本存量。关于资本存量，官方并未给出具体统计数据，只可进行估算。资本存量的估算是参考单豪杰（2008）的计算方法，采用永续盘存法（PIM，perpetual inventory method），式子为：

$$K_t = I_t / P_t + (1 - \delta) K_{t-1} \tag{6.2}$$

式（6.2）中 K_t 表示第 t 期资本存量，I_t 表示全社会固定资产投资总额，δ 表示折旧率。由于不同学者对基期资本、平减指数以及折旧率的选择不同，所以测算出的资本存量并不相同，在此，本书根据单豪杰的研究方法，以 1978 年为基期，用固定资产投资价格指数进行平减。由于固定资产投资价格指数在 1990 年之前是缺失的，所以用工业生产者出厂价格指数替代，折旧按 10.96% 计算，并对全国及各省份的历年资本存量予以估算，得到所需数据。

6.2.2.2 全要素生产率

产业升级在经济效率视域下可以体现为全要素生产率的变化，对于全要素生产率的估算，由于学者的数据来源及采用方法的差异，对全要素生产率的估算也存在相应差异。索洛余值法和数据包络分析法各有特点，省际层面的全要素生产率用 DEAP 软件测算的 Malmquist 指数表示。Malmquist 指数是一种非参数线性规划法与数据包络分析法理论相结合的方法，在诸多领域都可以进行生产效率的测算。Malmquist 指数由瑞典学者 Malmquist 在 1953 年提出，主要用于生产效率的测算，其表达式如下：

$$M_0(x_{t+1}, y_{t+1}, x_t, y_t) = \left[\frac{d_0^t(x_{t+1}, y_{t+1})}{d_0^t(x_t, y_t)} \times \frac{d_0^{t+1}(x_{t+1}, y_{t+1})}{d_0^{t+1}(x_t, y_t)} \right] \tag{6.3}$$

式 (6.3) 中, (x_{t+1}, y_{t+1}) 和 (x_t, y_t) 分别表示第 $t+1$ 期和第 t 期的投入和产出向量; d_0' 和 d_0^{t+1} 分别表示以第 t 期技术 T_t 为参照, 时期 t 和时期 $t+1$ 的距离函数。

6.2.2.3　劳动生产率

产业升级在经济效率视域下还可以体现为劳动生产率的变化, 前面全要素生产率属于系统综合生产率, 计算过程较为复杂。而劳动生产率属于以劳动作为投入要素衡量的生产率, 是单要素生产率, 与全要素生产率需要层层推算相比, 劳动生产率的计算相对简单。对于劳动生产率的估算方法, 在第 4 章已有介绍, 不再赘述。

6.3　基于全要素生产率的经济效率实证检验

6.3.1　全国层面的检验

6.3.1.1　具体模型设定

以基础模型为中心, 考虑全国层面的外贸发展对产业升级的影响, 在借鉴前人 (朱福林, 2010; 高静等, 2013; 吕大国等, 2015) 研究的基础上, 将模型设为:

$$PP_t = \beta_0 + \beta_1 PCHNUN_t + \beta_2 PEX_t + \beta_3 PIM_t + \beta_4 PFDI_t + \beta_5 PRD_t + \varepsilon_t \quad (6.4)$$

其中, PP_t 是以经济效率衡量的产业升级, 以全要素生产率 TFP 为代表, 此指标来自佩恩表, 是以不变的国民价格计算的全要素生产率 (1978 ~2014 年), 解释变量中 $PCHNUN_t$ 代表了我国与世界前沿国家全要素生产率相比的接近或者收敛程度。考虑到美国仍是世界技术前沿代表, 此模型采用中美全要素生产率的对比值来表示我国与前沿水平的接近程度, 其值越接近 1, 代表我国与世界前沿越接近。PEX_t 代表出口贸易依存度, PIM_t 代表进口贸易依存度, $PFDI_t$ 代表外商直接投资占 GDP 的比重, PRD_t 代表研发支出占 GDP 的比重, ε_t 为随机扰动项。

6.3.1.2　数据来源

文中用到的国内生产总值、人均 GDP、全国就业人口及三次产业就业人口、人民币对美元汇率、进出口货物总额、各省的就业人口等数据来自国家统计局官方网站、商务部数据中心以及各省、市、自治区的官方网站发布的公开数据资料。另外,中国的 *TFP* 和 *PCHNUN* 的数据来自宾夕法尼亚大学的佩恩表。

6.3.1.3 模型估计结果

从全国层面的数据来看,由于 *FDI* 占 GDP 的比重以及研发占 GDP 的比重,1994 年之前未有公布,只能就有限的数据进行线性回归,较为粗略地探寻开放经济条件下,外贸发展对产业升级的经济效率方面的影响,模型估计结果如表 6 - 1 所示。

表 6 - 1　全要素生产率全国层面回归结果

PP	回归结果（1）		回归结果（2）	
	Coef.	t	Coef.	t
PEX	0.3889429 **	2.64	1.321455 ***	3.85
PIM	- 0.6078049 ***	- 3.73	- 0.7801583 *	- 1.86
PCHNUN	1.479192 ***	10.77	2.169285 ***	9.32
PFDI	1.404376	1.37	—	—
PRD	0.1527907 ***	4.69	—	—
_ cons	0.1030318 *	1.81	- 0.1269538 *	- 1.89
R - squared	0.9957		0.9225	

注: ***、**、* 分别表示在 1%、5%、10% 的水平下显著。

回归结果（1）中,出口贸易发展对全要素生产率的提升有正向促进作用,其系数在 5% 的水平下显著。进口贸易发展对全要素生产率的提升有反向作用,该系数在 1% 的水平下显著。外商直接投资的影响并不显著,于是接下来的模型只保留核心解释变量再次检验。回归结果（2）中,出口贸易发展对全要素生产率的提升有正向促进作用,其系数在 10% 的水平下显著,进口贸易发展对全要素生产率的提升有反向作用,该系数在 10% 的水平下显著,且其绝对值要比出口贸易的系数要小。由于回归涉及解释变量不同,系数差异是自然现象,在省际层面可进一步深入分析。

回归结果（1）和回归结果（2）中都有与世界前沿国家的全要素生产

率相比接近程度的变量 PCHNUN，其系数均为正值，在众多解释变量中是最显著的，且其系数值与其他解释变量的系数值相比是最大的，表明与世界前沿越接近，经济效率也就越高。回归结果（1）中的外商直接投资对经济效率的影响虽为正，但不显著，而研发支出对经济效率的影响系数为正值，且在 1% 的水平下显著，表明研发对经济效率有积极影响。总之，开放经济条件下，全国层面的数据印证了外贸对产业效率的影响是存在的，且出口贸易的发展有利于促进经济效率提升。

6.3.2　省际层面的检验

6.3.2.1　省际层面实证检验

以前面基础模型为铺垫，继续在省际层面考察贸易发展对产业升级在经济效率方面的影响，参考关兵（2010）、迟旭蕾（2014）的研究，将模型设为：

$$PP_{it} = \beta_{0\,i} + \beta_1 PEX_{it} + \beta_2 PIM_{it} + \beta_3 PFDI_{it} + \beta_4 PRD_{it} + \beta_5 GGDP_{it} + \varepsilon_{it} \quad (6.5)$$

和前文类似，PP_{it} 仍是以经济效率衡量的产业升级，以全要素生产率为代表，在全国层面分析时，由于佩恩表中有全要素生产率相关数据，不需自行计算，可直接使用，用其替代经济效率。在做省际层面分析时，必须自行推算经济效率，前面提到索洛余值法和数据包络分析法，都需要在资本存量层层推算，本部分内容根据研究需要，选用了数据包络分析的测度方法。由于非参数 Malmquist 指数不涉及对生产函数进行先验性的假定，也不涉及投入产出的价格等信息，作为产业升级经济效率层面的代表是可行的。其他解释变量依次为：PEX_{it} 代表出口贸易依存度，出口贸易数据用人民币对美元年平均汇率进行处理后再除以地区生产总值，将数据变为相对数；PIM_{it} 为进口贸易依存度，数据处理同出口贸易依存度；$PFDI_{it}$ 代表外商直接投资与地区生产总值之比，PRD_{it} 代表研发支出占地区生产总值的比重，由于研发支出在省际层面的数据不完整，故用技术合同成交额代表研发支出；$GGDP_{it}$ 表示各省份地区生产总值的增长率；ε_{it} 为随机扰动项。基于数据公布、收集与整理的情况，选择实证检验时期为 1997～2016 年，共计 20 年的面板数据，对其进行回归分析，具体实证结果如表 6-2 所示。

表 6 - 2　全要素生产率省际层面回归结果

PP	回归结果（3）		回归结果（4）	
	Coef.	t	Coef.	t
PIM	- 0.1867905 **	- 2.06	- 0.1776031 **	- 2.04
PEX	0.2584968 ***	3.14	0.2702732 ***	3.42
PFDI	0.3253361	1.57	—	—
PRD	- 0.0330769	- 0.64	—	—
GGDP	0.4519456 ***	3.7	0.4289288 ***	3.56
_ cons	0.9454754 ***	64.37	0.9523776 ***	70.93
Prob > F	0.0000		0.0000	

注：*** 、 ** 、 * 分别表示在1%、5%、10%的水平下显著。

从表 6 - 2 来看，省际层面的产业升级与进出口贸易的关系与全国层面有些相似，出口依存度对全要素生产率的影响系数为正，且在1%的水平下显著。进口贸易依存度对全要素生产率的影响系数为负，在5%的水平下显著，且系数绝对值小于出口贸易的系数绝对值，这表明总体上进出口贸易对全要素生产率均有影响，综合考量这种影响为正向的积极效果。

再观察控制变量，外商直接投资和研发支出对全要素生产率的影响不显著，而当地的生产总值增长率对效率提升起着较为明显的正向促进作用，在众多影响因素中是最明显的，系数为正，系数值较大且在1%的水平下显著。

6.3.2.2　东部、中部、西部及东北地区层面实证检验

为了进一步探索效率变化的内在规律，分区域再次考察贸易发展对产业效率的影响，具体分类如下：东部地区包括北京、河北、山东、上海、天津、福建、广东、海南、江苏、浙江；中部地区包括安徽、江西、河南、湖北、湖南、山西；西部地区包括甘肃、广西、贵州、内蒙古、青海、宁夏、四川、陕西、西藏、重庆、新疆、云南；东北地区包括辽宁、吉林、黑龙江。实证分析中因西藏数据缺失较多，实际用到是30个省份的数据。表 6 - 3 提供了分区域的模型估计结果。

表 6 - 3　全要素生产率区域层面回归结果

PP	东部	中部	西部	东北
	（5）	（6）	（7）	（8）
PIM	—	—	—	- 1. 222193 （ - 1. 18）
PEX	0. 1305944 *** （3. 12）	1. 203916 *** （4. 68）	0. 2739269 ** （2. 25）	1. 408841 * （1. 90）
PFDI	0. 4945512 *** （2. 71）	- 2. 068413 *** （ - 3. 30）	—	—
PRD	—	- 0. 1414746 ** （ - 2. 34）	—	—
GGDP	—	0. 4480667 * （1. 71）	0. 7582776 *** （5. 08）	—
_ cons	0. 9754834 *** （61. 64）	0. 9177733 *** （3. 48）	0. 9096412 *** （23. 62）	0. 9982061 *** （4. 58）
Prob ﹥ F	0. 0000	0. 0000	0. 0000	0. 0000

注：***、**、* 分别表示在 1%、5%、10% 的水平下显著，括号内为 t 统计量。

对分区域省际层面数据进行回归，在诸多回归模型中选择拟合效果最好的模型，结果显示如下。东部地区进口贸易依存度对全要素生产率的影响在统计意义上不显著，出口贸易依存度对全要素生产率有积极推动作用，其系数为 0. 1306，在四个区域中贡献是最小的，这个结果跟东部省份经济较为发达，而且是外商直接投资的主要领地有关。外商直接投资在四个区域中仅东部地区系数为正，在 1% 水平下显著，带动作用最为明显，这与经济的现实分布状态相符。而研发支出、地区生产总值增长率等其他变量在推动全要素生产率方面的作用在统计意义上不显著。中部地区，贸易出口依存度对全要素生产率的影响系数为正，外商直接投资和研发支出的影响为负，也许和中部地区在这方面投入比例较低有关，地区生产总值增长率会促进全要素生产率增长，其系数为 0. 4481，在 10% 的水平下显著。西部地区全要素生产率主要和当地生产总值增长率和出口贸易依存度有关，二者的系数均为正值，其中地区生产总值增长率的系数为 0. 7583，在 1% 的水平下显著，在四个地区中属于促进作用最明显的，出口贸易依存度对全要素生产率的影响系数是 0.2739，在 5% 的水平下显著，说明对外贸易发展对西部地区有积极意义。对于东北地区，多年的"振而不兴"在数据上表现为，外商直接投资、研发支出、生产总值增长率等变量对全要素生产率的影响在统计意义上均不显著，只有出口贸易依存度在 10% 的水平下显著。

　　总体上看，对外贸易发展对全要素生产率的影响，无论在全国层面、省际层面，还是区域层面，都存在正向积极的促进作用，而进口在区域层面对全要素生产率的影响是不显著的，在全国及省际层面有不同程度的负向影响。整体而言，出口贸易的推动作用大于进口的影响，对外贸易发展对全要素生产率的影响是正向的。

6.4　基于劳动生产率的经济效率实证检验

6.4.1　全国层面的检验

6.4.1.1　具体模型设定

　　推动经济转型升级，实现经济提质增效，劳动生产率的持续改进是关键。劳动生产率代表了社会生产力的发展水平，体现了资源配置效率的改善和技术进步的成果等。随着我国对外开放水平的提高，对外贸易也助推生产者不断学习和接受新的生产技术方式，适应新工艺流程，伴随企业生产经营及管理方式的改进，资源配置的范围和方式不断优化，劳动生产率会相应提升。

　　本书在全国层面分析外贸发展对劳动生产率的影响时，劳动生产率用可比价的国内生产总值除以就业人员数，考虑到各指标数据的完整性，尽可能采用较为齐全的时间区间，本部分用 1988～2017 年共计 30 年的时间序列数据进行分析。涉及指标有实际利用外资金额、初级产品出口额、工业制品出口额、初级产品进口额、工业制品进口额等，用美元对人民币平均汇率进行换算。考虑到外商直接投资及研发对经济效率的影响，参考裴长洪（2006）、王瑜（2009）、杨超等（2018）的研究，将模型设为：

$$LP_t = \beta_0 + \beta_1 EX\_CJ_t + \beta_2 EX\_CP_t + \beta_3 IM\_CJ_t + \beta_4 IM\_CP_t + \beta_5 FDI_t +$$

$$\beta_6 RD_t + \beta_7 SEX_t + \beta_8 SIM_t + \varepsilon_t \qquad (6.6)$$

和前文类似，LP_t 是以经济效率衡量的产业升级，以劳动生产率为代表；EX_CJ_t 代表初级产品出口额；EX_CP_t 代表工业制品出口额；IM_CJ_t 代表初级产品进口额；IM_CP_t 代表工业制品进口额；FDI_t 用实际利用外资金额衡量；RD_t 以技术合同成交额代表研发支出；SEX_t 代表服务贸易出口额；SIM_t 代表服务贸易进口；ε_t 为随机扰动项。模型的因变量是劳动生产率，能够反映产业升级在经济效率方面的相对强度，其变化是否会受到各种不同类型的对外贸易形式的影响，解释变量从进出口两个方面都进行了考虑，重点考察不同贸易类型对经济效率的影响方向。

6.4.1.2　模型估计结果

与前面全要素生产率是无名数相比，劳动生产率是有名数，模型中的解释变量也选用初级产品、工业制品、服务贸易、实际利用外资金额等有名数，并全部换算成人民币进行模型估计。外贸对劳动生产率在全国层面的回归估计结果如表 6 - 4 所示。

表 6 - 4　劳动生产率全国层面回归结果

PP	回归结果 (9)		回归结果 (10)	
	Coef.	t	Coef.	t
EX_CJ	- 0. 4996836 ***	- 4. 24	—	—
EX_CP	0. 4339276 ***	3. 95	0. 7143315 ***	3. 51
IM_CJ	0. 2995731 ***	5. 61	0. 5706381 ***	4. 97
IM_CP	0. 1320156	1. 23		
FDI	1. 593159 ***	6. 27		
RD	3. 830383 ***	4. 72	—	—
SEX	1. 560228 ***	2. 92	2. 286232 ***	4. 36
SIM	1. 128093 *	1. 97	1. 183063 ***	24. 92
_ cons	4969. 012	5. 6	1827. 776	4. 37
R - squared	0. 9989		0. 9966	

注：***、**、* 分别表示在 1%、5%、10% 的水平下显著。

回归结果（9）、（10）中是在开放经济中考察诸多变量对产业升级在劳动生产率上的影响。回归结果（9）中，初级产品出口对劳动生产率影响为负，且在1%的水平下显著，表明贫困式增长的问题在初级产品出口领域是存在的。当发达国家依靠对国际市场的有利地位，实行不等价的谈判与交易时，可能致使初级产品领域出口贸易对劳动生产率的影响是负面的。工业制品的出口对劳动生产率的影响为正，随着对外开放的扩大，很多工业产业从初级走向成熟，劳动生产率也得以提升；进口初级产品对劳动生产率的影响为正，进口初级产品一定程度上缓解了行业生产的要素短缺问题，对于生产正常运转起到助推作用。进口工业制品对劳动生产率的影响为正，但是却不显著；研发支出和外商直接投资对劳动生产率的影响均值为正且在1%的水平下显著，从系数绝对值看，研发支出比外商直接投资对劳动生产率的影响更大一些。服务贸易出口对劳动生产率的影响为正，且在1%的水平下显著，服务贸易出口比服务贸易进口对劳动生产率的影响稍大些。回归结果（10）中，若仅考虑货物贸易和服务贸易，除初级产品出口和工业制品进口影响不显著外，其余解释变量均在1%的水平下显著，其系数符号方向与前面实证也一致。总之，开放经济条件下，全国层面的数据印证了货物贸易和服务贸易对劳动生产率的影响是存在的，鼓励初级产品进口以及工业制品出口都有利于促进劳动生产率的提升，发展服务贸易也有利于促进劳动生产率的提升。

6.4.2 省际层面的检验

6.4.2.1 省际层面回归结果

以前面基础模型为铺垫，继续在省际层面考察对外贸易发展对产业升级在经济效率方面的影响，考虑各省份数据的完整性和有效性，参考丁溪等（2015）、李芳芳（2016）、石峰等（2018）的研究，将模型设为：

$$LP_{it} = \beta_{0i} + \beta_1 EX_{it} + \beta_2 IM_{it} + \beta_3 FDI_{it} + \beta_4 RD_{it} + \beta_5 GDPM_{it} + \varepsilon_{it} \quad (6.7)$$

与前面相似，LP_{it}是以经济效率衡量的产业升级，以劳动生产率为代表；EX_{it}代表各地区贸易出口，其数据用人民币对美元年平均汇率进行处理；IM_{it} 为各地区贸易进口，数据处理同贸易出口；FDI_{it} 代表各地区外商直接投资，RD_{it} 为用各地区技术合同成交额代表的研发支出；$GDPM_{it}$ 表示各省份地区生产总值在国内生产总值中的占比，即表示经济的相对规模；ε 为随机扰动项。鉴于数据来源，本书将实证区间选为 1997～2016 年，整理出 20 年的面板数据，由于西藏数据缺失较多，在实证检验时采用了 30 个地区的数据。

表 6 - 5　劳动生产率省际层面回归结果

PP	回归结果（11）		回归结果（12）	
	Coef.	t	Coef.	t
IM	0. 0180001 **	2. 14	0. 0205725 **	2. 47
EX	- 0. 0119499 **	2. 08	- 0. 0109429 *	- 1. 89
FDI	0. 0815106 **	2. 14	—	—
RD	0. 1301523 ***	4. 07	0. 1104659 ***	3. 49
GDPM	69. 22793 ***	2. 94	—	—
_ cons	51. 5207	0. 65	296. 4239	31. 7
Prob > F	0. 0000		0. 0034	

注：***、**、* 分别表示在 1%、5%、10% 的水平下显著。

表 6 - 5 显示，省际层面的产业升级与进出口贸易的关系如下。贸易进口对劳动生产率的影响为正，而贸易出口对劳动生产率的影响为负，这也许是因为各省份经济差异比较明显，而在出口方面与预期差异较大，因此有必要进行归类，在区域层面做进一步的区分。其他控制变量，外商直接投资和研发支出对经济效率的影响有积极作用，而经济的相对规模在众多影响因素中影响是最明显的，说明各省份劳动生产率与经济规模在全国中的占比密切相关，经济越发达，在全国份额中的比重越高，经济规模带来的效率变化越明显。GDPM 系数值为正，系数值较大且在 1% 的水平下显著。结合以上解释变量及其系数，出口系数绝对值小于进口贸易的系数绝对值，表明总体上进出口贸易对劳动生产率有影响，综合考量这种影响为积极作用。

6.4.2.2　东部、中部、西部及东北地区层面实证检验

为了进一步探究不同区域出口贸易对劳动生产率的影响，有必要像前

文一样将全国分为东部地区、中部地区、西部地区和东北地区。表6-6提
供了分区域回归结果。

表6-6 劳动生产率区域层面回归结果

PP	东部地区 (13)	中部地区 (14)	西部地区 (15)	东北地区 (16)
IM	0.0222795 ***	0.1266361 ***	—	0.4705881 ***
	(4.18)	(5.32)		(4.56)
EX	-0.0125406 **	—	0.0577169 *	-0.3722136 ***
	(-2.45)		(1.74)	(-5.55)
FDI	—	—	—	-0.2556217 **
				(-2.38)
RD	0.1400738 ***	0.3256621 **	-0.5995347 ***	-2.394386 ***
	(3.67)	(2.31)	(-3.38)	(-2.82)
GDPM	51.85196 *	249.2979 ***	227.5164 ***	-304.9778 ***
	(1.84)	(4.11)	(4.60)	(-3.67)
_ cons	-0.8953254	-597.521	-53.1302	1250.591
	(-1.61)	(0.29)	(-0.42)	(0.32)
Prob > F	0.0000	0.0000	0.0000	0.0000

注：*** 、** 、* 分别表示在1%、5%、10%的水平下显著，括号内为t统计量。

进口贸易在东部、中部、东北地区的影响为正且在1%的水平下显著，
在西部地区影响不显著。出口贸易在西部地区影响为正，在中部地区影响
不显著，在东部、东北地区的影响也较为异常。其他控制变量，如外商直
接投资在东、中、西部均不显著，而在东北地区反而有负向影响，也许与
东北经济相对"振而不兴"有关。研发支出在东部和中部地区对劳动生产
率为正向影响，而在西部、东北地区影响为负。经济的相对规模在东部、
中部、西部地区影响均为正，在中部地区的影响较为突出，而东北地区影
响为负，也与东北地区在全国经济中的走势有关。

总之，省际层面数据检验了进出口贸易对劳动生产率的影响，总体来
看，进口贸易对劳动生产率的影响为正，而出口贸易表现不同，在不同地
区对劳动生产率的影响是不同的，西部为正向影响，而东部为负向影响，

这也许与东部地区出口贸易中含有较高的加工贸易有关。由于各省份的加工贸易数据未公布，在劳动生产率这一角度的验证上就显得较为粗糙。为了进一步探究这个问题——出口贸易对劳动生产率的影响是否真的为负。接下来，采用微观数据进行再检验，以期为上述问题做一微小补充。

6.5　基于微观数据的稳健性检验

6.5.1　模型设定与数据处理

考虑到不同企业规模对出口的影响，在模型选择上，参考 Hansen（1999、2000）的门槛模型，面板门槛模型一方面通过数据本身确定门槛值和置信区间，避免了人为主观干扰，另一方面，利用自举法（bootstrap）多次抽样，概括出渐近分布及门槛值统计意义上的显著水平。参考邵敏（2012）、迟旭蕾（2014）、邢志平（2018）的研究，此处将模型设立为：

$$y_{it} = u_i + \beta_1 ex_{it} I(q_{itj} \leq \gamma_j) + \beta_2 ex_{it} I(q_{itj} > \gamma_j) + e_{it} \tag{6.8}$$

式（6.8）中 i 表示样本观测值个体，其取值范围是 $1 \leq i \leq N$，t 表示观测时间，其取值范围是 $1 \leq t \leq T$，y_{it} 是被解释变量，ex_{it} 是解释变量，$I(\cdot)$ 是示性函数，e_{it} 为随机扰动项。y_{it} 表示企业经济效率，是产业升级在经济效率上微观层面的代表，解释变量为企业出口交货值与工业销售产值的比例 ex_{it}。门槛变量为企业规模 q_{itj}，$j = 1$、2、3，当 $j = 1$ 时，用工业总产值的对数 $\ln p_{it}$ 表示企业规模；当 $j = 2$ 时，用资产总值的对数 $\ln k_{it}$ 表示企业规模；当 $j = 3$ 时，用全部职工数的对数 $\ln l_{it}$ 来表示企业规模。

在微观数据层面分析贸易发展对经济效率的影响时，考虑到工业企业相比农业、服务业在投入产出及企业效率方面的典型性，微观层面选用工业企业数据进行验证。本书选用了 1998~2009 年连续经营且有出口贸易行为的 3651 家企业，选择时期恰含中国加入世贸组织后，对外贸易蓬勃发展时，此期间贸易行为具有代表性，可用来分析对外贸易对产业升级在微观层面企业经济效率的影响。另外，遇到部分企业的全部职工数量指标值缺失时，用年末从业人员代替。工业企业数据中在贸易方面仅涉及出口交货值，因此，本部分主要验证工业企业出口贸易发展对企业经济效率的影响。

6.5.2 变量的平稳性检验

面板门槛模型一般要求各个变量是平稳的，因此，在实证分析之前先要对各个变量进行平稳性检验，即面板单位根检验。常见的检验方法有 LLC、IPS、HT、Breitung、Fisher - ADF、Fisher - PP 等，其中 LLC、HT、Breitung 是同根检验，IPS、Fisher - ADF、Fisher - PP 是异根检验。由于各检验方法未完全统一，可通过多数检验结果综合确定平稳性情况。本部分在同根和异根检验中各选两种方法进行检验，如多数拒绝存在单位根的原假设，则可以认为序列是平稳的，反之则不平稳。

表 6 - 7　单位根检验

变量	LLC 检验	IPS 检验	HT 检验	Fisher - ADF	结果
Y	$-2.4e+02$ ***	-27.0837 ***	-47.8560 ***	214.4666 ***	平稳
ex	$-3.3e+02$ ***	-14.8687 ***	-59.8325 ***	206.1834 ***	平稳
$\ln p$	$-3.4e+02$ ***	-15.1681 ***	-10.6504 ***	267.7823 ***	平稳
$\ln k$	$-3.1e+02$ ***	-13.8612 ***	-9.8111 ***	312.1814 ***	平稳
$\ln l$	$-2.6e+02$ ***	-12.6997 ***	-36.6239 ***	312.1930 ***	平稳

注：***、**、* 分别表示在 1%、5%、10% 的水平下显著。

根据表 6 - 7 检验结果看，所有变量以 1% 的显著性水平拒绝了原假设，变量是平稳的，满足面板门槛模型的平稳性要求。

6.5.3 稳健性检验

通过对解释变量进行内生性检验，由于门槛估计值不再满足标准正态分布，依据自举法得到渐近分布，运用 STATA 软件 BS 抽样 500 次，计算门槛值的统计显著性及其临界值，得到结果如表 6 - 8 所示。

从表 6 - 8 中可以看出，出口会受到企业规模的制约而对企业经济效率产生影响。工业企业中，工业总产值、资产总值的双重门槛能够满足统计检验的要求，而全部职工数这一变量无论单一门槛抑或双重门槛都不满足相关的统计检验。这一结论在孙晓华等（2012）的研究中有所体现，邢志平（2018）通过出口学习效应，也验证了类似结论。

表 6 - 8　门槛效应检验

变量	门槛类型	门槛值	F 值	Crit10	Crit5	Crit1
$\ln p$	Th - 1	10.0432	2957.54***	80.5925	92.7349	103.1734
	Th - 21	9.8295	1357.13***	41.02	48.089	61.8795
	Th - 22	11.0778	1357.13***	41.02	48.089	61.8795
	Th - 3	9.1701	564.27	681.7477	727.8813	810.5436
$\ln k$	Th - 1	9.5922	443.06***	168.0352	185.5333	207.5179
	Th - 21	8.4921	304.91***	146.5814	162.7341	188.3561
	Th - 22	10.0254	304.91***	146.5814	162.7341	188.3561
	Th - 3	10.8739	127.98	199.4265	219.5772	246.2364
$\ln l$	Th - 1	3.3673	49.91	84.4449	95.2661	114.3635
	Th - 21	3.3673	37.44	51.3755	55.815	67.8223
	Th - 22	6.0521	37.44	51.3755	55.815	67.8223
	Th - 3	7.0588	21.33	56.1694	63.2534	72.6311

注：***、**、*分别表示在 1%、5%、10% 的水平下显著。

利用双重门槛进行模型估计之后，得到表 6 - 9。

表 6 - 9　双重门槛效应回归结果

门槛变量	门槛类型	解释变量	t 统计量	F 统计量
$\ln p$	$\ln p \leqslant \gamma_1$	-0.4607076***	-24.09	
	$\gamma_1 < \ln p \leqslant \gamma_2$	-0.0840082***	-4.82	1119.82***
	$\ln p > \gamma_2$	0.3133121***	17.46	
$\ln k$	$\ln k \leqslant \gamma_1$	-0.0849147***	-4.36	
	$\gamma_1 < \ln k \leqslant \gamma_2$	0.0927368***	4.73	196.37***
	$\ln k > \gamma_2$	-0.2216954***	-11.46	
$\ln l$	$\ln l \leqslant \gamma_1$	-0.0910124***	0	
	$\gamma_1 < \ln l \leqslant \gamma_2$	-0.030789	0.127	26.95***
	$\ln l > \gamma_2$	0.0463786*	0.06	

注：***、**、*分别表示在 1%、5%、10% 的水平下显著。

企业规模除用全部职工人数表示之外，其余变量工业总产值、资产总值都会以门槛形式影响解释变量对被解释变量的影响。从工业总产值看，若规模较小时，出口会制约企业经济效率，而随着企业规模的扩大，其抑制作用会减少。这一点和资产总值的门槛效应较为相似，主要是当企业规模较小时，对海外市场的开拓成本较高，出现了规模不经济的现象，因此对企业经济效率的影响为负；随着海外市场渐渐成熟、企业规模逐渐扩大，规模经济的外部性逐渐显露，此时出口对企业经济效率的影响为正向促进作用。显然表6-9中的门槛效应还反映出，若从产出角度看门槛效应，规模越大正向促进效果越好；若从投入角度看门槛效应，门槛规模应适度，并非越大越好。理性企业在实际经营中一般会选择合适的规模，总体上看，出口越多越能促进企业经济效率提升。上文中提到的省际层面对劳动生产率检验的担心，用微观数据再检验得以解除，出口对经济效率是有促进作用的。

6.6 经济效率视角下对外贸易对产业升级影响的结论

改革开放以来，中国利用自身优势，抓住对外开放和经济全球化的机会，在市场机制、溢出效应、关联效应及国际竞争等作用下，带动国内产业不断发展，贸易发展与全球市场联动，扩大了资源配置的范围，促进了经济效率的变化。通过前面实证分析，贸易发展对产业升级在经济效率层面的影响结论如下。

第一，全国层面上，从全要素生产率来看，中国与世界前沿的全要素生产率越接近，其经济效率也就越高，故出口贸易的发展有利于促进全要素生产率的提升。从劳动生产率来看，初级产品出口对劳动生产率影响为负，而鼓励初级产品进口以及工业制品出口都有利于促进劳动生产率的提升，发展服务贸易也有利于促进劳动生产率的提升。

第二，省际层面上，从全要素生产率来看，出口贸易依存度对全要素生产率的影响系数为正，进口贸易依存度对全要素生产率的影响系数为负，进口贸易绝对值小于出口贸易的影响。进一步的，分区域而言，东部、中部、西部及东北地区进出口贸易对全要素生产率的影响不完全相同，总体上出口贸易的推动作用大于进口贸易的影响，贸易发展对全要素生产率的影响是正向的。从劳动生产率来看，进口贸易对劳动生产率的影响为正，而出口贸易对劳动生产率的影响为负，与常规想象有所差异。进一步的，进口贸易对东部、中部、东北地区的影响为正且显著，在西部地区影响不显著；出口贸易在西部地区为正向影响，而东部地区为负向影响，这也许与东部地区出口贸易中含有较高的加工贸易有关。由于各省份加工贸易数据未公布，为了寻求更多依据，利用微观数据进行了出口贸易对经济效率影响的再检验。

第三，企业层面上，利用工业企业数据进行面板门槛的再检验，发现当企业规模较小时，出口贸易对企业经济效率的影响为负，会出现规模不经济的现象；随着企业规模的扩大，出口对企业经济效率的影响为正，规模经济的益处逐渐显现。从产出角度看门槛效应，规模越大正向促进效果越好；从投入角度看门槛效应，并非规模越大越好，而是需要适度规模。现实中，理性企业会选择适度规模，因此，可以说出口贸易对企业经济效率提升是有积极意义的。

综上，经济效率的提升一直是产业发展的重要驱动，更是产业升级的直观显现。本章采用大量数据建立计量模型，进行回归分析，以对外贸易对经济效率的影响为切入点，从全国层面、省际层面对全要素生产率和劳动效率进行实证分析，并利用微观数据进行再检验，证明了对外贸易对经济效率的影响是积极的，当然，不同区域是有所差异的，在省际层面和区域层面差异较大，在企业层面，出口贸易对经济效率的影响也是积极的。这一结论与上一章结构演进视角相结合，是产业升级在经济效率方面的有效补充，结构演进与经济效率是产业升级经常提及的两个方面，即结构的改善和效率的提高。一国经济要健康发展，既需要有较高的产业层次，也要有较高的经济效率。当然，开放经济环境下的产业升级，还涉及国际竞争与增值能力的提升，这将在后面两章中一一论证。

第7章 产品空间视角下对外贸易对产业升级影响的实证分析

前面两章是从产业升级的结构演进视角和经济效率视角进行分析的。开放经济环境下，产业升级在国际市场上还表现为以显示性比较优势为代表的国际竞争力的提升。产业升级通过一国生产能力的不断积累，并伴随比较优势的不断演化而成长。对外贸易中，具有显示性比较优势的产品数量越多，在国家层面就越有竞争优势和升级潜力，一国产业升级状况可以通过显示性比较优势的变动刻画出来。本章首先介绍了产品空间视角下对外贸易影响产业升级的特征，然后利用中国商品贸易进出口层面的数据进行实证检验，利用产品空间理论探讨外贸发展对产业升级在国际竞争方面的影响。

7.1 产品空间视角下对外贸易影响产业升级的特征

第一，一般贸易的发展态势揭示了产业竞争力增强的事实。相比过去的一窝蜂式粗放模式，近年来的数据显示，我国产业链长、所含国内要素增加值高的一般贸易出现持续增长，这意味着我国外贸国际竞争能力进一步增强。2012 年，中国一般贸易出口额为 9879 亿美元，占出口总额的 48.2%；2017 年的一般贸易出口额为 12300.8 亿美元，占出口总额的 54.3%；2018 年，一般贸易出口额为 14009.9 亿美元，比上年增长 13.9%，一般贸易出口占比不断增长，达到 56.3%。这个变化趋势代表了中国出口产品逐渐获得了国际市场的认可。第 4 章中提到的显示性比较优势也给出了数据支持，升级成功的产品比例比升级失败的比例高出 11.97%，升级成功的有 279 类产品，总体上具有国际市场竞争力的产品已经超过半数。从贸易伙伴看，中国对外贸易伙伴有 60% 以上是发达国家，它们对出口产品质量、环保标准、安全标准、社会责任等要求较为严格。

在国际市场需求的引导下，不少中国出口企业主动适应国际市场需求变化，增加研发投入，进行技术升级和改造，引进 ISO9000 国际质量标准，通过 ISO14000 等环保标准认证，在某种程度上也推进了中国产业转型升级和产品国际竞争力的提升。

第二，外贸产品的空间邻近效应可以降低产业升级的风险。产品越邻近则外贸产品跳跃转型越容易。产品是要素综合禀赋的载体，各产品背后所蕴含禀赋若是较为接近，在生产经营中就容易相互转换，产业升级就不易中断。各国贸易产品在激烈的国际竞争中，向更加多元化的空间发展，产品间越邻近，转移跳跃的束缚越少，产业升级就较为平顺。在实践中，微观主体企业往往根据邻近效应选择多元化战略，以降低多元化风险，这与产品视角下的产业升级有相似之处。当前，中国对外贸易规模已位居世界第一位，产品种类非常丰富，部分产品在国际市场上竞争力也强。在巩固贸易地位、打造贸易强国的路途上，选择比较优势的遵循抑或偏离是产业升级不可回避的问题，张其仔（2008）、邓向荣等（2016）、马海燕等（2018）认为产业升级并非完全违背或完全遵循比较优势，张亭等（2017）、张美云等（2018）对不同国家的比较优势、产品空间进行横向对比，继而提出产业升级的不同策略。当然，对于产品空间视角下的产业升级问题，要放在全球产品空间的大背景下进行分析，本章将构建产品种类更加全面的全球产品空间，并与他国进行比较，以检验对外贸发展对产业升级有何影响。

7.2　产品空间及相关指标解释

7.2.1　产品空间

产品空间借用图论中的相关理论和方法，将对外贸易领域产品间的转换与迁移能力，通过网络关系展示出来。产品本身既是各种显性生产要素的集合，也是各隐性知识的载体，通过产品在市场上实现的惊险一跃，产品背后"黑箱"包含的"所有显性和隐性"的人力、资本、管理、制度、文化等综合生产能力禀赋等都会展现出来。虽然产品与产品之间是异质的，但它们在生产上也存在一定的替代性，这意味着产品之间存在相似的地方，只是距离远近的问题。^① 国际市场通过市场机制及国际竞争，逐渐形成稳定的产品空间，依据产品间的相似性（或距离）及空间分布，可以计算出对应的概率集合。

由于产品间转换能力并不相同，既有生产能力能否转型升级生产新的产品，受既有能力高低及转换距离的制约。因此，产业升级建立在综合生产能力的不断积累的基础上，是延续还是偏离既有比较优势，可以通过产品空间分布及产品密度进行判断。

在抽象空间里，产品空间的基本元素即为产品相似性（或距离）。在构建产品空间时，必须构建一个相对客观的范围，使产品空间具有一定稳定性与可靠性。产品相似性表现在概率集合的变动上，基于产品空间的"网络观"，结合产品间的相似关系，构建"全球产品"的相似性矩阵。全球市场竞争力与产品间网络特征相互交织，开启了产业升级研究的新视角。产品之间的距离越近、越相似，产品间转换成本就越低，既有和潜在综合生产能力禀赋就越强，产业升级就越顺利，尤其是对产业关联度高、带动力强的核心产业而言更为重要。

当然，不同国家的产品空间是异质的，产品间的疏密程度及跨越距离并非均等，未来发展前景也各不相同。从全球产品空间来看，如果一种产品能够在很多国家生产，就说明它具有普遍性；一国能生产的产品种类越多，就越具有多样性。一个经济体能够生产的产品越多样化且普遍性越低的话，其产品空间蕴含的能力禀赋就越强，在国际竞争中越有竞争力。"高多样性与低普适性"也可以被视为产品的复杂性，复杂产品需要的能力禀赋更具专业性，在社会网络需要嵌入更多的知识，这代表其产品间转换升级的能力更强。

7.2.2 相关指标解释

7.2.2.1 产品间的邻近度

产品间的邻近度（proximity）可以用来衡量产品与产品之间的邻近距

---

① 相似性暗含产品距离的远近，距离越近，产品越相似；反之，距离越远，产品异质性越突出。

离。选择两类具有显示性比较优势的产品，且在某一国家中能同时生产，若具备同样生产能力的国家越多，则这两类产品生产所暗含的生产能力就越相似，产品间的距离就越邻近，实现产品间升级的跨越难度就会越低，反之则升级的可行度就会降低。

在世界贸易产品篮子中，不同国家生产与进出口的产品都有差异，产品间的邻近度是以两类产品在某国同时具有比较优势的共同发生概率来测度。其具体公式为：

$$\phi_{i,j} = \min\{p(Y_i \mid Y_j), p(Y_j \mid Y_i)\} \tag{7.1}$$

$\varphi_{i,j}$ 反映了两类产品同时具有显示性比较优势的可能性，鉴于条件概率 $p(Y_i \mid Y_j)$ 与 $p(Y_j \mid Y_i)$ 并不对称，也不相等，考虑到现实中产品间转换的条件苛刻性以及学术的严谨性，此处选择条件概率较小的值作为产品间邻近度的刻画。通过计算全世界任意两种产品间的邻近度，就可以看到全球产品空间结构及产品间的距离远近。

7.2.2.2　产品密度

在衡量一国产业升级的能力禀赋时，产品密度（density）是常用的指标。产品密度直接影响某国在产业升级过程中能够跳跃的距离，即它衡量了某国生产既有产品 i 与潜在产品 j 之间的能力禀赋差异，表达了"猴子在森林中跳跃，从一棵树到另外一棵树所能达到不同距离的能力"。产品密度指标值越大，"跳跃"的过程中可以选择的"树木"就越多，意味着既有产品升级和向潜在产品转型发展的概率就越高。简单而言，产品密度的大小代表某种产品迁移转型的能力。如果具有显示性比较优势的产品其产品密度大，暗含的生产要素禀赋能力就强，则它不但能支撑更多潜在优势产品的开发，而且能强化现有优势产品的升级，就会对产业的跨越发展起到主导作用。产品密度的具体公式为：

$$\omega_{c,i} = \frac{\sum_j Y_{c,j} \phi_{i,j}}{\sum_j \phi_{i,j}} \tag{7.2}$$

其中 $\omega_{c,i}$ 为 c 国 i 产品的产品密度；$Y_{c,j}$ 为 c 国 j 产品是否具有显示性比较优势的逻辑值，以 1 为临界值进行判断，具有则为真，取值为 1，否则取值为 0；$\varphi_{i,j}$ 为产品间的邻近度。产品密度测量了既有产品与周边潜在产品的平均接近程度，反映出既定产品集合条件下的累积生产能力。

7.2.2.3　复杂度指数

如果说产品密度用来衡量产品间的能力差距，产品密度可以表征成功"跳跃"到新产品的可能性，那么，产品技术复杂度指数则是既有生产能力水平的集合，反映了贸易产品的技术复杂水平。该指数的计算可参阅 Hausmann（2007）的文献，公式为：

$$TSI_k = \sum_j \frac{x_{jk}/X_j}{\sum_j x_{jk}/X_j} gdp_j \tag{7.3}$$

其中，TSI_k 即为 k 商品的技术复杂度指数，x_{jk} 是 j 国 k 商品的出口额，X_j 为 j 国的总出口额，gdp_j 是人均 GDP，表示 j 国的人均收入水平。可以看出，该指标假设产品的技术复杂水平与本国的收入水平正相关，越是发达的经济体，对技术含量的需求偏好越强，满足市场需求的产品开发能力就越强。这种假设较为主观，可以换个角度，从一个国家或地区出发，较为客观地刻画区域经济的复杂性：

$$a_{c,t} = \sum_i Y_{i,c,t} \tag{7.4}$$

$$b_{i,t} = \sum_n Y_{i,n,t} \tag{7.5}$$

$$\zeta_{c,t} = \frac{\sum_i Y_{i,c,t} \times b_{i,t}}{a_{c,t}} \tag{7.6}$$

式（7.4）代表了 c 国 t 时期拥有比较优势的产品数量；式（7.5）代表了 i 产品 t 时期有多少国家具有比较优势，式（7.6）衡量了 c 国经济的复杂性，$\xi_{c,t}$ 越高，说明该国产品越能够被其他国家生产并出口。生产这些产品的国家越多，意味着该经济体是"你有、我有、大家有"的状态，独特性不高，经济复杂性就会较低，在竞争中越容易被他国取代。总的来说，一国经济能够生产的产品种类越多，且独特性越高，经济复杂程度就越高，经济潜力就越大，产业升级后劲就越足。

7.3　模型设定与数据处理

7.3.1　基础模型设定

产业升级在国际竞争方面借助了显示性比较优势指数（第4章已介绍）。本部分是以出口为例进行阐述的，后面分析进口的时候，将进口视为出口部分的镜像，反向解释即可。根据显示性比较优势的逻辑判断值，如表7-1所示，进行两期对比得到以下几种状态。

表7-1　相对粗略的产业升级状态说明

类别	前期	后期	状态	类别	前期	后期	状态
A	$Y_i = 0$	$Y_i = 0$	持续劣势	C	$Y_i = 0$	$Y_i = 1$	升级
B	$Y_i = 1$	$Y_i = 0$	失势	D	$Y_i = 1$	$Y_i = 1$	持续优势

资料来源：邓向荣（2016）

状态A：在全球贸易格局中，两期都不具备显示性比较优势，代表未升级。

状态B：前期具有显示性比较优势，后期在全球贸易中的竞争力变差，成为不具有显示性比较优势的产品，在升级途中失势，升级失败。

状态C：前期不具有显示性比较优势，后期提升了在全球贸易中的竞争力，成为具有显示性比较优势的产品，升级成功。

状态D：在全球贸易格局中，两期都具备显示性比较优势，良好状态持续保持。

从动态角度看，状态B和C是判断一国产业升级是否遵循比较优势的重点检查对象。鉴于显示性比较优势的逻辑判断Y_i较为粗略，依据RCA的原始值，进行两期对比得到表7-2，对产业升级状态做相对精细的说明。

表 7 - 2　相对精细的产业升级状态说明

类别	前期	后期	状态	类别	前期	后期	状态
A′	$RCA<1$	$RCA<1$，与上期相比，未有明显增加	未升级，持续劣势	C′	$RCA<1$	$RCA>1$	升级
	$RCA>1$	$RCA>1$，与上期相比，未有明显增加	未升级，持续优势				
B′	$RCA>1$	$RCA<1$	失势	D′	$RCA<1$	$RCA<1$，与上期相比，有明显增加	虽持续劣势，但有升级迹象
					$RCA>1$	$RCA>1$，与上期相比，有明显增加	升级，并持续保持优势

状态 A′：分为两种状态，其一，在全球贸易格局中，两期都不具备显示性比较优势，且与上期相比，显示性比较优势指数值未有明显增加，代表持续劣势状态；其二，在全球贸易格局中，两期都具备显示性比较优势，且与上期相比，显示性比较优势指数值未有明显增加，代表持续优势状态。但动态地看，状态 A′仍然代表未升级。

状态 B′：前期是具有显示性比较优势的，后期在全球贸易中的竞争力变差，成为不具有显示性比较优势的产品，在升级途中失势，升级失败。状态类型与表 7 - 1 相同。

状态 C′：前期是不具有显示性比较优势的，后期提升了在全球贸易中的竞争力，成为具有显示性比较优势的产品，升级成功。状态类型与表 7 - 1 相同。

状态 D′：分为两种状态，其一，在全球贸易格局中，两期都不具备显示性比较优势，且与上期相比，显示性比较优势指数值有明显增加，虽持续劣势，但已有升级迹象；其二，在全球贸易格局中，两期都具备显示性比较优势，且与上期相比，显示性比较优势指数值有明显增加，代表升级成功，并持续保持优势。动态地看，状态 D′仍然代表升级成功。

本章内容在前期论证时用表 7 - 1 总结归纳；后期稳健性检验时，采用

表 7-2 的归类内容进行再次验证。产业升级是否依赖初始生产能力禀赋，与产品密度相关。在遵循比较优势的路径下，若产品密度高，则产业升级潜力大；若产品密度低，产业升级依然显著，则体现了对比较优势路径的偏离，需要将外生因素对产业升级的影响考虑到模型中。关于产品空间视角下外贸对产业升级影响的研究，国内文献启动较晚，同时对进口产品密度这一变量的关注也是缺失的，于是本章在借鉴前人研究（Hausmann 等，2007；邓向荣等，2016；张亭等，2017；毛琦梁等，2017；张美云等，2018）的基础上，将基础模型设计如下：

$$Y = \alpha + \gamma \omega + \beta import + \eta X + \varepsilon \qquad (7.7)$$

式（7.1）中，Y 是以国际竞争衡量的产业升级，以显示性比较优势为代表，ω 表示出口产品密度，$import$ 表示进口产品密度，X 为其他控制变量，ε 为随机扰动项。模型体现了出口与进口互补的思想，后续根据研究需要，对基础模型有针对性地予以调整，进一步考察外贸对产业升级在国际竞争方面的影响。

7.3.2　数据来源与处理

本章原始数据来自联合国商品贸易统计数据库（UN Comtrade Data-base），考虑各国数据时间长短、可获得性及计量分析的需要，依据 SITC Rev. 3 四位编码贸易数据进行整理归类。由于此修订标准的贸易数据自 1988 年开始统计，而中国的 SITC Rev. 3 贸易数据最早可以追溯至 1992 年，因此，本书以 1992~2017 年作为研究期间，对于贸易国家的选择，删除了出口额占世界出口额不到万分之一的国家，在 152 个国家的基础上构建了全球产品空间。

此外，对不同产品代码下的贸易数据进行观察，将少量产品代码数据（表现为数据缺失，主要是为了降低贡献较低的冗余信息的干扰，更清楚地刻画主要产品间的关系）删掉，保留 919 类产品（产品种类相对齐全，之前有学者采用了 794 类）的数据。然后，对数据进行整理计算，得到不同国家不同产品的 RCA，并根据其条件概率归纳整理，构建出全球各年的全球产品空间，规模为 919×919 的产品邻近度矩阵。在产品邻近度矩阵的基础上，结合 RCA，计算出产品密度。最后，依据以上这些数据，进行实证分析，探讨外贸发展对产业升级在国际竞争方面的影响。

7.3.3　相关变量的描述统计

7.3.3.1　显示性比较优势指数

一国能生产的产品种类，尤其是在国际市场上具有显示性竞争优势的产品越多，其竞争力就越强，产品升级的潜在能力就强。表 7-3 将中国在 1992~2017 年 RCA>1 的产品数量统计出来，总体上呈波动上升的趋势。从 1992 年的 330 类上升至 2008 年的 422 类，2011、2013、2014 年均达到 435 类，超过产品类别总数的 1/3；2015、2016 年具有显示性比较优势的产品类别数量有少许下降，依然在 400 类以上；2017 年有 446 类产品的 RCA>1，达到历史最高点，表明中国产品在国际市场有一定的竞争力。

表 7-3　中国历年具有显示性比较优势的产品数量统计表

年份	1992	1993	1994	1995	1996	1997	1998	1999	2000	2001	2002	2003	2004
数量	330	321	331	334	337	346	342	344	367	372	367	361	364

年份	2005	2006	2007	2008	2009	2010	2011	2012	2013	2014	2015	2016	2017
数量	369	377	393	422	395	415	435	434	435	435	418	421	446

数据来源：联合国 UNCOMTRADE 数据库，经整理计算得到。

重新审视 RCA 原始值的话，共有 141 类次产品的 RCA>10，表明这类产品在国际市场上竞争优势非常显著，其中有 120 类次出现在 2000 年之前（含 2000 年），21 类次出现在 2001 年之后（含 2001 年）。这个变化暗含国际市场竞争越来越激烈，参与市场竞争的国家越来越多，替代与竞争的压力更大，某类产品很难做到一枝独秀。继续观察发现，共有 9911 类次产品的 RCA>1，更多类次的产品在国际市场具有一定的竞争优势，其中 3052 类次出现在 2000 年之前（含 2000 年），6859 类次出现在 2001 年之后（含 2001 年），可以欣慰地看到中国在加入 WTO 之后，有越来越多的产品在国际市场上展示出一定的竞争力。

7.3.3.2　全球产品空间

全球产品空间主要刻画了产品间的邻近度，两类产品同时在同一地区拥有显示性竞争优势的概率越大，它们在要素投入、组织管理、文化背景等方面的能力禀赋就越相似，产品间升级难度就越低。以 919×919 矩阵形式将全球任意两种产品的邻近度用 MATLAB 软件计算出来，以 2015 年的全球产品空间邻近矩阵为例（见表 7-4），每个数据代表这类产品跟其他潜在产品的邻近程度。

表 7-4　2015 年全球产品空间邻近度矩阵

$$
\begin{bmatrix}
0.00000000 & 0.00180914 & \cdots & 0.00045228 & 0.00011307 \\
0.00180914 & 0.00000000 & \cdots & 0.00024073 & 0.00000000 \\
\vdots & \vdots & \vdots & \vdots & \vdots \\
0.00045228 & 0.00024073 & \cdots & 0.00000000 & 0.00096293 \\
0.00011307 & 0.00000000 & \cdots & 0.00096293 & 0.00000000
\end{bmatrix}
$$

注：矩阵依据 SITC 分类标准，产品矩阵为 919×919 的对称矩阵。

不同年份产品邻近度的相关系数如表 7-5 所示，两个年份越近，相关系数越大。1995 年与 2005 年间的产品邻近度相关系数为 0.7914，2005 年与 2015 年间的产品邻近度相关系数为 0.8018，均属于高度线性相关。每隔 10 年来看，产品邻近度没有出现大幅波动，并通过秩和检验，其伴随概率大于 0.1，表示其产品空间在统计意义上无差异。

表 7-5　不同年份产品邻近度的相关系数

年份	1995	2005	2015
1995	1		
2005	0.7914	1	
2015	0.6546	0.8018	1

相关研究认为，全球产品空间在一定时期是具有稳定性的，本书对1995、2005 和 2015 这三年的全球产品空间进行计算并对比，结果如表 7 - 6 和图 7 - 1 所示。虽然三年都呈现偏态分布，但曲线形状非常接近，根据 Kruskal - Wallis 检验的结果，接受原假设，从统计意义上认为各产品空间邻近度的概率来自同一分布，表明了产品空间的稳定性。

表 7 - 6　不同年份产品邻近度的概率统计及 Kruskal - Wallis 检验

年份	均值	标准差	Skewness	Kurtosis	Kruskal - Wallis Test	
1995	0.7917	0.1758	- 1.0661	3.7383	Chi - Square	1.4824
2005	0.7913	0.17592	- 1.0636	3.6407	DF	2
2015	0.7806	0.18443	- 1.0133	3.3848	Pr > Chi - Square	0.4766

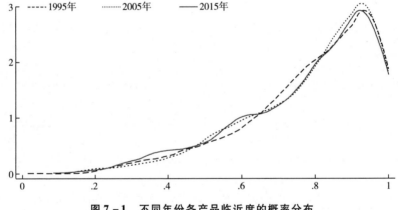

图 7 - 1　不同年份各产品临近度的概率分布

7.3.3.3　产品密度

将中国历年的产品密度进行计算，并以产品密度与显示性竞争优势的均值为界，分为高低两类进行整理归纳，可以发现中国既有产品升级和向潜在产品转化的禀赋能力呈增强趋势。如表 7 - 7 所示，双高产品从 20 世纪 90 年代的 100 ~ 150 种，增加至 21 世纪初的 150 ~ 200 种，自 2006 年此类产品突破 200 种，此后起伏波动，到 2017 年增加到 282 种；双低产品波动下降，自 20 世纪 90 年代的 480 ~ 600 种，下降至 2017 年的 167 种。这种趋势揭示出我国产业升级的潜力令人欣慰，在国际市场有一定的竞争优势，且产品转化能力强。与此同时，高密度 - 低 RCA 呈上升趋势，低密度

-高 RCA 呈下降趋势，意味着部分既有综合能力禀赋强的产品不断丧失国际竞争地位，既有综合能力禀赋弱的产品却不断强化国际竞争地位，这种对可持续发展影响不利情况的出现，暗含的风险也不可忽视。

表 7 - 7　中国出口产品密度与 RCA 相结合的分类统计

年份	类别	低密度	高密度	年份	类别	低密度	高密度
1992	低 RCA	562	98	2005	低 RCA	407	227
	高 RCA	141	118		高 RCA	98	187
1993	低 RCA	584	79	2006	低 RCA	359	264
	高 RCA	145	111		高 RCA	85	211
1994	低 RCA	565	89	2007	低 RCA	291	318
	高 RCA	144	121		高 RCA	72	238
1995	低 RCA	524	115	2008	低 RCA	217	379
	高 RCA	140	140		高 RCA	50	273
1996	低 RCA	523	110	2009	低 RCA	268	346
	高 RCA	141	145		高 RCA	72	233
1997	低 RCA	480	156	2010	低 RCA	227	379
	高 RCA	133	150		高 RCA	49	264
1998	低 RCA	501	127	2011	低 RCA	191	405
	高 RCA	150	141		高 RCA	43	280
1999	低 RCA	481	159	2012	低 RCA	193	404
	高 RCA	129	150		高 RCA	42	280
2000	低 RCA	407	214	2013	低 RCA	188	415
	高 RCA	120	178		高 RCA	41	275
2001	低 RCA	390	230	2014	低 RCA	193	407
	高 RCA	106	193		高 RCA	38	281
2002	低 RCA	418	215	2015	低 RCA	210	406
	高 RCA	104	182		高 RCA	48	255
2003	低 RCA	444	195	2016	低 RCA	212	402
	高 RCA	120	160		高 RCA	45	260
2004	低 RCA	422	208	2017	低 RCA	167	429
	高 RCA	114	175		高 RCA	41	282

数据来源：联合国 UNCOMTRADE 数据库，经整理计算得到。

7.3.3.4 经济复杂度

从前文 *RCA* 的统计表可以看到，随着经济的发展，中国生产的具有显示性优势的产品种类越来越多，产品的多样性上升了。对于产品的普遍性而言，不同产品表现各异，综合来看普遍性指数先增后减。根据其计算出来的经济复杂度指数，1995 年为 20.72，2005 年为 24.87，2015 年为 23.07，可以看到前期经济复杂度指数增高，产品生产的独特性在下滑；到后期，经济复杂度指数有所下降，由于其指数构成为逆指标的形式，所以该指标值越低，嵌入整个社会生产的知识就越专业，产品间转换升级的能力就越强，这意味着产业升级的空间更加开阔，这样，从经济复杂度的视角提振了产业升级的信心。

7.4 产品空间视角下对外贸易对产业升级影响的实证检验

7.4.1 具体模型设定及估计方法

前面基础模型阐述了出口产品密度、进口产品密度以及控制变量对产业升级的影响，为进一步区分既有综合能力禀赋对产业升级的影响，在参考前人研究（曾世宏等，2008；张妍妍等，2014；邓向荣等，2016；马海燕等，2018）的基础上，将模型进一步细化为：

$$Y_{i,t} = \alpha + \gamma_1 Y_{i,t-1}\omega_{i,t} + \gamma_2(1 - Y_{i,t-1})\omega_{i,t} + \beta import_{i,t} + \eta X_{i,t-1} + \varepsilon_{i,t} \qquad (7.8)$$

式中，Y 依然是从国际竞争角度衡量的产业升级，以显示性比较优势为代表。$Y_{i,t}$ 表示 i 产品第 t 期的显示性比较优势的逻辑值，$Y_{i,t-1}$ 表示第 $t-1$ 期的显示性比较优势的逻辑值，$\omega_{i,t}$ 表示出口产品密度，并在原模型基础上进行产业升级与产业失势的拆分，$import_{i,t}$ 表示进口产品密度，使出口与进口的互补思想在模型中体现出来，$X_{i,t-1}$ 为控制变量，这里考虑到经济增长对产业升级在国际竞争中的积极影响，选用上一年国内生产总值的增长率为控制变量，$\varepsilon_{i,t}$ 为随机扰动项。具体而言，系数 γ_1 则体现了在国际市场上具有竞争优势的既有产品，其产业密度对阻止产业失势的作用。若 γ_1 > 0，则既有综合能力禀赋会延缓产业失势，其系数越大就越有潜力升级成功。若 $\gamma_1 < 0$，则既有综合能力禀赋会加速产业失势。系数 γ_2 对产业升级有同向影响，若 $\gamma_2 > 0$，则说明在国际市场不具竞争优势的既有产品，其暗含的综合能力禀赋对产业升级起到助推作用，且系数越大，产品跳跃幅度越小，即产业升级在既有比较优势的路径上成长。若 $\gamma_2 < 0$，则说明在国际市场不具竞争优势的既有产品，其成长会偏离既有的比较优势，综合能力禀赋在产业升级中的作用不明显，且系数绝对值越大，产业升级受外生因素（比如政府政策）的影响也就越大。

改革开放以来，中国对外贸易持续发展背后是综合能力禀赋的形成和演化，为了分析既有贸易发展对产业升级的影响，本书使用 22975（919 × 25）条观测记录进行实证分析。由于被解释变量为二元离散变量，考虑到数据特点及研究需要，分别用面板估计和面板 Probit 估计，进行实证检验。

7.4.2 检验结果分析

7.4.2.1 产品空间视角下的回归估计

运用 STATA 软件对面板数据进行回归分析，经 Hausman 检验应该用固定效应模型，具体回归估计结果如表 7 - 8 所示。

表 7 - 8 产品空间视角下的面板数据估计结果

解释变量	不同时期面板回归系数		
	全时期	加入 WTO 前	加入 WTO 后
$Y \cdot \omega$	2.7656 ***	2.3815 ***	2.2194 ***
	(41.08)	(10.34)	(25.73)
$(1 - Y) \cdot \omega$	0.8828 ***	1.2419 ***	0.6456 ***
	(12.90)	(4.96)	(8.72)
$import$	1.0432 ***	0.1693 ***	0.5235 ***
	(15.73)	(3.07)	(6.27)
X	0.7363 ***	0.4824 ***	0.4531 ***
	(10.52)	(4.85)	(7.22)
_cons	- 0.4808 ***	- 0.2258 ***	- 0.2089 ***
	(-12.09)	(-7.33)	(-5.69)
obs	22975	8271	14704
Prob > F	0.0000	0.0000	0.0000

注：***、**、* 分别表示在 1%、5%、10% 的水平下显著，括号内为 t 统计量。

由于样本量具有大样本的性质，可先通过面板回归进行观察。通过对比中国加入 WTO 前后的数据，验证既有生产能力禀赋对产业升级路径的影响，结果如下。

第一，解释变量 $Y_{i,t-1} \cdot \omega_{i,t}$ 的系数，全时期以及加入 WTO 前后均为正值且显著。加入 WTO 之前的系数值为 2.3815，表示有国际竞争优势的既有产品其出口密度每增加 1%，其国际竞争优势会增加 2% 以上，其产品密度对阻止产业失势比较明显。加入 WTO 之后的系数值为 2.2194，尽管有少许下降，但能看出中国的产业升级在传统比较优势路径上成长，系数依然较大。既有比较优势更容易促进产品跳跃，产业升级表现为惯性增长，但惯性力量在减弱。

第二，解释变量 $(1 - Y_{i,t-1}) \omega_{i,t}$ 的系数，全时期以及加入 WTO 前后均为正值且显著。表示尽管既有产品在国际市场不具竞争优势，但既有禀赋对产业升级仍起作用。跟 $Y_{i,t-1} \cdot \omega_{i,t}$ 的系数相比，都比较小，说明在产业升级中，具有显示性比较优势的产品比不具有显示性竞争优势的产品起到的作用更大一些。加入 WTO 之后，该系数的值下降了将近一半，意味着在更激烈的国际竞争舞台上，市场选择使企业更加专注于有竞争力的产品，而缺乏显示性竞争优势的产品即使潜在禀赋能力强，也会受国际市场的约束，如果没有足够的国际市场空间，则不会勉强选择为升级而升级。

第三，解释变量 $import_{i,t}$ 的系数，不同时期皆为正值且显著，进口产品密度每增加 1%，其显示性比较优势会增加 0.5% 以上。较为明显的是，加入 WTO 后比加入 WTO 之前要有所下降，这与我国机械、运输设备以及高技术产品进口比重增加有关。进口产品的结构变化反映到回归模型上为进口显示性弱势明显且产品密度大的产品，会促进产业升级。此外，中间产品的进口也会促使我国融入国际分工网络，促进各产业资源优化配置，在产业升级方面也有一定的溢出作用。

第四，控制变量 $X_{i,t-1}$ 的系数，这里考虑到经济增长对产品升级的促进作用，选用上一年国内生产总值的增长率作为控制变量。一国经济的增长能够累积更多的资本、技术、知识、经验等，综合能力要素禀赋通过不断累积会更加丰富和强大，更能刺激技术进步与产业升级，进而增强产品的国际竞争力。控制变量前的系数在 0.4 以上，表明国民经济增长 1 个百分点，产品的显示性比较优势至少会增加 0.4 个百分点，经济增长对产业升级有正向刺激作用。

考虑到被解释变量也具有二项分布特征，可以通过二分类模型进行回归，接下来用面板 Probit 模型进行回归估计，结果见表 7 - 9。由于面板 Probit 模型的系数不能直接解读为边际变化，而是当解释变量每增加一个单位事件发生的概率将会变化多少单位，即带来因变量概率上升或下降多少百分比。这里回归结果跟前文面板回归结果逻辑异同点如下。相同的是：一方面，多数解释变量对产业升级的影响都为正值且显著，且前期影响要大于后期影响；另一方面，无论哪个时期，无论是否在国际竞争中具有显示性比较优势，其产品出口密度增加时，产业升级都会强化。不同之处：一是产品密度增加后，不具有显示性比较优势的既有产品，反而比具有显示性比较优势的产品对产业升级影响更大，二是少量解释变量在某个时期不显著，如经济增长在加入 WTO 之前和进口产品密度在加入 WTO 之后对产业升级的影响都不显著。

表 7 - 9　产品空间视角下的面板 Probit 估计结果

解释变量	不同时期面板 Probit 回归系数		
	全时期	加入 WTO 前	加入 WTO 后
$Y \cdot \omega$	11. 7464 ***	1. 6312 ***	0. 6367 ***
	(25. 21)	(12. 94)	(18. 45)
$(1 - Y) \cdot \omega$	4. 1630 ***	1. 9087 ***	0. 7448 ***
	(8. 13)	(6. 85)	(6. 80)
$import$	0. 3948	2. 0366 ***	0. 6698
	(0. 61)	(2. 98)	(0. 76)
X	4. 3456 ***	1. 1207	1. 1006 ***
	(5. 43)	(0. 17)	(5. 44)
$\_cons$	- 3. 3884 ***	0. 2562 ***	0. 3543 ***
	(- 12. 09)	(8. 19)	(3. 68)
obs	22975	8271	14704
Prob > chi2	0. 0000	0. 0000	0. 0000

注：***、**、* 分别表示在 1%、5%、10% 的水平下显著，括号内为 t 统计量。

总体上看，由于产品空间是全球产品生产能力整体的系统工程，从中国数据看，出口产品密度高且显示性比较优势强的产品，和进口产品密度高且显示性比较弱势突出的产品，可以推动一国的产业升级。

7.4.2.2 不同国家间的比较

每个国家通过生产具有显示性比较优势的产品，并进口本国没有比较优势的产品，进行资源配置。当前，中国已经成为全球第二大经济体，贸易规模连续多年位列第一，作为发展中的东方大国，要缩小与其他国家的差距，就有必要观察他国要素禀赋对产业升级的影响，借鉴、吸取其中的经验教训。本书主要选择美国（USA）、韩国（KOR）、印度（IND）与中国（CHN）进行比较，实证结果如表7-10和表7-11所示。

表7-10 不同国家面板数据估计结果

解释变量	不同国家的回归系数			
	USA	IND	KOR	CHN
$Y \cdot \omega$	1.5427 *** (17.42)	1.9553 *** (46.89)	4.3009 *** (54.32)	2.7656 *** (41.08)
$(1-Y) \cdot \omega$	0.1534 * (1.81)	0.0579 (1.09)	0.2679 *** (8.17)	0.8828 *** (12.90)
import	-0.2746 *** (-4.40)	-0.4103 *** (-4.67)	-0.3247 *** (-8.19)	1.0432 *** (15.73)
X	0.0002 (1.59)	0.0012 (1.21)	-0.0001 (-0.71)	0.7363 *** (10.52)
_cons	0.2260 *** (9.69)	0.2054 *** (9.09)	0.0827 *** (6.19)	-0.4808 *** (-12.09)
obs	22857	22358	22102	22975
Prob > F	0.0000	0.0000	0.0000	0.0000

注：***、**、*分别表示在1%、5%、10%的水平下显著，括号内为t统计量。

第一，γ_1即解释变量$Y_{i,t-1} \cdot \omega_{i,t}$的系数，在以上四个国家都显著为正。依系数大小看，韩国有国际竞争优势的既有产品，其出口密度对产业升级的促进作用最为明显，这与韩国飞速发展的外向型经济密切相关；印度该系数小于中国，作为发展速度较快的国家，印度积极推行市场经济发展战略、融入全球化，外向型经济蓬勃发展，促进了印度产品竞争力的提升；美国作为全球最大的经济体，充分利用国际市场获取资源及拓展市场，利用经济全球化推动产业升级，其系数值显示，越是发达的经济体，贸易背后的既有禀赋在推动产业升级方面所起的作用越小。

第二，γ_2 即解释变量 $(1 - Y_{i,t-1}) \omega_{i,t}$ 的系数，美国在 10% 的水平下显著，印度不显著，韩国和中国均显著。各国 γ_2 均小于 γ_1，因为不具显示性竞争优势的产品在推动产业升级方面的力量自然弱一些，这意味着后发国家的累积综合能力禀赋受到国际市场竞争力的抑制，在产业升级与经济发展方面进展会相对缓慢。数据显示，中国的 γ_2 比韩国、美国均大一些，这也与我国幅员辽阔、产品种类丰富、外向型经济潜力巨大有关。

第三，解释变量 $import_{i,t}$ 的系数，在不同国家表现各异，美国、韩国、印度，产品进口密度对产业升级在国际竞争方面的影响为负，唯有中国为正。控制变量 X 的系数，只有中国为正且显著。进口以及经济增长对产品升级的促进作用，只有在中国呈现较为乐观的趋势，这些区别主要与中国社会经济发展更加协调相关，其他国家结构失衡较为明显。比如美国，美国的消费品大都依赖进口，其中成衣、电视机、微波炉等大多来自进口，国内生产比例很小，因此，进口对产业升级造成了压力；再如印度，印度经济在诸多方面都存在严重短板，产业差异、贸易效率、贫富差距等让印度背负了沉重的压力；韩国是外向型经济的典型代表，贸易顺差很大，经济发展较为依赖对外贸易，经济增长更易受到国际经济形势的影响，这也就解释了 GDP 的增长对产业升级影响不显著，而进口对产业升级形成负担的现象。

表 7-11 反映了不同国家面板 Probit 模型回归的结果，与前文面板回归结果非常相似。韩国在列出的四个国家中，其贸易背后的既有综合禀赋对产业升级的影响比其他国家都要大，具有国际竞争优势的产品密度每增加一个单位会导致产业升级的概率增加 29.7 个单位，而不具有国际竞争优势的产品密度每增加一个单位会导致产业升级的概率增加 17.2 个单位。这反映了韩国通过积极发挥国内比较优势，利用既有综合禀赋推进产业升级的事实。这一点，中国、印度这样的发展中国家从概率角度看，其系数要

小一些。对于美国而言,进口对产业升级的影响也是显著为负,进口产品密度每增加一个单位,产业升级的概率反而会降低8.4个单位,体现了虽然美国进口产品在提高居民生活福利水平上帮助较大,但对产业升级却压力重重。和前文相同,唯有中国的经济增长对产业升级起到显著的正向推动作用,这也许和发展中大国经济增速较为平稳、结构相对合理、发展相对稳定有关系。中国的比较优势在较长一段时期内得以保持并不断得到释放,庞大的国内市场使中国对抵抗国际市场变动的能力及抗压能力要强于韩国。

表 7 - 11　不同国家面板 Probit 估计结果

解释变量	不同国家的面板 Probit 回归系数			
	USA	IND	KOR	CHN
$Y \cdot \omega$	17. 1102 ***	11. 2776 ***	29. 7091 ***	11. 7464 ***
	(26. 07)	(27. 96)	(26. 66)	(25. 21)
$(1 - Y) \cdot \omega$	11. 7229 ***	4. 3218 ***	17. 2348 ***	4. 1630 ***
	(17. 39)	(10. 67)	(14. 57)	(8. 13)
import	- 8. 3962 ***	- 3. 9511 ***	- 7. 2605 ***	0. 3948
	(- 14. 15)	(- 4. 91)	(- 8. 82)	(0. 61)
X	0. 0015	0. 0063	0. 0075	4. 3456 ***
	(- 0. 17)	(- 1. 09)	(0. 10)	(5. 43)
_cons	- 3. 1267 ***	- 2. 0018 ***	- 3. 3070 ***	- 3. 3884 ***
	(- 15. 39)	(- 10. 78)	(- 16. 41)	(- 12. 09)
obs	22857	22358	22102	22975
Prob > chi2	0. 0000	0. 0000	0. 0000	0. 0000

注:*** 、** 、* 分别表示在1%、5%、10%的水平下显著,括号内为 t 统计量。

7.4.3　稳健性检验

为了考察指标的解释能力是否稳健,从变量出发,用 *RCA* 的原始值替代 *RCA* 的逻辑值,用连续变量替代二值变量,观察实证结果是否随着变量的改变而改变,实证结果的符号和显著性是否发生变化,结果见表7 - 12。

表 7 - 12　RCA 原始值面板回归结果

解释变量	不同时期回归系数		
	全时期	加入 WTO 前	加入 WTO 后
$Y \cdot \omega$	9.0639 *** (28.99)	7.5198 *** (7.13)	4.7452 *** (22.73)
$(1 - Y) \cdot \omega$	6.0705 *** (18.22)	5.7644 *** (4.87)	2.8779 *** (14.79)
$import$	8.9224 *** (29.74)	3.1996 * (1.84)	2.9728 *** (13.63)
X	5.8279 *** (14.48)	4.8714 *** (4.67)	2.3651 *** (12.72)
_cons	-3.7003 *** (-18.78)	-1.6872 *** (-3.90)	-0.83174 *** (-8.64)
obs	22975	8271	14704
Prob > F	0.0000	0.0000	0.0000

注：***、**、*分别表示在1%、5%、10%的水平下显著，括号内为 t 统计量。

可以看出，解释变量 $Y_{i,t-1} \cdot \omega_{i,t}$、$(1 - Y_{i,t-1}) \cdot \omega_{i,t}$、$import_{i,t}$、$X_{i,t-1}$的系数为正且都显著，这与前面实证分析的符号及逻辑判断是一致的，进一步印证了累积综合禀赋对产业升级的推动作用。从两个时期来看，同样是加入 WTO 之后，产业升级幅度有所放缓，也就意味着随着经济的发展，初始综合禀赋在产业升级中发挥的正向推动作用在减弱，产业升级虽遵循比较优势，但在国际竞争中如若偏离比较优势创新发展，也未尝不是发展的新机遇。

同样，本书也对他国产业升级与是否遵循比较优势做了稳健性检验，表 7 - 13 显示，其解释变量的逻辑判断与前文实证分析的解释基本一致，依然是韩国的累积综合禀赋对产业升级最为明显，中国累计综合禀赋对产业升级的黏性影响更久远些，中国的进口和经济增长对产业升级的推动作用也要明显强于其他国家。全球第一大经济体美国在既有综合禀赋推动产业升级方面，系数是最小的，表明了越是发达的国家，产业升级对传统比较优势越不依赖，意味着摆脱禀赋约束的创新行为，能够带来更多提升产品国际竞争力的机会，产品空间的跳跃距离也会更远。这给发展中国家带来启示，突破传统禀赋局限进行创新发展，也是产业升级的新思路。

表 7 – 13　他国稳健性检验的回归结果

解释变量	不同国家回归系数			
	USA	IND	KOR	CHN
$Y \cdot \omega$	2.9784 ***	3.3732 ***	12.5400 ***	9.0639 ***
	(17.49)	(6.93)	(46.09)	(28.99)
$(1 - Y) \cdot \omega$	1.6671 ***	– 1.2558 **	6.9441 ***	6.0705 ***
	(9.73)	(– 2.43)	(23.70)	(18.22)
import	0.1387	– 5.1109 ***	– 2.9524 ***	8.9224 ***
	(0.97)	(– 4.72)	(– 13.40)	(29.74)
X	– 0.0100 ***	– 0.0084	0.0067 ***	5.8279 ***
	(– 5.71)	(– 0.24)	(4.60)	(14.48)
_cons	0.2674 ***	2.9136 ***	0.0894	– 3.7003 ***
	(5.64)	(12.77)	(1.58)	(– 18.78)
obs	22857	22358	22102	22975
Prob > F	0.0000	0.0000	0.0000	0.0000

注：***、**、* 分别表示在 1%、5%、10% 的水平下显著，括号内为 t 统计量。

7.5　产品空间视角下对外贸易对产业升级影响的结论

本章基于产品空间理论探讨产业升级在国际竞争方面的表现，通过以上实证分析，得到以下研究结论。

第一，在国际市场上，中国具有显示性比较优势的产品越来越多，产品的多样性也在增强。如果考虑产品密度，可喜的是高密度－高 RCA 的产品数量在增多，低密度－低 RCA 的产品数量在下降；令人担忧的是高密度－低 RCA 呈上升趋势，低密度－高 RCA 呈下降趋势。从各统计指标的描述统计情况来看，中国产品在国际市场上有一定的竞争力，有利于推动产业升级。

第二，遵循比较优势是产业升级的策略选择，通过不同国家进行对比，再次印证了遵循比较优势仍是我国产业升级的可用策略，并且与其他国家相比，中国特色也较为突出。作为发展中大国，出口产品密度、进口产品密度、经济增长对产业升级均有正向推动作用，这一规律在发达国家或其他发展中国家未必适用。

第三，既有能力禀赋在推进产业升级时，发展中国家的效果要好于发达国家，同时，伴随中国经济发展，近期推动作用要弱于前期推动作用。结合发达国家的经验，过度依赖传统禀赋可能会加速产业失势，因此，创新将为产业升级提供新动力，降低产业升级机会衰减的风险。

综上，本章基于产品空间理论，立足于对外贸易产品的显示性比较优势，探讨外贸对产业升级在国际竞争方面的影响。首先从产品空间、产品相似性等较为抽象的概念入手，对产业升级的状态予以提炼，之后围绕外贸对产业升级的影响构建面板模型，结合中国商品贸易进出口层面的数据进行实证检验，探讨既有禀赋在产业升级中的作用，也通过替换相关变量进行了稳健性检验，最后得出相关结论。当然，开放经济环境下的产业升级，除了要关注国际竞争力之外，中间品贸易规模的扩大，使产业升级在增值能力方面的表现也越来越引人关注，这一问题将在下章进行分析。

第8章 生产分工视角下对外贸易对产业升级影响的实证分析

单一角度的产业升级无法阐释开放时代中产业升级的全貌，前面三章分别阐述了开放经济条件下，对外贸易对产业升级在结构演进、经济效率以及产品空间方面的影响。实践中，国际分工的深化使得全球生产网络日趋复杂，不同产业增值能力的差异，影响着产业升级的力量积累，增值率越高，其产业升级积蓄力量越足，在全球价值链上的主动权就更大，落入"低端锁定"陷阱的概率就越低，越有利于产业长期健康发展。本章主要考察对外贸易对产业升级在增值率方面的影响。

8.1 生产分工视角下对外贸易影响产业升级的特征

第一，产品内贸易迅猛发展意味着国际分工的深化，推进了生产非一体化的发展。随着生产分工的不断深化，产品的生产环节融入不同国家进行，跨国生产的产品内分工以产品内贸易相连，全球经济进入了以生产过程片段化和以中间品贸易为主要特征的全球价值链时代。在科学技术不断进步、交通运输越发便捷以及全球经济联动发展的大背景下，产品内贸易规模迅速扩大，全球贸易中有50%以上为中间品贸易（依据BEC分类统计的，占比变化如图8-1所示），产品内贸易已经成为国际贸易关注的热点。产品内贸易的兴旺是国际分工发展的必然，国际分工与贸易开放，促使更多的发展中国家融入全球产业链条之中，生产"碎片化与模块化"的全球生产协作系统逐渐形成，产品的生产被分散到不同的国家或地区。各自专注于产品生产运营的某一阶段，国际分工不断深化细化，产业间、产业内的分工模式深入产品内部。产品内分工一方面促进了生产的专业化，提高了生产效率，另一方面也促进了国际交换的蓬勃发展，带来产品内贸易规模的迅速扩大。

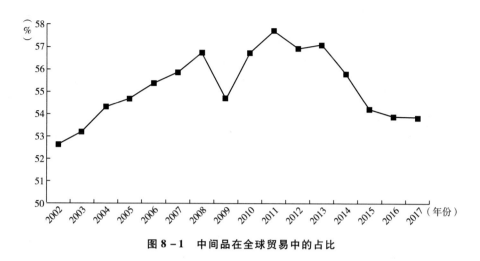

图 8 - 1　中间品在全球贸易中的占比

　　国际市场越发达，企业采购中间品的选择就越广泛，一些生产或服务环节便可以通过外包，实现生产的非一体化。产品的研究、设计、制造、营销、售后等全过程的增值环节，通过全球价值链配置资源相互交织而形成全球生产网络。在中国，对经济发展的期望、相对低的要素成本、与发达国家的技术差距、基础设施的不断完善、各地招商引资政策等都极大地刺激了中国迅速融入全球生产网络之中，"生产与市场的非一体化"对中国经济发展有着重要意义。

　　很多学者注意到国际分工体系的变化，从不同视角给予表达，Edwards（1997）的"外包"、Feenstra（1988）的"生产非一体化"，Arndt 等（2001）的"片段化"，Hummels（2001）的"垂直专业化"等，都对生产在国际间的分散特点进行阐释，一些工业制成品的生产制造标签表面为"xx 制造"，实际上转为"世界制造"。本章着眼于考察外贸发展对产业升级在增值能力方面的影响，中间品或产成品的进出口，与全球网络中的生产入口和市场出口紧密相关，因此，本书选用了"非一体化"一词描述国际分工。开放经济条件下，面对更加激烈的生产与市场的非一体化竞争，只有注重培育某一阶段的专业竞争新优势，才能不断提升在全球价值链中的占位。

　　第二，低端锁定的现象让产业升级势在必行。加工贸易的蓬勃发展使中国变成了"世界加工车间",与此同时,"两头在外"的发展模式也引起各界的思考。早在20世纪90年代初,宏碁集团的企业家施振荣提出微笑曲线理论,即一条像微笑形状的U形曲线,两端朝上,在曲线上扬的两端,左边是研发、设计、核心技术与知识,右边是营销与服务,这两边创造出来的附加价值较高,而微笑曲线中间则是生产、组装、制造环节,附加价值最低。因此,企业要关注附加值,只有不断往高附加价值区位迁移,才能更具主动权,增大永续经营的概率。邢予青等(2011)以iPhone为例,认为2009年中国出口的iPhone为美国带来了19亿美元的贸易逆差,而中国赚到的附加值不到4%。以跨国公司为主导的全球产业链将低利润、低附加值的环节挪至发展中国家和地区,并进行技术封锁与品牌控制,挤压了发展中国家的升级空间。耐克、芭比娃娃等增值"微利"案例,引发人们思考"低端锁定"是造成产业升级的障碍。改革开放初期,中国充分利用劳动力充裕的比较优势,积极参与国际分工,增值率不断上升。后来,越来越多的周边低工资国家融入全球生产网络,再加上发达国家对价值链中低环节的压榨,使得增值率的提升困难重重。实际上,我们一方面看到了中国融入国际分工而获得巨大发展,另一方面也看到了我们在微笑曲线低端的窘境。这种助推与锁定的双重表现,需要用实证去检验,分析对外贸易背后"非一体化"的程度——对产业增值率的影响——是否存在"低端锁定",以及如何破解"低端锁定"。作为"全球产业链条上的发展中国家",产业发展与升级离不开国际分工,随着国际分工的深化,产业升级在增值率方面的表现及如何提高等问题,将是本章实证方面的重点。此外,融入全球价值链的背景下,对"大进大出"的加工贸易,若以传统数据衡量其对经济的贡献,会有所夸大。由于出口产品包含诸多中间品进口,贸易对经济的贡献需要合理挤出水分,因此,本部分选取增值率这一指标来衡量,即出口所含国内生产要素带来的增加值占全部增加值比重。开放经济条件下,这一增值率越高,就越能带动就业、促进经济增长,在全球价值链中的话语权就越高。对外贸易利得越高,产业发展物质储备就越多,产业升级就越顺利。

8.2　投入产出表及相关指标解释

8.2.1　投入产出表

增值率的计算是借用投入产出表完成的，后文模型中涉及生产的非一体化和市场的非一体化，对这两个变量的测算也离不开投入产出表。现代投入产出分析法，是由经济学家里昂惕夫创立的，他在 1936 年发表的《美国经济制度中投入产出的数量关系》奠定了投入产出分析的基本框架。自此之后，投入产出分析法被推广到很多国家，1968 年，联合国统计局将投入产出核算纳入国民经济核算体系，此后，投入产出分析法在国民经济各部门间平衡关系、政策模拟、统计预测等方面得以广泛应用。投入产出表根据统计地域范围不同，可以分为国家投入产出表、地区投入产出表、地区间投入产出表等。

一国投入产出表是投入产出分析的基础，但一国投入产出表属于竞争性投入产出表，单独一国的投入产出表无法将他国的中间投入等更多的信息展示出来。全球生产网络背景下，由于增值率、非一体化等指标计算的需要，需要将来自他国进口的中间投入从表中剥离出来，投入产出数据将以非竞争性表的形式列出，世界投入产出表能够满足研究需要。

世界投入产出表（WIOT）记录了国际生产和使用的所有流量的来源地和目的地，以及所有这些流量的中间或最终用途，其框架与一国投入产出表有些相似，既能反映不同国家间的中间产品和最终产品的交易，又能反映不同国家每个部门的总产量。每一列代表了一条价值链，是某个国家某一部门最终产品的完整价值链。每一行表示一个国家某一部门对各价值链的贡献。世界投入产出表是由欧洲委员会研究总署资助开发的，依据 ISIC Rev. 4 分类，涵盖 43 个国家、56 个部门，是专门用于跟踪时间变化、在各国供给使用表数据基础上建立起来的，其数据信息庞大，为进一步夯实数据研究奠定了基础。单个国家投入产出表已为大家熟知，不再列示，世界投入产出表的样式见表 8 – 1。

表 8 - 1　世界投入产出表（WIOT）

投入＼产出		中间使用							最终使用							总使用
		国家 1			…	国家 k			国家 1			…	国家 k			
		部门 1	…	部门 n	…	部门 1	…	部门 n	最终消费	固定资本	存货	…	最终消费	固定资本	存货	
中间投入	国家 1 部门 1															
	…															
	部门 n															
	…															
	国家 k 部门 1															
	…															
	部门 n															
增加值																
总产出																

　　由于中国在 WIOT 表中代码为 C33、G45、J58、J59、K66、M71、M73、T、U 的部门数据缺失，所以对 WIOT 的行列进行数据整合，在 WI-OT（每年的数据有 2472 行、2686 列，共 15 年）基础上，整理归纳后得到以中国为主，他国为辅的历年 WIOT（对中国从不同国家进口的中间品进行合并，对中国出口他国的中间品和最终品也进行合并）。这样做一方面能进一步考察一国生产在中间投入部分所包含的进口环节，另一方面能够获取时间连续的面板数据，由此确定数据的涵盖范围。

8.2.2　相关指标解释

8.2.2.1　增值率

　　出口所含国内生产要素带来的增加值占全部增加值比重，即为增加值率，简称增值率。这一指标能够更精确地反映一国各部门在开放经济条件下带动经济增长的质量和效益，作为衡量产业升级在增值能力方面的代表指标是可行的。考虑到 UIBE GVC 数据库中已有测度好的以 WIOT 为基础的数据，且和文章数据选择口径一致，能够保证数据的可用性，本书对增值率的选择基于 UIBE GVC 数据库。UIBE GVC Index 是由对外经济贸易大学全球价值链研究院构建的，其研究团队投入大量精力对全球价值链核算及相关的指标进行计算与整理，对 GVC 给出了全面、系统的分解，数据质量高且免费分享给研究者使用，给研究者提供了诸多便利。

8.2.2.2　生产的非一体化指数

生产的非一体化，代表各行业在生产环节融入全球价值链的程度。
生产的非一体化公式为：

$$VS_i = (M_i/Y_i)X_i = (X_i/Y_i)M_i \tag{8.1}$$

式（8.1）中 X_i、Y_i、M_i 分别为 i 行业的出口、总产出、进口。

i 行业生产非一体化的指数为：

$$VSS_i = [(M_i/Y_i)X_i]/X_i = M_i/Y_i \tag{8.2}$$

经济整体的生产非一体化指数为：

$$VSS = \frac{VS}{X} = \frac{\sum\limits_{i=1}^{n} VS_i}{\sum\limits_{i=1}^{n} X_i} = \frac{\sum\limits_{i=1}^{n} [(VS_i/X_i)X_i]}{\sum\limits_{i=1}^{n} X_i} = \sum\limits_{i=1}^{n} \left[\left(\frac{X_i}{X}\right)\left(\frac{VS_i}{X_i}\right) \right] \qquad (8.3)$$

把式（8.2）代入式（8.3）后，得到：

$$VSS = \frac{\sum\limits_{i=1}^{n} VS_i}{X} = \frac{1}{X}\sum\limits_{i=1}^{n} \left(\frac{M_i}{Y_i}\right)X_i = \frac{1}{X}\sum\limits_{i=1}^{n} \left(\frac{X_i}{Y_i}\right)\left(\sum\limits_{j=1}^{n} M_{ji}\right)$$

$$= \frac{1}{X}\sum\limits_{i=1}^{n}\sum\limits_{j=1}^{n} \frac{X_i}{Y_i}M_{ji} = \frac{1}{X}\sum\limits_{j=1}^{n}\sum\limits_{i=1}^{n} \frac{X_i}{Y_i}M_{ji} \qquad (8.4)$$

用生产进口系数 $a_{ij} = M_{ij}/Y_j$ 表示 j 行业为生产一单位产品而进口的 i 行业的中间产品的比重。进一步整理为：

$$VSS = \frac{1}{X}(1 \quad 1\cdots \quad 1) \begin{pmatrix} a_{11} & \cdots & a_{1n} \\ \vdots & \ddots & \vdots \\ a_{n1} & \cdots & a_{nn} \end{pmatrix} \begin{pmatrix} X_1 \\ \vdots \\ X_n \end{pmatrix} = \frac{1}{X}\mu A^{im} X^V \qquad (8.5)$$

其中 A^{im} 为进口生产系数矩阵，X^V 为出口向量。把产业间的部门关联与循环利用关系考虑到指数计算中，则式（8.5）可以写成：

$$VSS = \frac{1}{X}\mu A^{im}(I - A^D)^{-1}X^V \qquad (8.6)$$

此处的生产非一体化，主要从中间投入视角探讨融入全球价值链的程度，此指标运算量较大，经 Stata、Excel、Matlab 等多种软件相互配合计算出指标数值。

8.2.2.3 市场的非一体化指数

生产的非一体化是从投入视角观察融入全球价值链的程度。实际上，中国融入全球经济，除了入口的中间产品进口需求，还必须考虑产品的出口，即市场的非一体化，用他国对中国的中间产品和最终产品的需求去衡量。为更加清晰地研究出口视角下的非一体化，本章定义了市场的非一体化指数，即 MSI。对照 $WIOT$，将出口到他国的中间品和最终品相加，再除以总产出，就得到 MSI，用以衡量出口方向上的市场的非一体化程度，出口越大代表融入全球市场的程度越深。这一指标的加入，使实证分析既考虑到进口又考虑到出口, 较以往研究对非一体化的探讨要更加全面。

8.3 模型设定与数据处理

8.3.1 基础模型设定

增值率高低变化受国际分工的影响, 设定模型时, 既考虑到生产过程中进口中间品对增值率的影响, 又考虑到制造出的中间产品和最终产品出口对增值率的影响, 一入一出两个环节对中国各产业增值率存在何种影响, 对产业升级有何种 "助推与锁定" 作用, 这是要检验的核心内容。与此同时, 任何国家都是全球经济的一分子, 全球经济发展及中国经济发展对产业增值率均有影响, 模型中还需要把全球经济增长率和中国经济增长率放到控制变量的位置上。此外, 贸易发展自然离不开关税的影响, 将中国所有产品的最惠国关税平均税率也考虑设为控制变量。基于以上考虑, 参阅前人研究成果 (刘志彪, 2007; 张少军等, 2013; 赵放等, 2014; 盛斌等, 2015; 彭水军等, 2016; 霍春辉等, 2016; 郑江淮等, 2017), 将基础模型设置如下:

$$UP = \alpha + \beta_1 VSS + \beta_2 MSI + \gamma Z + \varepsilon \qquad (8.7)$$

本章研究的焦点问题是国际分工视角下, 对外贸易发展对产业升级在增值能力方面的影响。其中, UP 是以增值能力衡量的产业升级, 以增值率为代表, 增值率用各产业的出口产品所含国内生产要素带来的增加值比重来衡量。核心解释变量是外贸发展进程中的全球价值链的嵌入程度, 有两个分支。一是生产的非一体化指数 VSS, 系数 β_1 衡量国际生产分工对增值率的影响; 二是出口到国外市场的中间品和最终品, 对应着市场的非一体化指数 MSI, 其系数 β_2 衡量的是市场非一体化对增值率的影响。Z 表示控制变量, 分别是全球经济增长、中国经济增长、贸易关税等。ε 表示随机扰动项。

8.3.2 数据来源与处理

前文提到单个国家的投入产出表未对中间投入的进口部分进行区分,

此外，考虑到中国投入产出表编制的不连贯性①，尽管有文献曾用直接替代法（相近年限的进行替代），推算法（回归、黑田等方法）等推算部门间的技术经济联系，但为了避免层层推算的粗糙性，本章选用的是最新版的世界投入产出数据库（WIOD）和对外经济贸易大学全球价值链研究院构建的最新的全球价值链（GVC）数据库提供的数据，这两个数据库提供了丰富的国民账户信息，为开展研究提供了便利。此外，世界银行、APEC等国际组织也有可以免费查询使用的数据库，进一步丰富了研究数据的来源。具体变量符号及数据来源，如表8-2所示。

表8-2 模型中变量指标及数据来源

变量	含义	数据来源
UP	产业升级	根据 UIBE GVC Index 与 WIOT 自行计算
VSS	生产的非一体化	根据 WIOT 自行计算
MSI	市场的非一体化	根据 WIOT 自行计算
WGDP	全球经济增长	世界银行
CHNGDP	中国经济增长	世界银行
Tariff	平均关税水平	APEC

在对 WIOT 进行数据整合后得到以中国为主他国为辅的数据资料，剔除缺失值后 WIOT 中有 47 个部门，为了更清晰地观察不同类别的产业特征，根据《国民经济行业分类》（GB/T4754-2017），借鉴王瑜（2009）、刘利民等（2011）的研究，对各部门归类整理，如表8-3所示。

表8-3 WIOD 2016 版部门类别分组统计表

组别	名称	涉及的部门代码
A	初级产品和资源密集型（5类）	A01、A02、A03、B、C10_C12
B	中低技术制造业（9类）	C13_C15、C16、C17、C18、C19、C22、C23、C24、C31_C32
C	高技术制造业（8类）	C20、C21、C25、C26、C27、C28、C29、C30

① 逢2、7编制投入产出表，逢0、5编制延长表。

续表

组别	名称	涉及的部门代码
D	生产服务业（11 类）	H49、H50、H51、H52、J61、J62_J63、M69_M70、M72、M74_M75、N、P85
E	生活服务业（14 类）	D35、E36、E37_E39、F、G46、G47、H53、I、K64、K65、L68、O84、Q、R_S

8.3.3　相关变量的描述统计

8.3.3.1　增值率

随着国际分工的不断深化及贸易便利化的发展，中间产品贸易发展迅速。中国在不断融入全球价值链的进程中，人们开始担心中国加工贸易处于低端锁定的状态。有部分学者关注全球价值链、关注低端锁定，计算得出增值率下降，这一现象从诸多学者那里得到印证，如沈利生等（2006）、刘瑞翔（2011）、王金照等（2012）、朱振锴等（2013）。但是对于增加值率下降的原因解释却并不相同。沈利生等（2006）基于产业结构和产业增加值率分析了总体增加值率降低的原因。于春海等（2015）认为产品内分工的发展造成了增加值率的下降。夏明等（2015）还增加了国际分配体系及制度等因素。本章借鉴上述文献，利用有关数据进行对照（如表 8－4所示），发现若从增加值占总产出比重的角度去观察，确实存在以上学者揭示的问题。由于总产出包括中间投入，前面简单计算的增值率衡量有点粗糙，本章选用出口所含国内生产要素带来的增加值占全部增加值比重（简称增值率）来衡量（如表 8－5所示），情况稍有些变化。

表 8－4　经济总体各部门简单平均的增值率

单位：年,%

2000	2001	2002	2003	2004	2005	2006	2007	2008	2009	2010	2011	2012	2013	2014
39.29	39.74	40.25	39.78	39.13	36.96	37.31	37.80	37.84	37.71	37.74	37.52	37.45	37.01	37.02

数据来源：WIOT，经整理计算得到。

出口中的国内要素贡献的增值率能够衡量一个经济体在对外开放背景下的投入产出效益。增值率越高，增值能力就越强，国内生产要素获益就会越多，存在低端锁定的风险就越小，产业升级就越有潜力。增值率的下降意味着中间投入率的升高和投入产出效益的下降，突破低端锁定比较困难，产业升级的机会渺茫。在中国，加工贸易所占比重较大，进口零部件和半成品在国内加工组装，这些生产环节在全球价值链中竞争压力大且利润薄，增值率自然受到国际分工等因素的影响。表 8 - 5 显示，出口总额中的国内要素贡献的简单平均增值率在加入 WTO 之后有明显的上升，从 2001 年的 18.92% 增加到 2007 年的 30.22%，之后开始下降，到 2014 年又恢复至 21 世纪初的状态。增值率呈现了先增加后降低的倒 U 形变化，这与中国融入全球价值链的深度密切相关，两者关系在后面实证分析时予以论证。

表 8 - 5　出口中国内要素贡献的简单平均增值率

单位：年,%

2000	2001	2002	2003	2004	2005	2006	2007	2008	2009	2010	2011	2012	2013	2014
19.33	18.92	20.82	23.31	26.31	28.19	30.03	30.22	28.62	23.70	25.08	24.36	23.42	22.33	22.07

数据来源：WIOT，经整理计算得到。

分类来看增值率，要比前面整体分析更加清晰，表 8 - 6 给出了五种类别下简单平均增值率的统计数据，结果表明：所有类别的增值率均有起伏，大致呈现先增后降的过程，其中，初级产品和资源密集型、高技术制造业、生产服务业在 2007 年达到顶峰；中低技术制造业和生活服务业在 2006 年达到顶峰。总体上看，中低技术制造业和高技术制造业的增值率要高于其他类别，初级产品和资源密集型以及生活服务业的增值率则相对较低。

表 8 - 6　各部门归类的简单平均增值率

单位:%

年份	初级产品和资源密集型	中低技术制造业	高技术制造业	生产服务业	生活服务业
2000	13.57	28.31	26.50	18.19	12.40
2001	13.08	27.62	26.61	17.33	12.25
2002	13.95	30.63	29.69	18.58	13.65
2003	16.64	34.78	34.14	20.29	14.51

续表

年份	初级产品和资源密集型	中低技术制造业	高技术制造业	生产服务业	生活服务业
2004	19.12	40.09	37.58	23.10	16.11
2005	22.12	41.47	39.99	24.83	17.73
2006	24.22	42.35	42.93	27.58	18.72
2007	24.48	41.56	43.18	28.87	18.65
2008	22.04	39.38	40.74	28.07	17.57
2009	17.84	32.17	34.02	23.47	14.64
2010	18.51	34.40	35.82	24.98	15.37
2011	17.71	34.03	34.50	24.09	14.95
2012	16.92	33.29	32.39	22.87	14.69
2013	16.54	32.39	31.03	21.33	13.74
2014	16.41	32.34	30.86	20.48	13.71

数据来源：WIOT，经整理计算得到。

增值率的变化能够看到中国在全球价值链中角色的变化。在参与全球价值链的早期阶段，中国充分利用自身劳动力优势，参与全球价值链分工，增值率不断上升；随着参与全球价值链与国际分工的不断成熟，中国传统比较优势产业受到周边低工资国家的挑战，国际竞争压力增大，增值空间减小，加之发达国家对价值链中低环节的压榨，增值率的提升变得困难重重。

8.3.3.2　生产和市场的非一体化

中国经济是全球价值链上非常重要的组成部分，经济规模大且参与度高，生产和市场的非一体化指数如表 8-7 所示。纵向来看，生产的非一体化指数在加入 WTO 之后不断增加，2008 年金融危机之后又开始降低。市场的非一体化指数也显示出类似的趋势。总体上看，经济全球化促进了国际贸易的快速增长，促进了全球贸易自由化的发展，使中国在全球价值链中的嵌入程度不断加深。金融危机后经济低迷，一些国家和地区逆全球化思潮抬头，保护主义与政策内顾倾向加重，全球经济一体化压力增大。将这个历史进程和增值率结合，发现它们的变动趋势很相似，有一定的契合度。

表 8 – 7　生产和市场的非一体化指数

年份	生产的非一体化指数	市场的非一体化指数	年份	生产的非一体化指数	市场的非一体化指数	年份	生产的非一体化指数	市场的非一体化指数
2000	0.047	0.071	2005	0.059	0.1	2010	0.047	0.092
2001	0.045	0.07	2006	0.058	0.105	2011	0.047	0.09
2002	0.05	0.08	2007	0.059	0.109	2012	0.043	0.085
2003	0.057	0.089	2008	0.054	0.106	2013	0.041	0.078
2004	0.062	0.102	2009	0.043	0.086	2014	0.038	0.075

数据来源：WIOT，经整理计算得到。

8.4　生产分工视角下对外贸易对产业升级影响的实证检验

8.4.1　具体模型设定及估计方法

除与中间品贸易发展相伴而生的生产的非一体化和市场的非一体化对增值率有影响外，一国的经济水平及市场化程度也是影响对外贸易发展的重要因素，一国经济水平在此用 GDP 增长率衡量，市场化程度用关税水平代表，这是国际领域对一国市场化程度的有效衡量。指标值越高，意味着贸易成本越高，经济自由度越低。根据上述分析，参考前人研究（刘志彪等，2009；罗建兵，2010；刘瑞翔，2011；邱爱莲等，2014；苏庆义等，2015；张定胜等，2015；彭水军等，2017），将基本模型细化如下：

$$UP_{it} = \alpha_t + \beta_1 VSS_{it} + \beta_2 VSS_{it}^2 + \beta_3 MSI_{it} + \beta_4 MSI_{it}^2 +$$
$$\gamma_1 WGDP_t + \gamma_2 CHNGDP_t + Tariff_t + \varepsilon_{it} \tag{8.8}$$

其中，UP_{it}是用增值率衡量的产业升级，VSS_{it}表示生产的非一体化指数，MSI_{it}表示市场的非一体化指数，$WGDP_t$和 $CHNGDP_t$分别表示世界和中国的经济增长率，$Tariff_t$是关税水平，用加权平均最惠国关税税率代表。所用数据为上文整理的时间跨度为 2000～2014 年，涉及 47 个部门，共计 705 行的观测值。考虑到数据特点及研究需要，分别用面板估计和动态面板差分 GMM 估计，进行实证检验。

8.4.2　检验结果分析

8.4.2.1　总体回归分析

运用 Stata 软件对面板数据进行回归分析，经 Hausman 检验应该用固定效应模型，具体回归估计结果如下。

表 8 - 8　生产分工视角下的面板数据回归结果

变量	模型（1）	模型（2）	模型（3）	模型（4）	模型（5）
L. UP	—	—	—	0.2606 *** (19.26)	0.3659 *** (23.52)
VSS	0.5498 *** (2.92)	0.5708 *** (3.05)	0.6172 *** (3.32)	1.4106 *** (13.34)	1.2225 *** (11.26)
VSS^2	-1.7055 ** (-2.04)	-1.7543 ** (-2.10)	-2.1411 *** (-2.65)	-3.9477 *** (-8.41)	-4.0546 *** (-2.34)
MSI	0.9695 *** (12.10)	0.9728 *** (12.14)	0.8452 *** (23.22)	0.9818 *** (21.90)	0.8950 *** (7.12)
MSI^2	-0.2071 * (-1.75)	-0.2112 * (-1.79)	—	-0.1777 *** (-2.62)	-0.1060 *** (-7.05)
$WGDP$	0.0010 (1.30)	—	—	—	0.0041 *** (11.70)
$CHNGDP$	0.0079 *** (10.35)	0.0082 *** (11.46)	0.0083 *** (11.64)	0.0038 *** (11.06)	0.0017 *** (6.17)
$Tariff$	-0.0035 *** (-10.70)	-0.0034 *** (-10.67)	-0.0034 *** (-10.70)	-0.0020 *** (-12.94)	-0.0013 *** (-10.05)
_ cons	0.0815 *** (9.76)	0.0796 *** (9.67)	0.0843 *** (10.78)	0.0161 *** (4.29)	0.0120 *** (3.39)
N	705	705	705	611	611
F	209.05	243.35	290.40	—	—
Wald	—	—	—	56067.37	97930.07

注：***、**、* 分别表示在1%、5%、10%的水平下显著，括号内为 t 统计量。

模型（1）、模型（2）、模型（3）是普通面板回归结果，模型（4）、模型（5）是动态面板差分 GMM 的回归结果。模型（1）将所有变量囊括进模型，考察增值率与生产的非一体化、市场的非一体化、世界和中国的经济增长、关税这些变量之间的关系。模型整体显著，但世界经济增长的系数不显著，于是模型（2）将此变量去掉，重新考察增值率与诸变量之间的关系，其系数与模型（1）系数方向一致，数值接近。

第一，从模型（1）～模型（5）的结果看，增值率与生产的非一体化的关系呈倒 U 形的非线性关系。表明了在嵌入价值链初期，融入全球产业分工程度不断加深，有助于增值率提升，但是融入价值链一定程度之后，融入全球产业分工程度若再加深，反而会抑制增值率提升，也就出现了令人忧心的"锁定"。可见，对于生产的垂直专业化，在拐点之前，VSS的增大，有助于增值率提升；拐点之后，VSS 的增大，却无助于增值率提升。通过计算，模型（1）对应拐点位置在 0.1612 附近，模型（2）对应拐点位置在 0.1627 附近，模型（3）对应拐点位置在 0.1441 附近，模型（4）对应拐点位置在 0.1787 附近，模型（5）对应拐点在 0.1508 附近（见表 8 - 9）。对应不同部门的 VSS，发现计算机、电子及光学产品制造业在 2003 ~ 2010 年的生产非一体化指数在 0.17 ~ 0.25，已经位于拐点右侧，增值率的问题值得警惕，这和人们的印象定位是相符的。如富士康的代工业务模式就属于典型的"高投入、高产出、高效率、高强度、低利润"的产业类型，这种在产业链的"微利空间"徘徊的代工模式要想突破，需要向产业链的高端环节不断延伸，看来低端锁定问题，在代工模式与加工贸易中确实存在并应引起人们的关注。

表 8 - 9 *VSS* 拐点

模型（1）	模型（2）	模型（3）	模型（4）	模型（5）
0.1612	0.1627	0.1441	0.1787	0.1508

第二，从模型（1）～模型（5）的结果看，增值率与市场的非一体化关系总体上也呈倒 U 形的非线性关系。模型（1）、（2）运用普通面板回归，MSI^2 的系数在 10% 水平下显著，模型（3）将此变量去掉。模型（5）运用动态面板差分 GMM 进行回归，模拟出倒 U 形的关系，再结合表 8 - 10 计算出的拐点位置，看到其拐点数值都大于 2，与前面的市场非一体

化指数的实际值相比，在拐点左侧且距离拐点都比较远，因此，可以判断市场非一体化对增值率有正向推动作用。模型（3）的 *MSI* 系数为 0.8452，且在 1% 水平下显著，这种线性关系表示增值率的提升与对外贸易市场的扩大呈同向发展，意味着随着对外贸易市场规模的扩大，出口不但能带来直接收益的增加，而且会享有规模经济，进一步促进中间品和最终品的成本降低，加速增值率的提升。

表 8 – 10 *MSI* 拐点

模型（1）	模型（2）	模型（3）	模型（4）	模型（5）
2.3407	2.3030	—	2.7625	4.2217

第三，从模型（1）～模型（5）的结果看，增值率与经济增长呈同向正相关关系。但在绝大多数模型中，与世界经济增长的关系不显著，而与中国经济增长都呈同向相关关系且显著，意味着中国经济增长是有助于增值率提升的。比较而言，动态面板估计的系数值较普通面板的系数值要小一些，但不同估计方式对解释变量系数的影响不大。

第四，从模型（1）～模型（5）的结果看，增值率与关税呈反向关系。税率提高，意味着贸易成本的增加，自然会拉低增值率。关税的下降，有利于引进国外先进技术设备、增加有效供给，有助于降低国内企业的生产成本，促进企业供给能力的提升，提升产品性价比。关税的降低也能带来鲇鱼效应，更多国际产品进入中国市场，市场竞争将更加激烈，激励本土产品的崛起和发展，倒逼产业转型升级。较为明显的是汽车产业，关税的降低使得中国成为世界竞争最激烈的汽车市场之一，促进了中国汽车业加速转型升级，因此，关税降低是有利于产业升级的。

8.4.2.2 分组回归分析

以上是整体分析，若想进一步了解不同行业的具体情况，还需要进行分组回归，具体结果如表 8 – 11 所示。

初级产品和资源密集型、中低技术制造业、高技术制造业、生产服务业、生活服务业这五类行业中，有些变量的系数与前面整体分析是类似的，如与经济增长、关税的关系。增值率与世界经济增长之间的关系都不显著，而与中国经济增长的关系为正且显著。增值率与关税呈反向相关关系，因为关税代表了贸易成本，无论在哪个行业关税上升都会增大贸易成本，是不有利于增值率提升的。增值率与市场非一体化的关系上也都是正相关的关系，贸易市场的扩大带来规模经济对产业升级的影响都是正向的。

表 8 - 11　分组面板数据回归结果

变量	初级产品和资源密集型	中低技术制造业	高技术制造业	生产服务业	生活服务业
VSS	1.9220 *** (4.04)	- 1.0723 *** (- 2.99)	- 0.7203 *** (- 3.77)	0.4796 * (1.86)	—
VSS^2	—	5.8010 *** (3.42)	—	—	—
MSI	0.8903 *** (2.84)	1.3161 *** (8.73)	1.0727 *** (12.50)	0.7779 *** (8.80)	1.0089 *** (8.85)
MSI^2	—	- 0.5266 *** (- 3.02)	—	—	—
$CHNGDP$	0.0094 *** (5.10)	0.0129 *** (11.93)	0.0109 *** (7.60)	0.0065 *** (3.02)	0.0071 *** (7.60)
$Tariff$	- 0.0034 *** (- 3.61)	- 0.0032 *** (- 6.07)	- 0.0026 *** (- 4.01)	- 0.0037 *** (- 3.61)	- 0.0022 *** (- 4.73)
_cons	0.0321 (1.63)	0.1251 *** (8.57)	0.1209 *** (9.79)	0.0955 *** (4.58)	0.0629 *** (6.08)
N	75	135	120	165	210
F	40.41	170.57	213.28	42.44	69.06

注：*** 、** 、* 分别表示在1%、5%、10%的水平下显著，括号内为 t 统计量。

特别需要单独分析的是国际分工对增值率的影响。生活服务业因行业性质使然，对国际市场的依赖度较低，因此，国际分工对增值率在统计意义上是没有影响的。初级产品和资源密集型产业的 VSS 系数值为正且在1%水平下显著，表明融入全球产业分工，有助于该行业的产业升级。类似的，生产服务业的 VSS 系数值为正且在10%水平下显著，表明融入全球产业分工，也有助于该行业的产业升级。

制造业的国际分工对增值率的影响最不乐观。中低技术制造业模拟曲线为 U 形，意味着该行业处于拐点左侧时，随着 VSS 指数的上升，反而不利于增值率的提升。高技术制造业的实证结果也令人忧心，VSS 指数对高技术制造业的升级影响是负向的。拟合结果直接反映了制造业"低端大量出口，高端大量进口，对国外技术依赖"的问题。新闻中也常有此类报道，中国虽然已经建立了大而全的工业体系，大国重器也令国人自豪，但制造广而不精也是事实，一些专业领域的核心技术依然不足。比如，制造业中不可或缺的紧固件，我国客观上是紧固件生产大国，产量全球第一，但所能生产的紧固件多为中低端产品，无法满足机械装备的高精需求。在出口的同时，还需要进口大量的高端紧固件，主要从日本、德国、美国、韩国等发达国家进口，进口平均价格是出口平均价格的 5 倍以上。高端螺丝、螺母等紧固件虽然是产品的零碎构成，但对产品运转起着至关重要的作用，如果被限制进口，无疑会受制于人。再如，作为一个制造业大国，我国集成电路产业在高端芯片方面长期依赖进口，2017 年，中国集成电路进口额超过 2600 亿美元，超过原油进口，成为第一大进口商品。中兴事件的出现再次揭开中国产业核心技术不足的"伤疤"，高端技术的国产化与自主化，是中国制造业做强的必经之路。

8.4.3　稳健性检验

为了检验以上实证分析结果的可靠性，下面对生产非一体化指数进行考察，将产业关联及循环往复考虑到国际分工之中，以此基于完全消耗系数计算出生产非一体化指数，之后再进行稳健性检验，回归结果如表 8 - 12 所示。

表 8 - 12　基于完全消耗系数的稳健性检验

变量	模型（6）	模型（7）	模型（8）	模型（9）	模型（10）
L. UP	—	—	0.5181 *** (17.54)	0.2919 *** (20.52)	0.2894 *** (19.41)
VSS	0.3062 *** (5.20)	0.2855 *** (4.87)	0.4284 *** (11.51)	0.3687 *** (5.50)	0.5361 *** (7.36)

续表

变量	模型（6）	模型（7）	模型（8）	模型（9）	模型（10）
VSS^2	—	—	− 0.5854 ** （ − 2.39）	—	− 0.5306 ** （ − 2.11）
MSI	1.0008 *** （12.85）	0.8126 *** （22.86）	0.4924 *** （9.24）	0.8209 *** （26.23）	0.9885 *** （11.12）
MSI^2	− 0.3035 *** （ − 2.71）	—	—	—	− 0.2124 *** （ − 2.98）
$WGDP$	—	—	—	0.0030 *** （9.76）	0.0028 *** （7.65）
$CHNGDP$	0.0075 *** （10.35）	0.0077 *** （10.82）	0.0047 ** （2.14）	0.0027 *** （13.18）	0.0025 *** （9.22）
$Tariff$	− 0.0029 *** （ − 9.01）	− 0.0029 *** （ − 9.12）	—	− 0.0007 *** （ − 7.32）	− 0.0007 *** （ − 5.91）
_cons	0.0645 *** （7.24）	0.0746 *** （9.17）	− 0.0159 ** （ − 2.34）	0.0187 （0.58）	− 0.0005 （ − 0.15）
N	705	705	658	611	611
F	303.14	373.46	—	—	—
$Wald$	—	—	685.28	33608.85	89568.58

注：*** 、** 、* 分别表示在 1%、5%、10% 的水平下显著，括号内为 t 统计量。

模型（6）、（7）是普通面板固定效应回归结果，模型（8）是将滞后被解释变量放入普通面板进行回归得到的结果，模型（9）、（10）是动态面板差分 GMM 回归结果。总体来看，中国经济增长及国际市场规模扩大对产业增值率都有正向影响，关税有负面影响，这与前面分析相一致，证明了前述分析的稳健性。对于国际分工，在模型（6）、（7）、（9）中 VSS^2 的系数并不显著，而 VSS 的系数为正且在 1% 的水平下显著。模型（8）中关于 VSS 的拐点是 0.3659，模型（10）中关于 VSS 的拐点则更高达到 0.5052，参考 VSS 实际数值，几乎所有产业都处于拐点左侧，意味着当前不断提升国际分工，融入全球价值链，有助于增值率提升，这为中国改革开放政策提振信心。

8.5　生产分工视角下对外贸易对产业升级影响的结论

本章基于国际分工探讨外贸发展对产业升级在增值能力方面的影响，通过以上实证分析，得到以下研究结论。

第一，中国经济是全球价值链上非常重要的组成部分，经济规模大且参与度高，增值率无论从总体还是分组来看，都呈现先增加后降低的倒 U 形轨迹，其表现与生产的非一体化指数的契合程度较高。实证分析结果显示，在参与全球价值链的早期阶段，对自身比较优势的充分发挥，不断融入国际分工，增值率不断上升，有助于产业升级。而后随着参与全球价值链与国际分工的不断成熟，传统优势产业遭到成本更低的东南亚国家的挑战，同时，发达国家对高端产业的垄断使中国面临双重的压力。尤其是在制造业领域，中国在国际分工中的获益空间使得产业升级必须引起重视，以减轻产业升级的内外挤压，避免锁定在低端陷阱中。

第二，全球价值链上不同产业的增值率问题，需要分类去看，从生产非一体化的角度看，非制造行业表现不明显，制造业领域的问题要严重些，而无论中低端制造业还是高端制造业都面临这样的问题。拐点附近，融入全球价值链程度的变化影响增值率的提升，特别要注意位置的变化，通过不断创新、加强对价值链的驾驭与谈判能力，促进产业转型升级的实现。从市场的非一体化角度看，情况要乐观些，随着融入全球产业链的程度越来越深，增值率会得到提升，产业升级有赖于进一步融入全球经济网络。

第三，从完全消耗角度看，增值率与生产的非一体呈正相关的关系。在考虑到产业关联和波及效应的情况下，情况要更加乐观，加大对全球产业链的融入力度是有助于增值率提升的，对外贸易往来对产业升级是有利的。当前，中国不断融入国际分工和促进经济一体化，大力践行"一带一路"倡议，不但有利于国内产业跨境转移，去库存、去产能，还能激发企业不断改善经营管理，提升国际竞争力，有利于国内产业转型发展，而且还能帮助他国产业发展和促进就业，对世界来说是多赢的。

　　综上，改革开放以来，中国在经济全球化道路上取得显著成就，尽管贸易摩擦与逆全球化的声音也时有出现，但中国参与国际分工的热情从未改变。本章在国际分工不断深化与产品内贸易蓬勃发展的背景下，以世界投入产出表作为数据基础，分析外贸发展对产业升级在增值能力方面的影响。在实证分析中，借助生产的非一体化指数和市场的非一体化指数，经济增长与关税等指标，并结合产业分组，研究增值率的变动规律，之后用完全消耗系数计算出生产非一体化指数进行稳健性检验，最后得出相关结论。现实中，经济转型发展不是一帆风顺的，开放经济环境下，产业升级需要在实践中不断摸索前行。

第9章 制约对外贸易推进产业升级的影响因素分析

前面四章通过实证分析，探讨了对外贸易发展对产业升级在不同角度的影响。经济新常态下，全球经济增速放缓，外部环境变化使产业升级面临一些困难和挑战，那么，外贸发展推进产业升级的进程中存在哪些阻碍因素，这是本章所关注的。

9.1 贸易惯性削弱了对外贸易推进产业升级的向上流动性

贸易惯性主要体现在对外贸易发展的结构固化性特征突出，固化性特点是借助马尔可夫链分析的。

9.1.1 马尔可夫链简介

对外贸易发展与产业升级的关联是客观存在的，为从时间跨度进一步探究这种联系的演进规律，本书选用了马尔可夫研究方法。

设随机过程 $T = \{0, 1, \cdots\}$，状态空间 $I = \{0, 1, 2, \cdots\}$，若对任一时刻 n，以及任意状态 i_0，$i_1 \cdots$，有：

$$P\{X(n+1) = j \mid X(n) = i, X(n-1) = i_{n-1}, \cdots X(1) = i_1, X(0) = i_0\}$$
$$= P\{X(n+1) = j \mid X(n) = j\} \tag{9.1}$$

则称 $\{X(t), t \varepsilon T\}$ 为一个马尔可夫链，简记为 $\{X_n, n \geq 0\}$

上述表达意味着 $X(t)$ 在时刻 $n+1$ 的状态 $X(n+1) = j$ 的概率分布仅仅与 n 的状态 $X(n) = i$ 有关，而与以前 $X(n-1) = i_{n-1}$，$\cdots$，$X(0) = i_0$ 的状态是无关的。这就是马尔可夫链的无后效性，直观地说，马尔可夫性表示的就是在已知过去与现在的条件下，将来是与过去无关的，也就是独立的，将来仅和现在有关。要确定过程将来的状态，知道它此刻的状态就够了，并不需要认知它的以往状况，将来状态的条件分布独立于过去的状态而只依赖于现在的状态。

P_{ij} 表示过程在 i 状态时，下一次转移到 j 状态的概率，由于概率值非负且过程必须转移到某个状态，所以有：

$P_{ij} \geqslant 0$，i，$j \geqslant 0$（即 i，$j \varepsilon I$）

$\sum_{j=0} P_{ij} = 1$，$i = 0$，1，2，……（即 $i \varepsilon I$）

将 $P\{X_{n+1} = j \mid X_n = i\} = p_{ij}$ 称为马尔可夫链 $\{X_n$，$n = 0$，1，2……$\}$ 的一步转移概率，简称转移概率。当状态 i 经过 n 次转移后处于状态 j 的条件概率，即：

$$P_{ij}^{(n)} = P\{X_{n+k} = j \mid X_k = i\}, i, j \varepsilon I, n \geqslant 0, i, j \geqslant 0 \qquad (9.2)$$

将式（9.2）称为马尔可夫链的 n 步转移概率，相应地称 $P^{(n)} = (p_{ij}^{(n)})$ 为 n 步转移矩阵。n 步转移概率就是系统从状态 i 经过 n 步后转移到 j 的概率，它对中间的 $n-1$ 步转移经过的状态无限制。

对于状态有限的马尔可夫链，若对一切 i，$j \varepsilon I$，存在不依赖于 i 的常数 p_j，使得 $\lim p_{ij}^{(n)} = p_j$，则称此链遍历，p_j 为极限分布。一个有限状态的马尔可夫链，当满足 $p_{ij}^{(s)} > 0$ 时，经过一段试验时间后，过程达到平稳状态，此后过程那一个状态的概率不再随时间而变化。遍历的马尔可夫链，极限分布等于平稳分布。

此处对产业比较优势进行测度并归类，产业比较优势的变化可通过马尔可夫转移矩阵展示出来，借此分析产业升级的特点。如果某产业在初始年份隶属 i 状态，一步转移之后仍为 i 状态，则认为该转移平稳。如果转移后竞争优势增强，则认为该产业向上转移，反之则认为反向转移，产业升级受阻。

9.1.2 优势测度与结构转移概率

开放经济中，对外贸易往来一般用 LF 指数衡量产业比较优势，具体公式如下：

$$LF_j^i = 100 \left[\frac{ex_j^i - im_j^i}{ex_j^i + im_j^i} - \frac{\sum_{j=1}^{N}(ex_j^i - im_j^i)}{\sum_{j=1}^{N}(ex_j^i + im_j^i)} \right] \frac{ex_j^i + im_j^i}{\sum_{j=1}^{N}(ex_j^i + im_j^i)} \qquad (9.3)$$

式（9.3）中，ex_j^i 表示 i 国家 j 产品对其他国家的出口，im_j^i 表示 i 国家 j 产品从其他国家的进口，N 是所有贸易商品种类。LF 指数既考虑到每类的贸易差额，也考虑到总的贸易差额，还考虑到每类产品在贸易中的贡献份额，此指标能较为全面地衡量专业化优势。指标值为正的话，值越大越具有优势和竞争力；指标值为负的话，则说明产业发展更依赖于进口，更具劣势。由于 LF 指数综合性较强，在全球市场网络背景下，为了进一步观察出口、进口两个方面的专业化优势，将此指标进一步分解：

$$LF1_j^i = 100\left[\frac{ex_j^i}{ex_j^i + im_j^i} - \frac{\sum\limits_{j=1}^{N} ex_j^i}{\sum\limits_{j=1}^{N}(ex_j^i + im_j^i)}\right]\frac{ex_j^i + im_j^i}{\sum\limits_{j=1}^{N}(ex_j^i + im_j^i)} \qquad (9.4)$$

$$LF2_j^i = 100\left[\frac{im_j^i}{ex_j^i + im_j^i} - \frac{\sum\limits_{j=1}^{N} im_j^i}{\sum\limits_{j=1}^{N}(ex_j^i + im_j^i)}\right]\frac{ex_j^i + im_j^i}{\sum\limits_{j=1}^{N}(ex_j^i + im_j^i)} \qquad (9.5)$$

从公式（9.4）、（9.5）看，$LF1$ 和 $LF2$ 指数具有互补性，以 0 为界限，按 $LF1$ 和 $LF2$ 指数的大小将产业类别分为[①]：强出口黏性、弱出口黏性、强进口黏性、弱进口黏性。后经统计计算发现如此分类方式有些粗糙，又根据 $LF1$、$LF2$ 指标值的四分位点，细分为强出口黏性、中强出口黏性、中弱出口黏性、弱出口黏性、强进口黏性、中强进口黏性、中弱进口黏性、弱进口黏性。根据研究内容的需要，由于 LF 指数既考虑进口也考虑到出口，此指标具有综合性，$LF1$ 主要考虑出口推动，$LF1$ 和 $LF2$ 指数又存在互补关系，因此，在后文转移矩阵分析中将重心放在 LF 和 $LF1$ 上。

本部分原始数据来自联合国商品贸易统计数据库（UN Comtrade Database），根据 SITC Rev. 3 选择 1994～2017 年两位代码的进出口贸易数据，时间跨度为 24 年，将其分为三个阶段，即 1994～2001 年、2002～2009 年、2010～2017 年，分别进行计算。

---

① 贸易发展结构性变化幅度较小，后文也提到贸易结构存在一定的固化性，因此，在这里命名为黏性。

表 9 – 1 1994 ~ 2017 年 *LF* 指数两分类的产业个数汇总

时间	*LF*		*LF*1		*LF*2	
	强	弱	强	弱	强	弱
1994 ~ 2001	252	270	252	270	270	252
2002 ~ 2009	248	274	247	275	272	250
2010 ~ 2017	219	303	219	303	304	218

数据来源：联合国 UNCOMTRADE 数据库，经整理计算得到。

以 0 为分界的 *LF*、*LF*1、*LF*2 指数两分类去观察，表 9 – 1 中，三个时间段，随着时间的推移，强出口黏性的产业越来越少，而弱出口黏性的产业越来越多；反观进口，强进口黏性的产业越来越多，弱进口黏性的产业越来越少。结合净出口的状态表现，也呈现类似的趋势，这一现象令人忧心。毕竟开放经济条件下，中国发展离不开世界经济，国际分工参与度越来越高，但这一较为粗糙的归类结果却显示，各产业比较优势均在降低，这一结果真的反映了比较优势的动态变化吗？需要通过 *LF* 等指数进一步细分，深入探讨比较优势的动态变化。接下来，根据总体四分位数进一步研究。

表 9 – 2 1994 ~ 2017 年 *LF* 指数四分类的产业个数汇总

时间	*LF*				*LF*1				*LF*2			
	弱	中弱	中强	强	弱	中弱	中强	强	弱	中弱	中强	强
1994 ~ 2001	128	132	134	128	162	94	130	136	136	130	94	162
2002 ~ 2009	87	177	139	117	111	138	148	123	123	148	138	111
2010 ~ 2017	99	188	128	108	116	162	119	126	126	119	162	116

数据来源：联合国 UNCOMTRADE 数据库，经整理计算得到。

表 9 – 2 中的变化净出口表现依然如前，但中弱比较优势的产业表现要稍好些，弱出口黏性的产业总体上在减少，中弱出口黏性的产业总体上在增加，中强出口黏性的产业先增后减，强出口黏性的产业有小幅下降；进口与出口表现正好相反，弱进口黏性的企业有小幅下降，中弱进口黏性的产业先增后降，中强进口黏性的产业大幅增加，强进口黏性产业总体下降。若要了解不同时期详细的产业类别构成情况，将三个不同时期的 *LF*

和 LF1 指数进行分类计算，得到表 9 - 3。

表 9 - 3　三个阶段 LF 和 LF1 指数四分类百分比构成

单位：（%）

阶段	时间	LF				LF1			
		弱	中弱	中强	强	弱	中弱	中强	强
第一阶段	1994	24.62	24.62	26.15	24.62	27.69	20.00	26.15	26.15
	1995	25.76	25.76	22.73	25.76	29.23	23.08	20.00	29.23
	1996	24.62	24.62	24.62	26.15	33.85	15.38	23.08	27.69
	1997	24.62	24.62	26.15	24.62	32.31	16.92	24.62	26.15
	1998	24.24	25.76	28.79	21.21	36.92	12.31	27.69	24.62
	1999	26.15	23.08	26.15	24.62	33.85	13.85	27.69	24.62
	2000	23.08	26.15	26.15	24.62	27.69	21.54	24.62	26.15
	2001	23.08	27.69	24.62	24.62	27.69	21.54	26.15	24.62
第二阶段	2002	21.54	27.69	29.23	21.54	30.77	16.92	29.23	23.08
	2003	16.92	35.38	26.15	21.54	26.15	24.62	26.15	23.08
	2004	18.46	35.38	24.62	21.54	21.54	29.23	26.15	23.08
	2005	16.92	35.38	24.62	23.08	21.54	27.69	24.62	26.15
	2006	13.85	33.85	29.23	23.08	18.46	26.15	30.77	24.62
	2007	15.38	32.31	27.69	24.62	16.92	27.69	30.77	24.62
	2008	15.38	33.85	27.69	23.08	16.92	30.77	29.23	23.08
	2009	15.38	38.46	24.62	21.54	18.46	29.23	30.77	21.54
第三阶段	2010	18.46	32.31	26.15	23.08	21.54	26.15	27.69	24.62
	2011	18.46	33.85	24.62	23.08	24.62	24.62	24.62	26.15
	2012	16.92	36.92	24.62	21.54	23.08	27.69	23.08	26.15
	2013	16.92	36.92	26.15	20.00	21.54	30.77	23.08	24.62
	2014	20.00	36.92	24.62	18.46	21.54	33.85	21.54	23.08
	2015	19.70	37.88	22.73	19.70	20.00	38.46	21.54	21.54
	2016	19.70	37.88	22.73	19.70	23.08	33.85	20.00	24.62
	2017	21.21	34.85	24.24	19.70	23.08	33.85	21.54	23.08

数据来源：联合国 UNCOMTRADE 数据库，经整理计算得到。

　　第一阶段，亚洲金融危机之前，结构变化不大，亚洲金融危机之后，弱净出口比较优势有轻微下降，中弱净出口黏性产业占比有所上升，中强净出口黏性产业占比有所下降，强净出口黏性产业占比没有变化。从出口角度看，除亚洲金融危机前后一段时间有所波动外，产业出口优势的结构在多数年份是较为稳定的，对于进口也是如此。发展中大国产业比较优势的结构变化较慢，这也是 LF 等指标解释为黏性的原因。

第二阶段，从净出口角度看，加入 WTO 以后，弱净出口黏性的产业占比下降明显，中弱净出口黏性产业占比上升了 10 个以上的百分点，中强净出口黏性产业占比有所下滑，强净出口黏性产业先增后减，变化不大。从出口角度看，加入 WTO 之后的一段时间，弱出口黏性的产业占比明显下降，中弱出口黏性的产业占比有所上升，中强出口黏性的产业占比有微小回升，强出口黏性的产业占比微小下调。进口黏性产业结构的变化正好与此相反。

第三阶段，2010 年之后，结构变化较为缓慢，总体趋势依然是弱净出口黏性产业占比稍有上升，中弱净出口黏性产业占比上升，中强净出口黏性产业占比下降，强净出口黏性产业占比下降，出口黏性产业结构变化基本类似。若考虑产业优势演进过程的固化性和流动性，须用转移概率矩阵来表示。

9.1.3 对外贸易发展的结构固化性特征突出

利用产业比较优势的结构状态变化就可以推算每步的状态转移概率矩阵，然后求出平均转移概率矩阵，再利用平均转移矩阵预测未来产业比较优势的结构变化趋势。这里只推算 LF 指数和 LF1 指数的变化，设从初始时刻到 n 时刻，优势结构在每步的转移概率矩阵分为 $p(1)$，$p(2)$，$p(3)\cdots p(n)$，则平均转移概率矩阵为：

$$p = [p(1)\cdot p(2)\cdots p(3)\cdot p(n)]^{\frac{1}{n}} \tag{9.6}$$

在转移概率矩阵中，主对角线上的元素表示固化性，对角线以外的为转移概率，表示流动性，表示行元素转移至其他元素的概率，转移矩阵中行和为1①。本部分利用 MATLAB 软件计算出平均转移概率矩阵，其中出

① 保留了两位小数，四舍五入后个别行和不等于1。

口转移矩阵用 P^{ex} 表示，净出口转移矩阵用 P 表示：

$$p^{ex}_{1994\sim2001}=\begin{bmatrix} 0.95 & 0.05 & 0.00 & 0.00 \\ 0.05 & 0.91 & 0.04 & 0.00 \\ 0.01 & 0.03 & 0.95 & 0.02 \\ 0.01 & 0.01 & 0.02 & 0.97 \end{bmatrix} \quad p^{ex}_{2002\sim2009}=\begin{bmatrix} 0.92 & 0.06 & 0.02 & 0.00 \\ 0.00 & 0.98 & 0.01 & 0.01 \\ 0.00 & 0.02 & 0.97 & 0.01 \\ 0.01 & 0.01 & 0.01 & 0.97 \end{bmatrix}$$

$$p^{ex}_{2010\sim2017}=\begin{bmatrix} 0.97 & 0.03 & 0.00 & 0.00 \\ 0.01 & 0.97 & 0.00 & 0.01 \\ 0.02 & 0.02 & 0.96 & 0.01 \\ 0.00 & 0.03 & 0.01 & 0.96 \end{bmatrix} \quad p_{1994\sim2001}=\begin{bmatrix} 0.97 & 0.02 & 0.01 & 0.00 \\ 0.01 & 0.98 & 0.00 & 0.01 \\ 0.01 & 0.02 & 0.96 & 0.02 \\ 0.00 & 0.01 & 0.02 & 0.97 \end{bmatrix}$$

$$p_{2002\sim2009}=\begin{bmatrix} 0.93 & 0.04 & 0.02 & 0.01 \\ 0.00 & 0.99 & 0.01 & 0.00 \\ 0.01 & 0.03 & 0.95 & 0.00 \\ 0.00 & 0.02 & 0.00 & 0.98 \end{bmatrix} \quad p_{2010\sim2017}=\begin{bmatrix} 0.99 & 0.01 & 0.00 & 0.00 \\ 0.01 & 0.99 & 0.01 & 0.00 \\ 0.01 & 0.01 & 0.97 & 0.01 \\ 0.01 & 0.01 & 0.01 & 0.97 \end{bmatrix}$$

无论出口转移矩阵，还是净出口转移矩阵，转移矩阵中对角线元素都大于 0.9，最低的也达到 0.91，高的达到 0.99。这意味着对外贸易中，比较优势变化的黏性很强。对外贸易的惯性表现为，固化性特征非常明显，流动性较弱。

通过观察矩阵对角线的概率值发现，固化性的表现非常明显。通过观察对角线右侧的概率值发现，向上流动性的表现为：无论是从净出口的角度，还是出口角度，向上流动性最显著的是由弱优势向中弱优势的转变，这个概率最高达到 6%；由弱优势向中强优势的转变，虽跨越等级，最高也可以达到 2%；由中弱优势向中强优势转变最高也可达 4%，向强优势转变可达 1%；由中强优势向强优势转变可以达 2%。通过观察对角线左侧的概率值发现，向下流动性的表现为：在早期中弱优势变为弱优势可以高达 5%，中强到中弱的转变可以达到 3%，强优势转变为弱优势的可以达到 2%，随着时间推移，发现向下转移的概率在趋小，多在 2% 以内，转移类型较为分散。

从以上产业比较优势结构构成及转移矩阵的数据，可以看出固化性在各产业不同阶段皆存在，发展中大国的产业固化性特征更为明显。固化性有利的地方是，强优势的产业不易丧失优势，不利的地方是弱优势产业也不易转变，甚至有掉入比较优势陷阱的危险。观察上面转移矩阵中的数据发现，中国各产业跨等级的转变特征是：向上转移的跨等级较为困难，但向下转移跨等级要容易得多。可见，产业优势在国际竞争中犹如"逆水行舟，不进则退"，而且"进难退易"更给人以警醒。

9.2　要素红利逆转约束了对外贸易推进产业升级的动力

改革开放以来，各种要素红利得以充分发挥，对外贸易取得了丰硕的成果。中国劳动力供给相对丰富，早期的人口红利转化为成本优势，在制造业尤其是劳动密集型制造业中充分展示出来，推动我国工业化进程和经济规模的迅速扩大，使我国国民经济发展跃上了新台阶。然而，中国劳动年龄人口在 2011 年达到峰值，低成本劳动力的供给开始减少，人口结构变化，导致企业用工成本上升，消费与储蓄模式以及劳动力再配置引起的劳动生产率或全要素生产率出现变化。同时，过去廉价的资源供给为制造业发展提供了有益条件，经济增长中出现高能耗、高污染现象，当前资源环境瓶颈及生态压力，降低了产业可持续发展的能力，削弱了产业升级的动力。此外，随着土地制度改革，土地成本也将大幅上升。早期人口、资源、土地、制度等优势转化为产品出口优势。现在，多年依托的低成本优势正在减弱，人口老龄化时代已到来，人口红利、政策红利等传统优势逐渐弱化，土地、资源、生态等环境要素受到约束，各要素价格进入上升期，传统比较优势在弱化，工资增长与劳动生产率增长并非完全同步，使得生产企业单位产品工资占比上升。在国际市场上，不同类型产品的收益回报不同，经验显示，制成品的出口要比初级产品出口带来较大的收益，而在制成品内部构成中，技术和资本密集型产品出口通常比劳动和资源密集型产品出口能够带来更多的收益，中国出口产品的结构档次还有待提升。由此看到国内要素红利逆转的背景下，要素投入驱动型发展模式亟须转变。低端要素成本上升后，需要递补相应高端要素，中国亟待寻求新旧动能转化的支撑点，避免产业升级动力不足。

9.3　国际市场竞争格局限制了对外贸易推进产业升级的利得积累

经济全球化会出现不同国家及地区的不平等与非均衡发展的社会现象，全球贸易环境中，发达国家出口产品和发展中国家出口产品市场地位不对称，市场结构是不完全竞争的，贸易利益的不均衡分配往往使发展中国家处于弱势地位。发展中国家出口的产品中，初级产品及劳动密集型产品往往是市场进入壁垒不高的产业，在国际竞争中很难具有垄断优势，而且随着资本投入的增加，产品的边际回报会降低，随着沉没资本的增加，比较优势也日渐削弱。并且初级产品及劳动密集型产品在国内外市场上的需求价格弹性小，当更多发展中国家进入此市场时，多采用降低价格的策略来吸引买家，虽说扩大了销量，但价格的下滑使得收益降低，对外贸易条件恶化，贸易利得减少。而发达国家出口产品在国际市场具有垄断优势，价格不易下降，规模经济还使得成本下降，贸易利得增加。中国对外贸易条件的变化，可以直接反映贸易利得的变化，对外贸易条件通常用一定时期内的出口价格指数与进口价格指数之比来表示，反映一国宏观上对外贸易的经济效益变化。假如出口商品价格上升的速度快于进口商品价格上升的速度，或者出口商品价格上升，进口商品价格下降，意味着对外贸易条件更有利，对外贸易对本国有利；反之，假如进口商品价格上升的速度快于出口商品价格上升的速度，或者进口商品价格上升，出口商品价格下降，意味着对外贸易处于不利地位。

近年来，中国的贸易条件出现了恶化趋势。如表 9-4 所示，若以上年价格指数为 100 计算贸易条件，很多年份的贸易条件指数都小于 1；若以 1982 年的价格指数作为 100 进行计算，贸易条件指数下滑明显，近年来均在 0.5 左右徘徊，贸易条件恶化相当明显。中国在加工贸易方面存在"大进大出"的特征，进口中间投入，出口工业制成品。由于很多出口的工业制成品是劳动密集型和技术含量较低的产品，这些产品在国际市场有较高的替代性，技术壁垒和生产壁垒低，当越来越多的中低收入国家进入此领域时，价格竞争是必然的。因此，中国进出口商品的价格指数变化直接反映出贸易条件的恶化，产业升级面临更多挑战。

表 9 - 4   1982 ~ 2017 年贸易条件指数变化情况

年份	贸易条件（上年=100）	贸易条件（1982年=100）	年份	贸易条件（上年=100）	贸易条件（1982年=100）	年份	贸易条件（上年=100）	贸易条件（1982年=100）
1982	1.00	1.00	1994	1.01	0.77	2006	0.99	0.50
1983	1.00	1.00	1995	0.99	0.77	2007	0.99	0.49
1984	1.04	1.04	1996	1.01	0.77	2008	0.94	0.46
1985	0.99	1.03	1997	0.98	0.76	2009	1.07	0.50
1986	0.80	0.83	1998	0.96	0.73	2010	0.91	0.45
1987	1.03	0.85	1999	0.91	0.67	2011	0.97	0.44
1988	0.91	0.78	2000	0.92	0.61	2012	1.03	0.45
1989	0.98	0.77	2001	0.98	0.60	2013	1.02	0.46
1990	1.07	0.82	2002	0.95	0.57	2014	1.03	0.47
1991	1.04	0.85	2003	0.94	0.54	2015	1.12	0.52
1992	0.96	0.81	2004	0.94	0.51	2016	1.00	0.53
1993	0.95	0.77	2005	1.00	0.50	2017	0.95	0.50

数据来源：国家统计局，经整理计算得到。

在国际竞争中，发达国家作为产业转移、利益分配的价值链的主导者，在市场中把控话语权加剧了我国贸易条件的恶化。改革开放以来，中国在石油、铁矿石等国际大宗商品采购方面，面临卖方寡头垄断的市场格局，信息不对称加之需求刚性，这种市场结构决定了进口价格的上涨态势。国际大宗商品价格上涨势必传递到国内企业，使其生产成本增加，甚至会造成输入型的通货膨胀。在国际市场不完全竞争的格局下，中国对外贸易条件恶化，贸易利得减少，在一定程度上限制了产业升级的利得积累。

9.4   服务业基础薄弱降低了对外贸易推进产业升级的效率

长期的"重生产，轻服务"的经济发展思想，导致我国服务业发展不足，对实业支撑不足，新旧动力转换乏力。在电信服务、教育文化、金融保险等领域，核心产业由政府资助、部分所有或高度监管，有过多的准入限制，管理制度老化，以少数国有大中型企业为主，垄断经营较为严重，市场竞争不充分，资源配置效率低，未对经济转型发展和产业升级提供有力的支撑。服务业中涉及许多知识产权密集型的行业，中国知识产权服务环境方面还存在薄弱环节，产权意识淡漠、产权文化缺失，在支持创新创业以及促进经济提质增效等方面支持力度还远远不够。服务业基础薄弱，也影响服务贸易的发展，从内部结构看，中国服务贸易出口主要集中在运输、旅游和其他商业服务等传统服务项目上，而知识、技术密集型服务产品却呈现典型逆差，这种不平衡直接影响经济的整体健康发展。服务贸易竞争力弱，在国际经济的大环境中，服务业的价值形态难以将多元化的形式融入贸易产品中，难以得到国际社会的认可。总体上看，服务业相对落后，在管理体制、政策扶持、方法手段等方面还存在诸多不足，中国经济转型发展已经从淘汰落后产能转向创新升级的阶段，现代服务业崛起才能缓解产业升级的紧迫感，否则将会影响产业升级顺利进行，增大产业升级断档的风险。

9.5　频繁的贸易摩擦增大了对外贸易推进产业升级的阻力

一些发达国家对中国发展模式及中国崛起感到恐慌，在对外贸易领域，利用 WTO 的政策漏洞挑起贸易摩擦对中国施压遏制中国产业发展。贸易摩擦背后体现着国内产业发展的不平衡，发达国家对发展中国家挑起贸易摩擦往往借口国内就业受到了进口产品的冲击，针对领域一般是发展中国家具有传统优势的产业，其手段一般是反倾销、反补贴与保障措施等，给发展中国家造成贸易冲击。而在发达国家优势领域，发达国家又借口技术壁垒、绿色壁垒、知识产权保护等，限制其技术出口，维护发达国家企业的技术领先地位，获取垄断利润，对别国发展进行限制。自 1996 年开始，中国一直都是世界上遭遇反倾销最多的国家，同时受到发达国家和发展中国家的两面挤压。从案件数量上看，发展中国家对我国发起反倾销高于发达国家，从贸易金额看，发达国家对我国发起反倾销高于发展中国家。2017 年，中国共遭遇来自诸多国家和地区的 55 起反倾销调查，是遭遇反倾销调查最多的国家，中国已连续二十多年成为被反倾销调查最多的国家；遭遇反补贴调查 13 起，连续十余年成为被反补贴调查最多的国家。中国是全球贸易救济调查的最大目标国，面临复杂严峻的贸易摩擦形势。2018 年，中美贸易摩擦也异常激烈，在全球网络化生产分工背景下，国与国之间的经贸关系愈加复杂，由于中美贸易在全球贸易格局中影响很大，美方挑起的贸易摩擦，将成为全球经济复苏的风险源之一。美国对华贸易挑战是防止美国的技术和知识产权流入中国，使美国关键产业的国内产能得到保护，美国要保持国内产业尤其是高科技产业的全球领先地位。美国通过全球影响力对中国施压，将对中国技术进步和产业升级带来阻力。发达国家与发展中国家出口商品市场结构不对称、谈判地位不对称，随着中国贸易规模的壮大，遭遇贸易摩擦不可避免。另外，发达国家实业回归也使价值链垂直分工加剧，中国经济崛起与发达国家的正面竞争不断增多。贸易摩擦将给中国经济在产业升级、科技进步方面造成更多的约束与掣肘。

综上，本章首先对产业比较优势进行测度并分类，并借助马尔可夫分析法对结构转移概率进行测算，发现对外贸易发展固化性特征明显，固化性远远大于流动性，向上转移比向下转移概率要稍高，向下转移的类型较为分散，这种贸易惯性削弱了对外贸易推动产业升级的向上流动性。随后分析了国内要素红利已经逆转、一些发达国家对中国发展的遏制、国际市场不完全竞争格局对贸易产品的束缚以及服务业基础薄弱等情况，这些都是制约对外贸易推进产业升级的因素。

第10章 结论与对策建议

中国对外贸易发展与产业升级，表现为多层面、立体的、复杂的关系。本书基于对外贸易发展研究产业升级问题，首先对"产业升级"进行界定，并对相关文献进行归纳和梳理，在理论层面厘清脉络。研究发现部分文献是基于外贸对产业结构升级影响进行解析的，还有部分文献从全球价值链角度对产业升级进行解读，这对产业升级的解读还不够完善，本书从结构演进、经济效率、产品空间、生产分工四个视角进行综合研究，建立了一个相对完整的研究框架。之后，本书也从四个视角运用经济统计及计量经济学的方法逐一进行检验和分析。本书尝试回答的关键问题是：开放经济环境下，中国对外贸易发展对产业升级的影响如何？如果说在结构演进视角下产业升级是贸易发展与产业结构的结合体，在经济效率视角下产业升级是贸易发展与资源配置的结合体，在产品空间视角下产业升级是贸易发展与国际竞争的结合体，在生产分工视角下产业升级是贸易发展与增值能力的结合体，那么，中国对外贸易发展在不同视角下对产业升级的影响又如何？为了回答这些问题，本书站在更开阔的视野上对产业升级进行实证分析，从四个不同的视角全方位观察外贸发展对产业升级的影响，本书搜集、整理了大量数据及运用多种软件、使用不同模型，力求得到较为稳健的分析论证。本章主要概括本书的研究结论，提出相关建议，并对未来研究进行展望。

10.1 主要结论

10.1.1 结构演进视角下的研究结论

改革开放以来，中国经济规模和贸易规模快速扩张，产业结构也发生了显著变化。研究认为，无论何种类型的对外贸易对产业结构的协调都是有益的、对产业综合效率的提升都是有积极推动作用的，但对产业结构的转换在统计意义上都没有显著影响。除服务贸易外，其他对外贸易形式对产业结构轻软度的影响均是负向的，原因是当对外贸易内容围绕第二产业时，对产业结构轻软度的影响都是反向的。物质资本、人力资本与科技投入对产业结构协调和产业综合效率的提高都是有益的，对产业结构转换的影响在统计意义上同样不显著。在产业结构轻软方向上，人力资本和科技投入都有助于第三产业的发展，而物质资本偏重第二产业，对产业结构方向改善上是逆向影响。贸易发展有助于劳动力向第二、三产业转移，会促进城镇化水平的不断提升，城镇化虽会使产业结构有所偏离，但城镇化有助于服务业发展，对产业结构的轻软化是有利的，对产业综合效率的提升也是正向的。

10.1.2 基于经济效率视角下的研究结论

贸易发展与全球市场联动，扩大了资源配置的范围，促进了经济效率的提升，在全要素生产率及劳动生产率上均有所体现。全国层面上，从全要素生产率来看，中国与世界前沿的全要素生产率越接近，经济效率就越高，出口贸易的发展有利于全要素生产率的提升。从劳动生产率来看，初级产品出口对劳动生产率影响为负，而鼓励初级产品进口以及工业制品出口都有利于劳动生产率的提升，发展服务贸易也有利于劳动生产率的提升。省际层面上，从全要素生产率来看，出口依存度对全要素生产率的影响系数为正，进口贸易依存度对全要素生产率的影响系数为负，其绝对值小于出口贸易的影响。进一步的，分区域而言，东部、中部、西部及东北地区进出口贸易对全要素生产率的影响不完全相同，总体上出口贸易的推动作用大于进口的影响，贸易发展对全要素生产率的影响是正向的。从劳动生产率来看，进口贸易对劳动生产率的影响为正，而出口贸易对劳动生产率的影响为负，与常规想象有所差异。分区域看，进口贸易对东部、中部、东北地区的影响为正且显著，对西部地区影响不显著；出口贸易对西部为正向影响，而对东部为负向影响，这也许与东部地区出口贸易中含有较多的加工贸易有关。由于各省加工贸易数据未公布，为了寻求更多依据，笔者利用微观数据进行了出口贸易对经济效率影响的再检验。企业层面上，利用工业企业数据进行面板门槛的再检验，发现企业规模较小时，出口贸易对企业经济效率的影响为负，出现规模不经济的现象；随着企业规模扩大，出口对企业经济效率的影响为正，规模经济的益处逐渐显现。现实中，理性企业会选择适度规模，因此，可以说出口贸易对企业经济效率提升是有积极意义的，也就从不同层面论证了对外贸易对产业升级在经济效率方面的影响。

10.1.3　产品空间视角下的研究结论

产业升级在国际市场上还表现为以显示性比较优势为代表的国际竞争力的提升。研究认为，在国际市场上，中国具有显示性比较优势的产品越来越多，产品的多样性也在增强。高密度 – 高 RCA 的产品数量增多，低密度 – 低 RCA 的产品数量下降。从各统计指标总体情况来看，中国产品在国际市场上有一定的竞争力，是有利于推动产业升级进行的。研究还发现，遵循比较优势是产业升级的策略选择，通过对不同国家进行对比，再次印证了遵循比较优势是我国产业升级的可选策略，并且与其他国家相比，中国特色也较为突出。既有能力禀赋在推进产业升级时，发展中国家的效果好于发达国家，近期推动作用要弱于前期推动作用。作为发展中大国，出口产品密度、进口产品密度、经济增长对产业升级均有正向推动作用，这一特征在发达国家或其他发展中国家未必适用。

10.1.4　生产分工视角下的研究结论

国际分工的深化使全球生产网络日趋复杂，中国参与国际分工的热情从未改变。对外贸易发展对产业升级在增值能力方面的研究结论为，中国经济是全球价值链上非常重要的组成部分，经济规模大且参与度高，增值率无论从总体还是分组来看，都呈现先增加后降低的倒 U 形轨迹，与生产的非一体化指数的契合程度较高。中国在参与全球价值链的早期阶段，充分发挥自身比较优势，不断融入国际分工，增值率不断上升，推动了产业升级；而后随着参与全球价值链与国际分工的不断深入成熟，传统优势产业受到成本更低的东南亚国家的挑战，发达国家垄断高端产业，中国面临双重压力，这一现状在制造业领域较为明显。从市场非一体化的角度看，情况要乐观些，融入全球产业链越来越深入，会促进增值率的提升，产业升级有赖于进一步融入全球经济网络。从完全消耗角度看，在考虑到产业关联和波及效应的情况下，加大对全球产业链的融入力度是有助于产业升级的。

10.2 对策建议

产业升级是个复杂工程，开放经济环境下，产业升级必须立足国情、面向世界，在全球经济网络中，利用一切有利因素推动国内产业发展，本书基于研究内容，提出以下对策建议。

10.2.1 结构演进视角下的对策建议

第一，发挥贸易结构先导效应，引导产业结构优化升级。改革开放40年来，对外贸易与产业升级的联系愈加紧密，贸易发展影响着国民经济的运行。对外贸易既可以通过进口平衡国内生产的短板，缓解供给瓶颈，也可以将具有比较优势的产品输出到国外，在国际市场谋求更大利益。通常，国际市场的需求供给弹性都要大于国内市场，产品生命周期更短，且对产品质量、性能等要求较高，国际市场的需求变动是国内产业发展的先导，因此，有必要通过对外贸易深入了解国际市场行情的变化，适应供求变化，促进国内产业结构优化升级。在竞争激烈的国际市场上，出口企业为了保持竞争力和市场份额，在技术投入、管理经营方面要不断改进，才能在消化和抗衡国际需求变化上更有竞争力。

第二，以贸易层次提升推动产业结构优化升级。对外贸易给予产业发展以国际视野和信息导向，贸易开放度的提升对中国产业结构优化调整和升级具有重要作用。经济新常态下，中国贸易扩张要注意从量转向质，注重贸易结构和质量的提升。在出口方面，以国际市场需求为导向，在商品的质量、功能、服务、知名度与美誉度等方面下功夫，全面提升商品质量与国际形象，增加商品附加值，不断优化出口产品结构，促进产业结构优化升级。在进口方面，要重视中高端产品的进口和高质量中间品的进口，通过进口增强产品质量，提升产品竞争力，惠及民生和企业生产需求，产业升级也是赢得国际竞争的必由之路。在贸易内容上，向服务贸易、技术贸易等领域发展，促进贸易结构的优化。在贸易产品上，注意提高产品技术含量和产品附加值，在产品品牌、质量、服务等方面进一步凝聚核心竞争力，发掘新的竞争优势。在地缘上进一步扩大"一带一路"贸易伙伴的开拓力度，注意新兴市场开拓，在贸易区域上降低集中度，实现多元化发展格局。在贸易结构转型升级方面，本土企业要主动吸收发达国家的技术溢出，并加大自主研发投入，加强对知识产权的保护，提高本土企业的自主创新能力，通过优惠、激励政策等措施助力产业优化升级，从多个层面提升贸易层次。

第三，积极利用贸易自由化政策，助力国内经济发展与产业升级。贸易自由化能够降低贸易成本，促进市场竞争与资源配置效率的改善，有利于产业发展及产业结构的优化调整。比如关税下降，可以促进出口市场规模的扩大，使企业享受规模经济的益处，也激励企业增加各项投入满足高标准市场准入条件与市场需求；关税下降，可以促进进口更多高质量的中间产品、机器设备等，直接提升产品品质，也可通过技术溢出和学习效应享有贸易伴生的正外部性。此外，非关税贸易壁垒的降低，同样可以提高贸易利得，缩减发达国家与发展中国家的利益差距，对刺激国内产业发展也有帮助。

第四，开放的市场经济中，通过国际产业转移和国内产业转移，促进国内产业升级。产业结构演进过程中必然会出现产业转移现象，产业转移是改革开放和经济发展的必然产物，产业转移会加速区域产业结构的调整，改变区域间的分工与合作。开放经济条件下，产业转移一方面是对国外发达国家和地区的产业承接，另一方面，作为发展中大国，内部经济发展不平衡，内部梯队间的产业转移与承接成为常态。国际分工的深化加快产业转移的速度，国际竞争日益激烈，产业转移重在升级，而绝非空间的简单腾挪，是否有助于当地产业发展与升级是判断是否转移与承接外部产业的标准。在新一轮产业转移与承接中，要尽量重构商业规则，严守在环境、土地、税收、技术等方面的底线，谨防被动承接，尽量争取更强的谈判力度。

第五，城镇化为产业结构调整优化注入新的生机活力，要把握好城镇化对产业升级的机遇。城镇化是经济发展的重要内容，对产业结构演进有着重要意义，随着工业化进程的不断深入，劳动力从农村走向城镇、从农业转移至制造业和服务业、从制造业转移至服务业，劳动人口的流动也构成了产业结构演进的重要内容。城镇化是产业结构优化升级的必经之路，城镇化进程中生产、生活方式的变革，会影响产业联动和资源再配置，尤其是城镇化聚集了知识、技术、管理等无形要素，通过不断融合创新，在促进产业发展、效率提升、结构优化等方面起到重要作用。此外，社会主义市场经济体制下，还应进一步放宽土地制度、户籍制度、金融制度等方面的约束，提升制度活力和要素流动性，尽量营造出有利于产业升级的大环境。

第六，民营经济对国民经济的影响越来越大，应通过不断激发民营经济活力，助力经济转型升级。改革开放以来，民营经济从小到大、从弱到强，不断发展壮大。网购、移动支付、共享单车等新时代的产物极大便利了人们的生活，而这几样成果均出自民营企业，民营企业在推动经济发展上做出了重要贡献。当前，中国的经济发展正处于"爬坡过坎"的关键时期，民营经济转型阵痛更加明显，支持民营企业的政策要落地有声，通过不断激发民企的创新活力，促进经济转型发展。

第七，积极发展现代服务业，鼓励产业融合发展，助力产业结构优化发展。当前单个产业难以满足新兴市场多变的需求，在经济全球化以及信息技术迅猛发展的背景下，产业融合将会带动各产业相互渗透，共生发展。同时，产业链也会向上游和下游不断扩展，产业间的边界日益模糊，逐渐出现新业态以满足新兴市场需求。具有代表性的是服务业与制造业之间的融合发展，两者关系越来越密切，融合发展是大势所趋。我国服务业发展迅速，但还存在附加值较低且技术含量不高的问题，对制造业的支撑驱动能力有限。因此，要加快发展现代服务业，加速弥补高端生产服务业的短板，将现代服务业和先进制造业的融合发展打造成产业升级的新选择。

10.2.2　经济效率视角下的对策建议

第一，发挥贸易溢出效应，促进经济效率提升。贸易作为技术外溢的必要物化载体，在加速技术模仿和提升自主技术水平以及提升经济效率方面起着重要作用。这种技术溢出还借助产业关联，提高技术溢出的影响力，进而带动相关产业发展。当然，技术密集型产品的进口对效率提升有直接推动效果，但国外发达国家的核心技术往往是限制出口及进行技术封锁的，若想不受制于人，对发展中国家而言，能够在较短的时间内，承接与消化吸收技术溢出是必要的。

第二，通过对外贸易进一步改善要素投入质量促进产业升级。比较优势理论认为要素禀赋基础上的比较优势是产业发展的基础，而开放经济条件下，借助国内、国外两个市场进行资源配置，在资本积累、人力资本、技术创新等方面更要注重优质要素的投入，要素升级是产业升级的源泉。优质要素供给不仅能直接提升经济效率，而且能通过关联效应和溢出效应间接带动区域经济增长，更有助于区域经济效率提升。当然，在全球资源配置时尤其要注意要素禀赋的差异性和专业性，注意在跟随、学习、创新等方面建立起畅通渠道，通过提升国内要素供给质量促进产业升级的顺利进行。此外，要素流动性是地区间产业发展效率趋同的重要因素，各级政府部门要在基础设施投入、要素市场开放以及公共服务水平上，尽最大努力减少区域间的要素流动障碍，推进效率软环境平台建设，促进区域协同发展。

第三，大国经济发展绝不能靠要素投入驱动，效率驱动、创新驱动才是保持国家竞争力的法宝。劳动力曾是比较优势的典型源泉，劳动密集型产业也为拉动就业和经济增长做出了重要贡献。但是，劳动密集型产品需求弹性大，价格竞争会对产业发展造成较大的不利影响。随着跨国公司在全球寻求更低成本区域进行转移生产，本土产品的价格贸易条件就会不断恶化，产业发展必须寻求新的动力，供给侧改革的提出给避免经济持续发展断裂化提供了新的思路。供给侧改革就是围绕供给体系的质量和效率，挖掘经济持续增长的动力，这给推进产业转型升级开出一剂良方。当前，大数据、物联网、云计算等新业态的不断出现，对助力传统行业转型升级大有裨益，新技术的关联与外溢正以经济增量效应惠及传统经济存量，创新正是产业升级的源源动力。

第四，前文实证分析中，除了提到对外贸易对经济效率的影响之外，也考虑了其他解释变量，其中研发投入就是一个重要变量。研发对于一国经济整体、产业发展及企业运营而言，是效率提升的源泉，是转变经济发展方式的必然投入，是引领产业升级的重要力量。因此，可以通过不断加大研发投入、促进产学研紧密结合、逐渐完善技术市场政策等措施，促进经济效率的提升，改善经济发展的质量。

第五，由于国际市场是动态变化的，要注意国际市场需求、竞争格局、金融市场、政治形势等外界变化引起的贸易冲击，要注意提高我国各产业的综合实力，增强抵抗国际风险冲击的能力。同时，也要尽量减少正外部性传播的障碍和摩擦，从行政审批、市场监管、产权保护等方面营造出良好的营商环境，以促进贸易发展、技术外溢、知识传播，进而促进经济效率的提高。通过不断优化营商环境，助力产业升级的顺利进行。

第六，产业升级不仅要考虑对外贸易发展对经济效率的正向激励，也不能忽视对外贸易发展对经济效率的负向影响与压力传递，溢出效应与引致需求对产业升级会起到波及扩散作用。对外开放促进了贸易发展，贸易往来伴生的知识溢出、产业关联及"干中学"等正外部性对经济效率提升有潜移默化的影响。在开放经济环境中，无论是劳动生产率还是全要素生产率，一般都会受到对外贸易发展带来的良性影响，但也要警惕贸易条件恶化，避免"贫困化增长"现象的出现。还要注意国际大宗商品进口抬价对我国国内产业发展带来的传导效应，避免成本推动型通货膨胀的出现。要通过充分发挥对外贸易的正外部性，助力产业升级在经济效率方面逐渐改进。

10.2.3　产品空间视角下的对策建议

第一，既重视既有综合禀赋的传承和发挥，又要不断开启创新发展的思路，加强产品间的转换跳跃能力。前文实证分析反映了既有综合禀赋的累积在产业升级中发挥了引领作用，这个结论在中国、韩国、美国、印度等国家都得以证实。横向对比，韩国是充分利用本国比较优势的代表，韩国是一个外向型市场经济国家，政府对经济的干预也促进了韩国经济的发展。纵向对比，加入 WTO 前后中国既有能力禀赋对产业升级的影响在减弱，结合其他发达国家的表现，经济越发达，对既有综合禀赋的依赖度越低，偏离比较优势的能力就越强，因此，要注重通过创新增强产品间的转换跳跃能力，这将成为规避产业升级断档的新思路。

第二，产业升级策略受到国际竞争及产品空间的影响，可借用管理学中的波士顿矩阵，对产品密度和 RCA 进行分类，判定产品状态，进而确立产业升级的产品培育方向。在优势产品组合的战略思维中，探寻外贸发展对产业升级在国际竞争中的具体路径见表 10 - 1 所示。

表 10 - 1　策略选择的波士顿矩阵

	低密度	高密度
低 RCA	"瘦狗"产品。 产品密度低，在国际市场缺乏竞争力，竞争压力大且利益小，抛弃或者转型是该类产品的选择。	问题幼童产品。 产品密度高，但国际竞争力弱，意味着前途光明，道路曲折，发展前途不稳定。放弃或培育是该类产品的选择。
高 RCA	明星产品。 产品密度低，但市场占有率较高，具有一定的国际竞争优势，产业升级方面虽然转换能力较弱，但国际市场的影响力较大。利用市场地位赢得更多收益是该类产品的选择。	金牛产品。 产品密度高，市场占有率也高，利用既有比较优势，增大产品跳跃距离，充分利用产业转换与迁移能力，享有外部收益。充分利用综合禀赋是该类产品的选择。

第三，产业升级受既有产业基础的影响，不同国家之间的产业基础并不相同，尤其是中国不能完全照搬他国的经验。中国是典型的发展中大国，进口产品密度和经济增长对产业升级的影响完全异于他国，这与中国的经济结构、贸易结构、经济水平、社会发展等背景紧密相关，因此，影响中国产业升级的因素更加复杂，推动产业升级需要摸索中国自身的特色经验。

第四，产品空间也需要"间苗"。产品空间是异质的，产品邻近有疏密，产品密度有大小，市场退出机制是产业升级不可避免的话题。落后产能与僵尸企业的存在，降低了资源配置的效率，成为产业升级的障碍。为了更好地促进产业转型发展，实现资源配置效率的帕累托最优，对国内产品空间的"瘦狗"产品需要"间苗"，阻止产业失势的蔓延。基于产品空间的产业升级主要是向距离邻近的产品升级，"间苗"势必腾出一定的生产要素。通过聚集和重塑原有要素，开启新优势，推动产业跨越发展，是经济新常态下产业升级的新选择。

第五，发挥国际竞争效应，提升产业影响力。对外贸易发展与贸易自由化能带来竞争效应，并强化贸易自由化的福利效果。全球贸易网络使国际竞争本土化，国内竞争国际化，有竞争就会促进改进。对外贸易的存在，会刺激企业培育竞争意识，引发思维、服务、管理、制度、意识等方面的改变，在新知识、新思想的推动下，提升专业化程度，提升产品品质。在企业间的相互竞争中，产业体系不断完善，产业的辐射力与国际影响力就会增强。营销界流行一句话："三流企业做产品、二流企业做品牌、一流企业做标准。"中国企业要想在国际市场保持竞争活力与领先地位，就要在国际竞争中不断提升产业竞争层次，提升产业的国际影响力。

第六，通过对外贸易弥补要素禀赋的差异化短板。要素禀赋基础也会影响产业发展方向，国内不同区域要利用差异化的进口政策，推动利用贸易进口实现国内要素的有效配置，不断完善国内产业链。比如，西部地区土地资源丰富但制造能力不足，在进口政策上应向机械装备、零部件、半成品等倾斜；中部地区有一定的制造基础，进一步完善生产制造体系是未来发展方向，在进口政策上应向高技术复杂度的中间品倾斜；东部地区经过多年发展，应向自主创新方向寻求突破，在核心技术上努力提升国产化率，在进口政策上应倾向于进口替代，承担起产业升级、产业转移、区域经济合作与协调发展的重任。

10.2.4 生产分工视角下的对策建议

第一，继续发挥比较优势，努力向价值链高端攀升，提升产业升级的能力。当前，全球价值链的环节配置上出现了二元结构的现象，即发达国家高附加值环节的集聚和发展中国家低附加值环节的集聚，发展中国家一方面要继续发挥比较优势，促进经济稳定发展；另一方面，要努力突破低端锁定状态，在国际分工碎片化、模块化生产背景下，引进高端人才，促进企业不断创新，努力打破产业发展困局。同时，不要忽略产业关联与产业融合的外溢效应，以产业融合发展带动产业转型发展。前文也看到，完全消耗系数下的非一体化指数的增加会促进增值率的提升。在全球经济新旧动能转换加快的今天，产业发展正在面临深刻变革，突破新技术的工业革命在全球纷纷开展，产业融合就是新的制高点，尤其是在制造业领域要持续寻求产业发展新动能，保证产业转型升级"不断档"。

第二，培育布局全球的战略眼光，做产业链的谋篇者，提升企业在资源配置方面运筹帷幄的能力。开放经济条件下的产业升级，需要有敏锐的世界眼光和全局的战略思维。要培育一批具有世界影响力的企业，提升企业在全球市场资源配置中的话语权。时至今日，中国在全球价值链上的角色正在发生变化，相较于低劳动成本的国家，中国既有比较优势产业也开始转移到东南亚、非洲等地区，企业通过"走出去"在全球进行资源配置的经验正逐渐累积。

第三，改变传统要素驱动发展模式，提升全球价值链的占位水平。资本、技术和劳动力在产业发展中都是起重要作用的生产要素，在不同的经济发展阶段，发挥各自不同的作用。改革开放之初，中国缺资金缺技术，通过吸引外资拓展生产规模，不管是国企、外企还是民企，通过要素的粗暴投入，能够形成快速供给，及时满足市场对各种商品的需求。随着经济发展水平与人民生活质量的提升，市场需求的焦点从产品数量转向产品质量，此时高素质要素的投入对提升经济效率与质量至关重要。今后，要在综合考虑环境、税收、就业等多方面因素的基础上，汇聚高质量要素的流入，加强产业升级的能力储备，逐步提升产业在全球价值链上的占位水平。

第四，主动参与国际分工，务必实现核心技术的国产化。产业升级既不能完全封闭去搞，也不能完全依赖国外技术和产品，与世界制造强国相比，我国在核心技术、创新能力、质量品牌等方面还有很长的路要走，缩减差距任重道远。作为发展中大国，参与国际分工是必要的，但核心技术必须掌握在自己国家手中。美、日、法、德等发达国家绝对不会将核心技术拱手相让，以市场换技术等理想做法在现实中困难重重。没有核心技术，产业发展必将受制于他人，必将影响国家主权。核心技术的发展绝非一朝一夕，无论是基础科学还是应用科学，只有脚踏实地进行科研攻关，核心技术才能取得突破。中国的产业升级既不能盲目自大，也不要妄自菲薄，必须通过强化核心技术能力修炼内功，实现在全球价值链占位的中高端化。

第五，在国际市场上，尽力延缓传统产业比较优势边际利益递减的趋势，并拓展战略新兴产业的发展空间。中国传统产业经过几十年的发展，以低成本优势在国际市场赢得一席之地，但也逐渐开始面对其他发展中国家更廉价劳动力的竞争，为避免同质化低价竞争，要克服创新惰性，通过工艺流程升级及产品升级，打造在产品功能、质量、品牌等方面差异化的竞争优势，带动传统产业往微笑曲线的上方移动。对于战略新兴产业，应从模仿到自主创新，要积极引进和培育高技术人才，增大关键技术攻关投入，提高核心技术国产化的能力，扩大战略新兴产业在国际市场的发展空间。此外，对于前沿领域，发达国家没有领先优势，几乎与发展中国家同时起跑，这种态势下，发展中国家更要努力紧抓机遇，争取把握高端环节的话语权。

第六，适当设置阶段性目标，增强产业攀升能力。经济全球化的今天，嵌入全球生产网络，是发展中国家进行产业升级的重要途径，但产业升级却非嵌入全球生产网络的必然结果。积极参与国际分工，融入全球生产网络，绝不能沦为廉价要素的供应地和低端锁定的代言人。应在综合评估当地要素禀赋的基础上，判断参与国际分工产业的机遇，通过产业政策和激励机制引导参与全球价值链的企业进行生产、技术、管理等方面的升级。在深度融入全球生产网络的过程中，适当设置阶段性目标：初级目标是通过贸易往来缓解资源要素的瓶颈，保障正常运营；中期目标是沿微笑曲线延伸，提升产业增加值和竞争力；最高目标是培育实力强大的跨国企业，游刃有余地进行全球资源配置，在价值链上拥有主导权。

第七，不断完善国内价值链，增强产业升级的稳定性。全球生产网络加速了国际风险的连锁反应，全球价值链条上某一节点的逆向冲击，会沿整个链条传导和放大，加大风险的冲击力。贸易摩擦、政治紧张、军事冲突、自然灾害等都是国际贸易风险源，此外，还存在贸易领域的比较优势陷阱与低端锁定风险，要想与全球生产网络良性互动，降低国内产业升级的风险，增加其稳定性，不断完善国内价值链是必要的。国内价值链是产业发展在国内不同区域间进行组织生产与经营，其经营运作体系在国内进行产业关联和循环，国内价值链有助于区域经济协同发展。不断完善国内价值链是增强产业升级稳定性的重要支撑。在积极融入国际分工的同时，也要注重国内价值链的构建。中国对全球产业链的嵌入是从东部沿海地区开始的，加工贸易的迅速发展促进了东部地区国际制造基地的形成，也提升了当地的技术水平和经济发展水平。为缩小地区间的经济差距，在东部沿海地区既有的全球价值链基础上，着力延伸和发展国内价值链，逐步形成的"发达国家⟷中国东部地区⟷中国中、西部地区"的联动格局，通过国内外、东中西联动发展，构建起完善的国内价值链，进而促进区域经济协调，增强产业升级的稳定性。

10.2.5　产业升级再认识的相关建议

本书写作中，关于产业升级的一些再认识，并未出现在正文的实证部分，在文末予以补充。

首先，各个产业发展不分高低贵贱[①]，不能说第一产业是低级的，第二产业和第三产业是高级的，每个产业都是经济发展不可或缺的重要组成部门。从产业结构演变的历史看，随着经济的发展，第一产业的占比越来越低。结构变迁从一定程度上反映了产业结构的优化升级，尤其是中国人口众多、市场巨大，三次产业构成必须相对合理才不会受制于他国。因

---

① 《中共中央党校经济学教研部》，《中国产业结构调整问题调查》，中共中央党校出版社，2015，第 4 页。

此，从全国来看，产业结构的演进历程跟世界经济发展规律是相似的，但不必苛求三次产业占比必须与欧美发达国家相同。

其次，产业升级的指向既非轻工业，也非重工业[①]；既非制造业，也非服务业；而是"高"（即有所改善、有所改进），高的指向绝非一刀切，这就意味着，产业升级绝非全方位、同步、同侧的升级。在实践中，个别地方政府在产业转型升级方面，盲从跟风，一致指向高端制造业、高端生产服务业，盲目建设投入高新园区，本地生产能力供给难以满足高端制造需求，出现了升级跳跃的能力跟不上的现象，造成升级失败的不良后果（个别工业园区建好后空置，利用率低）。因此，产业升级需要因地制宜，尤其是对发展中大国而言，产业多样、地域特色明显，产业升级政策绝不能盲从与一刀切，要充分考虑当地产品空间特点及比较优势的演化，探寻各区域差异化的产业升级路径，力争做到升级产业有选择、升级时机有先后、升级政策有针对性。

最后，产业升级是建立在既有能力禀赋逐渐累积的基础上。一方面，不能过分沉迷于华丽的"漂移"而弯道超车，产业升级的极端理想主义难免会使产业升级掉入陷阱。另一方面，产业升级更非墨守成规，裹足不前，而是力求在关键环节寻求突破，利用经济外部性促使高端化成果普及化。通过寻求主导产业高端化、主要环节高端化，核心能力高端化等，利用产业关联、环节牵制、知识外溢等联动发展，促进产业升级的循序渐进与螺旋上升，进而促进产业升级的顺利推进与区域经济的平稳发展。

---

① 吴红雨：《价值链高端化与地方产业升级》，中国经济出版社，2015，第243页。

参考文献

宝贡敏、和丕禅：《规模经济下的国际分工与国际贸易》，《国际贸易》1996 年第 3 期，第 17～18 页。

蔡海亚、徐盈之：《贸易开放是否影响了中国产业结构升级》，《数量经济技术经济研究》2017 年第 10 期，第 3～22 页。

陈娇：《产业升级的三种不同思路研究：文献综述》，《西安石油大学学报（社会科学版）》2011 年第 2 期，第 38～42 页。

陈羽、邝国良：《"产业升级"的理论内核及研究思路述评》，《改革》2009 年第 10 期，第 85～89 页。

迟旭蕾：《国际贸易与全要素生产率——基于中国省际面板数据的门槛回归分析》，《经济与管理》2014 年第 4 期，第 80～84 页。

崔文杰、夏飞龙：《关于产业升级的文献综述》，《现代管理科学》2018 年第 5 期，第 30～32 页。

崔永涛、王燕、王志强：《产业结构变迁影响因素的统计考察》，《统计与决策》2017 年第 2 期，第 96～99 页。

单豪杰：《中国资本存量 K 的再估算：1952～2006 年》，《数量经济技术经济研究》2008 年第 10 期，第 17～31 页。

邓向荣、曹红：《产业升级路径选择：遵循抑或偏离比较优势——基于产品空间结构的实证分析》，《中国工业经济》2016 年第 2 期，第 52～67 页。

邓向荣、郭孝纯：《新科技革命视角下中国产业升级与创新跨越》，《理论与现代化》2018 年第 1 期，第 39～45 页。

丁超：《三角贸易及其对中国劳动生产率的影响研究》，硕士学位论文，厦门大学，2014。

丁蕾：《科研投入、制造业基础与发展中国家加工贸易的产业升级》，《产业经济评论》2010 年第 1 期，第 66～80 页。

丁溪、韩秋：《比较优势与比较优势陷阱——基于黑龙江省外贸进出口数据分析》，《国际贸易问题》2015年第2期，第84~93页。

杜艳、周茂、李雨浓：《贸易自由化能否提高中国制造业企业资源再配置效率——基于中国加入WTO的倍差法分析》，《国际贸易问题》2016年第9期，第38~49页。

段先盛：《中间生产和最终需求对产业结构变迁的影响研究——基于中国投入产出数据的实证检验》，《数量经济技术经济研究》2010年第11期，第84~99页。

范爱军、李菲菲：《产品内贸易和一般贸易的差异性研究——基于对我国产业结构升级影响的视角》，《国际经贸探索》2011年第4期，第4~8页。

付德申、孔令乾：《贸易开放、产业结构升级与经济增长》，《商业研究》2016年第8期，第25~32页。

干春晖：《产业经济学——教程与案例》，机械工业出版社，2015。

干春晖、郑若谷、余典范：《中国产业结构变迁对经济增长和波动的影响》，《经济研究》2011年第5期，第4~16、31页。

高静、黄繁华：《进口贸易与中国制造业全要素生产率——基于进口研发溢出的视角》，《世界经济研究》2013年第11期，第34~41、88页。

高寿华：《比较优势与比较优势陷阱——基于中国纺织服装贸易的实证分析》，《商业经济研究》2015年第24期，第33~35页。

关兵：《出口贸易与全要素生产率增长的动态效应分析——基于中国省际面板数据的角度》，《国际商务（对外经济贸易大学学报）》2010年第6期，第74~80页。

关雪凌、丁振辉：《日本产业结构变迁与经济增长》，《世界经济研究》2012年第7期，第80~86、89页。

郭熙保、张薇：《"比较优势陷阱"存在吗？——基于马尔科夫链模型多维动态分析方法》，《贵州社会科学》2017年第2期，第117~126页。

韩玉军：《国际贸易学》，中国人民大学出版社，2017。

洪银兴：《WTO条件下贸易结构调整和产业升级》，《管理世界》2001

年第 2 期，第 21~26、219~220 页。

洪银兴：《参与全球经济治理：攀升全球价值链中高端》，《南京大学学报（哲学·人文科学·社会科学）》2017 年第 4 期，第 13~23、157 页。

胡立法：《产品空间结构下的产业升级：中韩比较》，《世界经济研究》2015 年第 3 期，第 107~118、129 页。

华德亚、董有德：《跨国公司产品内分工与我国的产业升级》，《国际经贸探索》2007 年第 8 期，第 55~59 页。

黄继炜、吴德进：《跨国公司产品内分工与中国的产业升级研究》，《福建论坛（人文社会科学版）》2010 年第 8 期，第 28~32 页。

黄庆波、范厚明：《对外贸易、经济增长与产业结构升级——基于中国、印度和亚洲"四小龙"的实证检验》，《国际贸易问题》2010 年第 2 期，第 38~44 页。

黄蓉：《中国对外贸易结构与产业结构的互动关系研究》，博士学位论文，上海社会科学院，2014。

霍春辉、张兴瑞：《全球价值链分工双面效应下的中国制造产业升级》，《经济问题》2016 年第 3 期，第 67~71 页。

季小立、盛方龙：《新经济条件下产业升级的技术选择：目标效应及路径》，《扬州大学学报（人文社会科学版）》2005 年第 1 期，第 66~69 页。

金碚：《全球竞争格局变化与中国产业发展》，经济管理出版社，2013。

靖学青：《长三角地区产业结构变迁的协调性和一致性》，《经济理论与经济管理》2005 年第 9 期，第 53~57 页。

克拉克：《工业经济学》，原毅军译，经济管理出版社，1990。

李芳芳：《货物贸易、服务贸易与二、三产业间劳动生产率差异——基于平滑转换回归模型（STR）的实证分析》，《经济评论》2016 年第 3 期，第 61~71 页。

李佳：《FDI 技术溢出促进产业升级的理论微观机制探讨》，《现代管理科学》2014 年第 1 期，第 87~89 页。

李荣林、姜茜:《我国对外贸易结构对产业结构的先导效应检验——基于制造业数据分析》,《国际贸易问题》2010 年第 8 期,第 3 ~ 12 页。

李双成:《产业结构优化理论与实证研究》,冶金工业出版社,2013。

李悦:《产业经济学》,东北财经大学出版社,2013。

林桂军、崔鑫生:《以全球价值链比较优势推动再开放——对改革开放 40 年外经贸重大里程碑事件的回顾与展望》,《国际贸易问题》2019 年第 1 期,第 1 ~ 13 页。

林桂军、何武:《中国装备制造业在全球价值链的地位及升级趋势》,《国际贸易问题》2015 年第 4 期,第 3 ~ 15 页。

林敏华:《产品内分工对中国产业升级促进作用的途径分析》,《云南财经大学学报(社会科学版)》2009 年第 5 期,第 34 ~ 36 页。

刘利民、崔日明:《我国各行业国际产品内贸易发展水平——基于垂直专业化指数法的测算》,《国际经贸探索》2011 年第 4 期,第 9 ~ 14 页。

刘瑞翔:《中国的增加值率为什么会出现下降?——基于非竞争型投入产出框架的视角》,《南方经济》2011 年第 9 期,第 30 ~ 42 页。

刘旭:《发展对外贸易的首要任务是促进产业升级》,《时事报告》1999 年第 10 期,第 24 ~ 26 页。

刘志彪:《中国贸易量增长与本土产业的升级——基于全球价值链的治理视角》,《学术月刊》2007 年第 2 期,第 80 ~ 86 页。

刘志彪:《生产者服务业及其集聚:攀升全球价值链的关键要素与实现机制》,《中国经济问题》2008 年第 1 期,第 3 ~ 12 页。

刘志彪、张杰:《从融入全球价值链到构建国家价值链:中国产业升级的战略思考》,《学术月刊》,2009 年第 9 期,第 59 ~ 68 页。

鲁品越:产业结构变迁和世界秩序重建——历史唯物主义视野中的世界秩序》,《中国社会科学》2002 年第 3 期,第 4 ~ 13、204 页。

吕大国、耿强:《出口贸易与中国全要素生产率增长——基于二元外贸结构的视角》,《世界经济研究》2015 年第 4 期,第 72 ~ 79、128 页。

吕明元:《产业结构升级与经济发展方式转型关系的实证研究与国际比较》,中国经济出版社,2015。

罗建兵：《加工贸易产业升级与国内价值链构建》，《当代财经》2010年第2期，第98~104页。

罗斯托：《经济成长的阶段》，郭熙保、王松茂译，中国社会科学出版社，2010。

罗誉：《论FDI与中国产业升级的关系》，《山西财政税务专科学校学报》2010年第1期，第50~53、57页。

马海燕、刘林青：《"金砖五国"竞争力演化及升级路径选择——产品空间视角》，《经济管理》2017年第11期，第21~38页。

马海燕、刘林青：《产品密度、模仿同构与产业升级——基于产品空间视角》，《国际贸易问题》2018年第8期，第24~37页。

马海燕、于孟雨：《产品复杂度、产品密度与产业升级——基于产品空间理论的研究》，《财贸经济》2018年第3期，第123~137页。

马骥、马相东：《"一带一路"建设与中国产业结构升级——基于出口贸易的视角》，《亚太经济》2017年第5期，第31~37页。

毛琦梁、王菲：《比较优势、可达性与产业升级路径——基于中国地区产品空间的实证分析》，《经济科学》2017年第1期，第48~62页。

毛琦梁、王菲：《地区比较优势演化的空间关联：知识扩散的作用与证据》，《中国工业经济》2018年第11期，第136~154页。

聂莉、张卫：《论利用FDI在华战略与结构调整促进"珠三角"地区的产业升级》，《南方经济》2005年第12期，第65~67页。

裴长洪：《吸引外商投资的新增长点：理论与实践依据——最近几年外商投资重要特征分析》，《中国工业经济》2009年第4期，第30~41页。

裴长洪：《吸收外商直接投资与产业结构优化升级——"十一五"时期利用外资政策目标的思考》，《中国工业经济》2006年第1期，第33~39页。

彭水军、袁凯华、韦韬：《贸易增加值视角下中国制造业服务化转型的事实与解释》，《数量经济技术经济研究》2017年第9期，第3~20页。

彭水军、袁凯华：《全球价值链视角下中国加工贸易的升级演进》，《经济学家》2016年第10期，第96~104页。

邱爱莲、崔日明、徐晓龙：《生产性服务贸易对中国制造业全要素生产率提升的影响：机理及实证研究——基于价值链规模经济效应角度》，《国际贸易问题》2014年第6期，第71~80页。

桑百川：《新一轮对外开放目标、布局与政策选择》，人民日报出版社，2006。

邵邦、刘孝阳：《比较优势陷阱：本质、原因与超越》，《当代经济管理》2013年第12期，第42~45页。

邵敏：《出口贸易是否促进了我国劳动生产率的持续增长——基于工业企业微观数据的实证检验》，《数量经济技术经济研究》2012年第2期，第51~67页。

沈利生、王恒：《增加值率下降意味着什么》，《经济研究》2006年第3期，第59~66页。

盛斌、陈帅：《全球价值链如何改变了贸易政策：对产业升级的影响和启示》，《国际经济评论》2015年第1期，第6、85~97页。

石冬莲、任长龙：《国际贸易促进产业结构升级的机制探讨》，《商业时代》2009年第11期，第35、51页。

石峰、吴振顺、余博：《产业结构升级与贸易开放动态响应的区域异质性——基于2000~2013年省级面板数据的PVAR分析》，《软科学》2018年第1期，第16~20页。

苏庆义、高凌云：《全球价值链分工位置及其演进规律》，《统计研究》2015年第12期，第38~45页。

孙宁华、张翔：《商业模式创新驱动全球价值链攀升》，《河北学刊》，2018年第1期，第118~126页。

孙晓华、孙哲：《出口贸易对企业生产率的异质性影响——基于行业特征、企业规模和出口比重分组的实证检验》，《世界经济研究》2012年第8期，第37~42、88页。

孙晓华、王昀：《对外贸易结构带动了产业结构升级吗？——基于半对数模型和结构效应的实证检验》，《世界经济研究》2013年第1期，第15~21、87页。

孙玉琴、曲韵、孙倩：《中国对外开放史（第三卷）》，对外经济贸易大学出版社，2012。

唐东波：《贸易开放、垂直专业化分工与产业升级》，《世界经济》2013年第4期，第47～68页。

唐志红：《基于全球视角下的产业结构开放与互动》，《财经科学》2004年第3期，第109～112页。

王发明、徐梦周：《跨国公司FDI和产业升级：来自广东和江苏比较研究》，《科学决策》2010年第11期，第77～84、94页。

王金照、王金石：《工业增加值率的国际比较及启示》，《经济纵横》2012年第8期，第30～35页。

王岚、李宏艳：《中国制造业融入全球价值链路径研究——嵌入位置和增值能力的视角》，《中国工业经济》2015年第2期，第76～88页。

王小强：《国际贸易对我国制造业技术创新效率的影响研究》，硕士学位论文，浙江大学，2016。

王瑜：《外商直接投资对我国工业技术进步的影响》，《世界经济研究》2009年第2期，第66～73、89页。

王智波：《我国产业结构变迁的RAS分析》，《系统工程理论与实践》2013年第11期，第2839～2844页。

王子先：《服务贸易新角色：经济增长、技术进步和产业升级的综合性引擎》，《国际贸易》2012年第6期，第47～53页。

威廉·配第：《政治算术》，马妍译，中国社会科学出版社，2010。

温忠麟、张雷、侯杰泰等：《中介效应检验程序及其应用》，《心理学报》2004年第5期，第614～620页。

吴红雨：《价值链高端化与地方产业升级》，中国经济出版社，2015。

吴进红：《对外贸易与长江三角洲地区的产业结构升级》，《国际贸易问题》2005年第4期，第58～62页。

伍华佳、张莹颖：《中国服务贸易对产业结构升级中介效应的实证检验》，《上海经济研究》2009年第3期，第20～27页。

夏飞龙：《产业升级研究综述及展望》，《科技和产业》2016年第3

期，第 11~18 页。

夏明、张红霞：《跨国生产、贸易增加值与增加值率的变化——基于投入产出框架对增加值率的理论解析》，《管理世界》2015 年第 2 期，第 32~44 页。

邢予青，Neal Detert：《国际分工与美中贸易逆差：以 iPhone 为例》，《金融研究》2011 年第 3 期，第 198~206 页。

邢志平：《企业出口规模越大全要素生产率越高吗？——基于中国出口企业的经验分析》，《大连理工大学学报（社会科学版）》2018 年第 4 期，第 21~28 页。

徐承红、张泽义、赵尉然：《我国进口贸易的产业结构升级效应及其机制研究——基于"一带一路"沿线国家的实证检验》，《吉林大学社会科学学报》2017 年第 4 期，第 63~75、204 页。

徐杰、杨建龙：《全要素生产率研究方法述评》，《现代管理科学》2010 年第 10 期，第 3~5 页。

徐敏：《产品内国际分工、产业升级与产业增长——基于中国通信设备制造业的实证分析》，《中国科技论坛》2008 年第 6 期，第 31~35 页。

许礼生、高凌云：《进口贸易、竞争效应与中国全要素生产率增长》，《企业经济》2010 年第 3 期，第 155~157 页。

许敏兰、罗建兵：《产品内分工视角下的产业升级——基于中国玩具出口的经验研究》，《财经论丛》2008 年第 5 期，第 14~19 页。

薛安伟：《要素引进下产业升级的路径》，上海人民出版社，2016。

亚当·斯密：《国民财富的性质和原因的研究》，郭大力、王亚南译，商务印书馆，2014。

杨超、林建勇：《对外直接投资、吸收能力与中国产业升级——基于中国省级面板数据的实证检验》，《管理现代化》2018 年第 5 期，第 27~30 页。

杨杰：《中国 35 个行业全球价值链嵌入位置与增值能力关系研究——兼与美日韩的对比》，《国际经贸探索》2016 年第 9 期，第 4~14 页。

杨文爽，刘晓静：《东北地区"比较优势陷阱"研究》，《经济问题》

2018 年第 4 期，第 7 ~ 13 页。

于春海、常海龙：《再论我国制造业增加值率下降的原因——基于 WIOD 数据的分析》，《经济理论与经济管理》2015 年第 2 期，第 20 ~ 30 页。

余淼杰、王宾骆：《对外改革，对内开放，促进产业升级》，《国际经济评论》2014 年第 2 期，第 5、49 ~ 60 页。

曾世宏、郑江淮：《产品空间结构理论对我国转变经济发展方式的启示》，《经济纵横》2008 年第 11 期，第 21 ~ 23 页。

张定胜、刘洪愧、杨志远：《中国出口在全球价值链中的位置演变——基于增加值核算的分析》，《财贸经济》2015 年第 11 期，第 114 ~ 130 页。

张峰：《基于分工的产业升级理论与对策》，《重庆工商大学学报（社会科学版）》2010 年第 1 期，第 25 ~ 29 页。

张辉：《全球价值链下地方产业集群升级模式研究》，《中国工业经济》2005 年第 9 期，第 11 ~ 18 页。

张杰、张少军、刘志彪：《多维技术溢出效应、本土企业创新动力与产业升级的路径选择——基于中国地方产业集群形态的研究》，《南开经济研究》2007 年第 3 期，第 47 ~ 67、143 页。

张丽平、赵峥：《产业升级与国家竞争优势》，北京师范大学出版社，2012。

张美云：《产品空间理论及其对"中等收入陷阱"解释研究新进展》，《区域经济评论》2016 年第 6 期，第 133 ~ 140 页。

张美云、宋宇：《金砖五国产品空间演化与产业升级路径比较》，《中国科技论坛》2018 年第 3 期，第 180 ~ 188 页。

张明志、李敏：《国际垂直专业化分工下的中国制造业产业升级及实证分析》，《国际贸易问题》2011 年第 1 期，第 118 ~ 128 页。

张其仔：《比较优势的演化与中国产业升级路径的选择》，《中国工业经济》2008 年第 9 期，第 58 ~ 68 页。

张其仔：《中国能否成功地实现雁阵式产业升级》，《中国工业经济》

2014 年第 6 期，第 18～30 页。

张其仔、李颢：《中国产业升级机会的甄别》，《中国工业经济》2013 年第 5 期，第 44～56 页。

张少华、蒋伟杰：《加工贸易与全要素生产率——基于供给和需求的分析视角》，《上海经济研究》2015 年第 6 期，第 104～114、122 页。

张少军、刘志彪：《产业升级与区域协调发展：从全球价值链走向国内价值链》，《经济管理》2013 年第 8 期，第 30～40 页。

张亭、刘林青：《产品复杂性水平对中日产业升级影响的比较研究——基于产品空间理论的实证分析》，《经济管理》2017 年第 5 期，第 115～129 页。

张妍妍、吕婧：《基于产品空间结构重构的东北老工业基地产业升级研究》，《工业技术经济》，2014 年第 4 期，第 11～18 页。

张燕、陈漓高：《从对外贸易角度看中国产业升级的路径——基于投入产出法的实证分析》，《世界经济研究》2007 年第 12 期，第 42～48、87 页。

张扬：《出口贸易与中国制造业生产效率》，硕士学位论文，南京大学，2014。

张媛媛、张捷：《中国沿海地区外向型企业转型升级的实证研究——基于国内价值链建设的视角》，《发展研究》2013 年第 12 期，第 31～40 页。

章韬、卢晓菲、沈玉良：《全球价值链嵌入位置、出口目的国与出口产品复杂度》，《世界经济研究》2016 年第 9 期，第 29～47、135～136 页。

赵放、曾国屏：《全球价值链与国内价值链并行条件下产业升级的联动效应——以深圳产业升级为案例》，《中国软科学》2014 年第 11 期，第 50～58 页。

赵岩、范文祥、杨菁：《贸易结构对三次产业升级的作用分析》，《中央财经大学学报》2012 年第 4 期，第 62～67 页。

郑红玲：《中国水果出口贸易特征及增长波动分析》，《牡丹江师范学院学报（哲学社会科学版）》2017 年第 6 期，第 35～44 页。

郑红玲、刘肇民、刘柳：《产业关联乘数效应、反馈效应和溢出效应研究》，《价格理论与实践》2018 年第 4 期，第 122 ~ 125 页。

郑红玲、刘肇民、鲁丽丽：《河北省就业结构、产业结构与经济增长的联动分析》，《地域研究与开发》2018 年第 2 期，第 63 ~ 68 页。

郑红玲、刘肇民、鲁丽丽：《中国对日本蔬菜出口的三元边际分析》，《辽东学院学报（社会科学版)》2018 年第 1 期，第 44 ~ 49 页。

郑红玲、马树才：《中国与菲律宾贸易增长波动分析——基于 CMS 模型的二阶分解》，《价格月刊》2018 年第 3 期，第 30 ~ 36 页。

郑红玲、佟继英、梁晓慧：《"一带一路"背景下中俄农产品贸易增长因素分析》，《价格月刊》2017 年第 7 期，第 49 ~ 54 页。

郑江淮，李强，陈英武：《以全球价值链引导我国经济结构调整》，中国财政经济出版社，2017。

周茂、陆毅、符大海：《贸易自由化与中国产业升级：事实与机制》，《世界经济》2016 年第 10 期，第 78 ~ 102 页。

周永涛、钱水土：《金融发展、技术创新与对外贸易产业升级——基于空间计量的实证研究》，《国际经贸探索》2012 年第 4 期，第 90 ~ 102 页。

朱福林：《中国服务贸易与全要素生产率的实证关系研究》，《上海商学院学报》2010 年第 4 期，第 13 ~ 17 页。

朱有为、张向阳：《价值链模块化、国际分工与制造业升级》，《国际贸易问题》2005 年第 9 期，第 98 ~ 103 页。

朱振锴、项歌德：《高技术产业增加值率偏低原因探析——以上海、江苏和浙江比较为例》，《中国科技论坛》2013 年第 4 期，第 41 ~ 47 页。

郑慧、董芳：《FDI 条件下的全球价值链治理模式与产业升级》，《商业时代》2009 年第 1 期，第 32 ~ 33 页。

祖强、孙军：《跨国公司 FDI 对我国产业集聚和产业升级的影响》，《世界经济与政治论坛》2005 年第 5 期，第 28 ~ 32 页。

Abdon A. et al. , "Product Complexity and Economic Development," *Structural Change and Economic Dynamics* 23（1）（2012）：36 – 68.

Abizadeh S. , Pandey M. , "Trade Openness, Structural Change and Total Factor Productivity," *International Economic Journal* 23 (4) (2009): 545 – 559.

Adav P. , "India's Changing Trade Pattern in the Process of Globalization," *Procedia – Social and Behavioral Sciences* (1) (2012) : 157 – 166.

Amiti M. Freund C. , "The Anatomy of China's Export Growth," *Social Science Electronic Publishing* 199 (5) (2016): 1 – 29.

Amiti M. Konings J. , "Trade Liberalization, Intermediate Inputs, and Productivity: Evidence from Indonesia," *The American Economic Review* 97 (5) (2005): 1611 – 1638.

Arndt S. W. , Kierzkowski H, "Fragmentation: New Production Patterns in World Economy," *Oup Catalogue* 92 (17) (2001): 171801.

Balassa B. A. , "Trade Liberalisation and ' Revealed ' Comparative Advantage," *The Manchester School* 33 (2) (1965): 99 – 123.

Balassa, Bela, " Trade Liberalization among Industrial Countries," *The Journal of Finance* 24 (10) (1969): 2307 – 2325.

Baldwin R. E. , *Openness and Growth: What's the Empirical Relationship* (Chicago: University of Chicago Press, 2004), 499 – 526.

Caliendo L. , Rossihansberg E. "The Impact of Trade on Organization and Productivity," *Quarterly Journal of Economics* 127 (3) (2012): 1393 – 1467.

Coe D. T. , Helpman E, "International R&D Spillovers," *European Economic Review* 39 (5) (1995): 859 – 887.

Deardorff A. V. , "International Provision of Trade Services Trade and Fragmentation," *Review of International Economics* 9 (2) (1999): 23 – 48.

Der Marel E. V. , "Trade in Services and TFP: The Role of Regulation," *The World Economy* 35 (11) (2012): 1530 – 1558.

Edwards A. G. , "Outsourcing—A Global Perspective," *The APPEA Journal* 37 (1) (1997): 575 – 584.

Ernst D. , *Global Production Networks and Industrial Upgrading: a Knowledge – centered Approach* (Honolulu: East – West Center, 2001), 12 – 46.

Feder G. , "On Exports and Economic Growth," *Journal of Development E-conomics* 12 (1) (1982): 59 - 73.

Feenstra R. C. , "Integration of Trade and Disintegration of Production in the Global Economy," *Journal of Economic Perspectives*, 12 (4) (1998): 31 - 50.

Ferrarini B. , Scaramozzino P, "Production Complexity, Adaptability and Economic Growth," *Structural Change and Economic Dynamics* (1) (2016): 52 - 61.

Ferrarini B. , Scaramozzino P, "The Product Space Revisited: China's Trade Profile," *The World Economy*, 38 (9) (2015): 1368 - 1386.

Findlay, Ronald, "An Austrian Modelof International Trade and Intere-stRate Equalization," *Journal of Political Economy* (86) (1978) : 989—1008.

Frankel J. A. , Romer D. H. , "Does Trade Cause Growth," *The American Economic Review* 89 (3) (1999): 379 - 399.

Gereffi G. , "A Global Value Chain Perspective on Industrial Policy and Development in Emerging Markets," *Duke Journal of Comparative & Internation-al Law* 24 (3) (2014): 433 - 458.

Gereffi G. , "Development Models and Industrial Upgrading in China and Mexico," *European Sociological Review*, 25 (1) (2008): 37 - 51.

Gereffi G. , "International Trade and Industrial Upgrading in the Apparel Com-modity Chain," *Journal of International Economics*, 48 (1) (1999): 37 - 70.

Gereffi G. , "State Policies and Industrial Upgrading in East Asia," *Revue d'économie industrielle* 71 (1) (1995): 79 - 90.

Guoping W. , "Industrial Upgrading must Focus on Openness and Expan-sion of the International Perspective," *Scientific Development* 6 (2014): 1.

Hansen B. E. , "Sample Splitting And Threshold Estimation," *Econometri-ca*, 68 (3) (2000): 575 - 603.

Hansen B. E. , "Threshold Effects in Non - dynamic Panels: Estimation Testing and Inference," *Journal of Econometrics* 93 (2) (1999): 345 - 368.

Hausmann R. et al. , "What You Export Matters," *Journal of Economic*

Growth 12 (1) (2007): 1 - 25.

Helpman, Elhanan, *Innovation and Growth in the Global Economy* (Boston: MIT Press, 1991), 14 - 83.

Herrendorf B. , Teixeira A. , "How Barriers to International Trade Affect TFP," *Review of Economic Dynamics* 8 (4) (2005): 866 - 876.

Hidalgo C. A. et al. , "The Product Space Conditions the Development of Nations," *Science* 317 (5837) (2007): 482 - 487.

Hoekman B. , Mattoo A. , "Services trade and growth," *Policy Research Working Paper* 17 (2) (2008): 191 - 199.

Hotopp U. , Bishop R. K. , "Trade and Industrial Upgrading in Countries of Central and Eastern Europe: Patterns of Scale - and Scope - Based Learning," *Emerging Markets Finance & Trade* 41 (4) (2005): 20 - 37.

Hummels D. et al. , "The Nature and Growth of Vertical Specialization in World Trade," *Journal of International Economics* 54 (1) (2001): 75 - 96.

Humphrey J. , Schmitz H. , *Governance and Upgrading: Linking Industrial Cluster and Global Value Chain Research* (Brighton: Institute of Development Studies, 2000), 25 - 76.

Humphrey J. , Schmitz H. , "How Does Insertion in Global Value Chains Affect Upgrading in Industrial Clusters," *Regional Studies* 36 (9) (2002): 1017 - 1027.

Jakob B. , Madsen, "Technology spillover through trade and TFP convergence: 135 years of evidence for the OECD countries," *Journal of International Economics* 72 (2) (2012): 464 - 480.

John Humphrey, Hubert Schmitz, "How does insertion in global value chains affect upgrading in industrial clusters," *Regional Studies* 36 (9) (2002): 1017 - 1027.

Kaplinsky R. , Morris M. , Readman J. , "Understanding Upgrading Using Value Chain Analysis," *B. a. m* 1 (2002): 1159 - 1178.

Kessler J. A. , "The North American Free Trade Agreement Emerging Apparel Production Networks and Industrial Upgrading: the Southern California/ Mexico Connection," *Review of International Political Economy* 6 (4) (1999): 565 - 608.

Kogut B. , "European Industry: Public Policy and Corporate Strategy," *Journal of International Business Studies* 16 (3) (1985): 164 - 166.

Krugman P. R. , "The Narrow Moving Band, the Dutch Disease, and the Competitive Consequences of Mrs. Thatcher : Notes on Trade in the Presence of Dynamic Scale Economies," *Journal of Development Economics* (1) (1987): 41 - 55.

Kummritz V. , Taglioni D. , Winkler D. E. , "Economic Upgrading Through Global Value Chain Participation: Which Policies Increase the Value Added Gains," World Bank Policy Research Working Paper No. 8007, 2017.

Lüthje B. , *Global Production Networks and Industrial Upgrading in China*: *The Case of Electronics Contract Manufacturing* (Honolulu: East - West Center, 2004) .

Malchowmoller N. et al. , "Services Trade, Goods Trade and Productivity Growth: Evidence from a Population of Private Sector Firms," *Review of World Economics* 151 (2) (2015): 197 - 229.

Marchi V. D. , Maria E. D. , Micelli S. , "Environmental Strategies, Upgrading and Competitive Advantage in Global Value Chains," *Business Strategy and the Environment* 22 (1) (2013): 62 - 72.

Milberg W. , Winkler D. , " Economic and Social Upgrading in Global Production Networks: Problems of Theory and Measurement," *International Labour Review* 150 (3 - 4) (2011): 341 - 365.

Mishra S. et al. , "Sophistication in Service Exports and Economic Growth," *World Bank Publications* (1) (2011): 1 - 4.

Nair M. , Madhavan K. , Vengedasalam D. , "The Effect of Trade Openness on Manufacturing Industry in Malaysia: Strategies to Enhance its Competitiveness," *International Journal of Management* 23 (4) (2006): 878 - 890.

Nassif A. et al. , "Structural Change and Economic Development: is Brazil catching up or Falling Behind," *Cambridge Journal of Economics* 39 (5) (2015): 1307 – 1332.

Ozawa T. , "Japan in a New Phase of Multinationalism and Industrial Upgrading: Functional Integration of Trade Growth and FDI," *Journal of World Trade* 25 (1) (1991): 43 – 60.

Pavlínek P. , Domański B, Guzik R, "Industrial Upgrading Through Foreign Direct Investment in Central European Automotive Manufacturing," *European Urban and Regional Studies* 16 (1) (2009): 43 – 63.

PENEDER M. , "Industrial Structure and Aggregate Growth," *Structural Change and Economic Dynamics* 14 (4) (2003): 427 – 448.

Poon T. S. C. , "Beyond the Global Production Networks: a Case of Further Upgrading of Taiwan's Information Technology Industry," *International Journal of Technology and Globalisation* 1 (1) (2004): 130 – 144.

Porter M. E. , *Competitive Advantage: Creating and Sustaining Superior Performance* (New York: The Free Press, 1985) .

Porter M. E. , "A conversation with Michael Porter: International Competitive Strategy from a European Perspective," *European Management Journal* 9 (4) (1991): 355 – 360.

Qiang F. , Xiuxiu L. , "Trade Openness, Industrial Structure Upgrading and Economic Growth," *Journal of Industrial Technological Economics* (3) (2014): 16.

Redding S. J. , "Path Dependence, Endogenous Innovation, and Growth," *International Economic Review*, 43 (4) (2002): 1215 – 1248.

Ricardo Hausmann, Bailey Klinger, "The Structure of the Product Space and the Evolution of Comparative Advantage," CID Working Paper, 2007.

Rita K. Almeida, "Openness and Technological Innovation in East Asia: Have They Increased the Demand for Skills," World Bank Policy Research Working Paper No. 5272, 2010.

Robert Koopman et al. , "Give Credit Where Credit is Due: Tracing Value Added in Global Production Chains," DOI 10.2139, 2011.

Robert Koopman, Zhi Wang, Shang – Jin Wei, "Tracing Value – added and Double Counting in Gross Exports," *American Economic Review* 104 (2) (2014): 459 – 494.

Sherman Robinson, Zhi Wang, Will Martin, "Capturing the Implications of Services Trade Liberalization," *Economic Systems Research* 14 (1) (2002): 3 – 33.

Sturgeon T. J. , Gereffi G. , "Measuring Success in the Global Economy: International Trade Industrial Upgrading and Business Function Outsourcing in Global Value Chains," *Transnational Corporations* 18 (2) (2009): 1.

Thurbon E. , Weiss L. , "Investing in Openness: The Evolution of FDI Strategy in South Korea and Taiwan," *New Political Economy* 11 (1) (2006): 1 – 22.

Trongvilaivan A. , Hur J. , "Trade Openness and Vertical Integration: Evidence from the U. S. Manufacturing Sector," *Southern Economic Journal* 78 (4) (2012): 1242 – 1264.

Ylömäki, Tobias, "Global Value Chain Upgrading," Etla Working Papers, 2016.

Zhi Wang et al. , "Measures of Participation in Global Value Chains and Global Business Cycles," NBER Working Paper 23222, 2017b.

Zhi Wang et al. , "Characterizing Global Value Chains: Production Length and Upstreamness," NBER Working Paper 23261, 2017a.

Zhi Wang, Shang – Jin Wei, Kunfu Zhu, "Quantifying International Production Sharing at the Bilateral and Sector Levels," NBER Working Paper 19677, 2013.

Zhibiao L. , Jie Z. , "From Integration into GVC to Construction of NVC: Strategic Thinking for Chinese Industrial Upgrading," *Academic Monthly* (9) (2009): 12.

图书在版编目（CIP）数据

中国外贸发展对产业升级影响测度分析／郑红玲著
. --北京：社会科学文献出版社，2019.12
ISBN 978 - 7 - 5201 - 5106 - 1

Ⅰ.①中… Ⅱ.①郑… Ⅲ.①对外贸易 – 产业结构升
级 – 研究 – 中国 Ⅳ.①F752

中国版本图书馆 CIP 数据核字（2019）第 296758 号

中国外贸发展对产业升级影响测度分析

著 者／郑红玲

出 版 人／谢寿光
组稿编辑／恽 薇
责任编辑／孔庆梅

出 版／社会科学文献出版社·经济与管理分社（010）59367226
地址：北京市北三环中路甲 29 号院华龙大厦 邮编：100029
网址：www. ssap. com. cn
发 行／市场营销中心（010）59367081 59367083
印 装／三河市尚艺印装有限公司

规 格／开 本：787mm × 1092mm 1/16
印 张：14.75 字 数：225 千字
版 次／2019 年 12 月第 1 版 2019 年 12 月第 1 次印刷
书 号／ISBN 978 - 7 - 5201 - 5106 - 1
定 价／89.00 元

本书如有印装质量问题，请与读者服务中心（010 – 59367028）联系